·民·国·人·物·传·记·丛·书·

People·History

孙科传

韩文宁 著

浙江大学出版社　全国百佳图书出版单位

图书在版编目(CIP)数据

孙科传 / 韩文宁著. —杭州：浙江大学出版社，
2016.1
ISBN 978-7-308-15366-9

Ⅰ.①孙… Ⅱ.①韩… Ⅲ.①孙科(1891~1973)—
传记 Ⅳ.①K827＝7

中国版本图书馆 CIP 数据核字(2015)第 286258 号

孙科传

韩文宁 著

丛书策划	黄宝忠
丛书主持	葛玉丹　宋旭华
责任编辑	谢　焕
责任校对	徐凯凯
封面设计	彭若东
出版发行	浙江大学出版社
	（杭州市天目山路 148 号　邮政编码 310007）
	（网址：http://www.zjupress.com）
排　　版	浙江时代出版服务有限公司
印　　刷	浙江印刷集团有限公司
开　　本	710mm×1000mm　1/16
印　　张	15.5
字　　数	223 千
版 印 次	2016 年 1 月第 1 版　2016 年 1 月第 1 次印刷
书　　号	ISBN 978-7-308-15366-9
定　　价	38.00 元

目 录

第一章 延续:生命乐章的奏响

一 先辈足迹/ 001

二 异国之旅/ 005

三 崭露头角/ 009

第二章 变革:全新理念的实践

一 一夜草就/ 020

二 初任市长/ 024

三 旧貌新颜/ 027

四 成绩斐然/ 037

第三章 悲喜:初次组阁的非命

一 宁汉对立/ 042

二 同流合污/ 044

三 东山再起/ 048

四 二度下野/ 052

五 走马上任/ 056

六 短命内阁/ 061

第四章 理想:宪政之花的凋零

一 力主宪政/ 069

二 遭之责难/ 072

三 "宪草"出台 / 076

四 面目全非 / 080

第五章 正气:顺应时代的心声

一 挽救危亡 / 083

二 关注国是 / 085

三 公道自在 / 091

四 卓有见地 / 098

五 亲苏和共 / 105

六 政协会议 / 114

第六章 争斗:惜败竞选的遗憾

一 "国大"选举 / 120

二 骁将参选 / 123

三 蒋介石助阵 / 129

四 幕后争斗 / 134

五 功亏一篑 / 144

第七章 痴情:被逼无奈的选择

一 二度组阁 / 150

二 土崩瓦解 / 152

三 无奈出局 / 156

四 推卸责任 / 160

第八章 迷惘:人生终极的逆转

一 浪迹海外 / 167

二 波澜又起 / 171

三 歧路彷徨 / 173

四 为情所困 / 176

第九章 追随:不归之路的梦幻

一 执迷不悟 / 180

二 频繁出镜 / 183

三 重披官服 / 191

第十章　结局:褒贬毁誉的定位

一　革新主张 / 198

二　时不利兮 / 204

三　立场多变 / 209

四　内外之困 / 213

第十一章　人生:见微知著的德行

一　书生本色 / 218

二　孝道表率 / 220

三　见微知著 / 224

四　浪漫之情 / 229

五　直面其人 / 236

参考资料 / 239

第一章　延续:生命乐章的奏响

一　先辈足迹

世事沧桑,命运多舛,历史无情,岁月有痕。顽强的生命,总是在磨难中,一代又一代地延续着。

孙中山的先祖出自河南陈留。明永乐年间,其后世子孙几经动迁,到了广东紫金县落户,为粤之该族始祖。康熙年间,又迁徙至香山县涌口门村,是为香山孙家之肇始。又过了两代,才移居到翠亨村安家。

在这数百年的迁移中,孙氏一族,从中原至两浙,再从江西到福建,最终落户于广东。孙中山的祖父敬贤,生有三子,其中长子达成娶同邑隔田乡杨腾辉之女,又养育三子:长子德祐,早丧;次子德彰;三子德明,即孙中山。

地处今日广东中山市的翠亨村,本是一个偏僻的山村,若不是有成大器的伟人为之作注脚的话,它就是广袤大地上的一分子,毫不起眼,不为人知。翠亨村之所以能遐迩闻名,因为从这里走出了一位 20 世纪的伟人——中国民主革命的先驱孙中山。

一听到翠亨村这名字,似乎马上就联想到生命之绿,眼前顿时浮现一片葱郁。翠亨村正是如此,背负犁头山,三面临海,山清水秀,树木苍翠,佳景天成,宛若画中之画。

按照中国人传统的生活方式,在这封闭的小乡村中,过着桃花源式的渔耕生活,生儿育女,和和睦睦,倒是一种令人为之向往的生活景象。可现实生活中却偏偏相异,翠亨村青山绿水,但土地贫瘠,不宜耕种,这对于靠土地生活的农民来说实是一种不幸。生活没着落,无奈之下,许多人只得背井离乡,到外地去谋生。尤其是近代以来,广东沿海得风气之先,许多人远赴海外闯荡。

俗话说,有一弊就必有一利。香山县因土质不好无田可作,这本来是致命的,却因此成全了许多人。如果他们固守家园,或许连基本的生计都无法维持,但他们纷纷出洋谋生,虽说辛苦,但几代下来,不少人都在当地立足,生活得还行,有的甚至还很富足。当然,尽管移居海外是改善家境可供选择的一种尝试,但毕竟冒很大风险,而发财者还是少数,许多人都客死异乡。

孙中山的家乡附近,有着光荣的革命传统。1840年爱国军民抗击英国侵略者,就是从这里肇始的。太平天国农民运动的领导人,也是在这一地区形成了他们的革命思想。反清斗争的革命,在这块土地上从未间断。

西风东渐,西方的社会、政治思潮最先涌向这里,因此这片土地上涌现了不少学术上、政治上的著名人物。香山县最有名的学者,当属清末著名的洋务派人物郑观应,他著有《盛事危言》一书。稍晚一点的容闳,是最早留美并获学位的中国人,他的现代化思想和教育兴国计划,对当时的中国也曾产生不小的影响。在这样一个历史背景和社会环境下,孙中山自然受到熏陶,这对他后来的成长和思想观念的形成有很大帮助。

孙中山生于1866年11月12日,他呱呱坠地之时,家庭和社会并没有向他展示瑰丽的色彩,他的童年是在闭塞的乡村度过的,与贫穷、落后和苦难为伍。

苦涩的童年,给了孙中山以深刻影响。一方面磨炼了他坚强意志,另一方面也使他隐约感到社会不公,在他幼小的心田里,常常溅起不满现实的浪花。但那只是孩提时的童心,他尚未能真正懂得这罪恶之源。

青年时期的孙中山,曾抱定学医救人的理想,但最终还是选择了

"医国"之道。种种不平等现象,终使他认识到封建制度的没落和腐朽,而只有彻底消灭这封建肌体,国家、百姓才有希望。孙中山正是抱着这种信念,开始了他的革命征程。

孙中山的一生,筚路蓝缕,备尝艰辛,他身怀拯救中国的迫切心情和坚强信念,勇往直前,虽屡败屡战,仍执着如初,努力践履他的远大抱负和理想。正因为如此,他是公而忘家,更谈不上过问自己的孩子。

孙科出生的 1891 年,正是孙中山积极寻求救国真理、探索中国的出路之时。由于当时革命尚未展开,人们尚未觉醒,所以那是他最为艰难的一段时光。他的革命言论,往往被认为是大逆不道,人们根本不敢接近他。于是,在孙中山的脑海里,整天考虑的都是如何开展革命,怎样才能使民众接受。至于孩子的成长,他根本无暇过问。他几乎把全部的精力,都献给了革命事业。因此,孙科的童年,是没有太多的父爱,在他记忆的词典里,父亲是可望而不即,模糊而遥远的。孙科是在母爱的伴随下成长的。

孙科的母亲卢慕贞是珠海市金鼎镇外沙村一个普通农家的女子,在她的身上,集中了中国劳动妇女那种正直、善良、勤劳、贤惠的品德。卢慕贞是长女,自小勤快,素以"孝敬贤淑"而闻名。1885 年,19 岁的卢慕贞由父母做主,与比他大两岁的孙中山在家乡成亲。当时孙中山正在香港中央书院读书,婚后,继续在港求学。其后,孙中山在外读书、工作及为革命奔波 40 多年,卢慕贞承担起教养子女和侍候婆母的责任。孙中山年轻时的衣服和鞋,大都出自卢之手;而孙中山在 40 年间经历的无数风险,卢慕珍也为之分担,使孙中山可以安心革命而无后顾之忧。孙中山冒着随时都有可能掉脑袋的生命危险,她也因此承受着随时成为寡妇的不幸,但她毫无怨言,悉心照料全家,几十年如一日,始终理解和支持孙中山的革命工作。她一生为孙中山养育一子二女,这就是儿子孙科和女儿孙娫、孙婉。

孩子是孙中山的血脉,卢慕珍无力在革命的第一线与丈夫共赴国难,只能在家里悉心照料孩子,她把对中山先生的爱,全部倾注在孩子身上。

20 世纪 30 年代，卢慕贞与子孙及朋友在山东青岛合影

二排右五卢慕贞，右四陈淑英，后排右六孙科

右五孙科长子孙治平、右七次子孙治强

　　卢慕贞一生与孙中山聚少离多。1893 年她曾赴澳门，与正在那里悬壶济世的孙中山短暂相聚。1895 年 11 月，孙中山因发动广州起义被清政府悬赏一千大元通缉，不得不流亡海外。为避免家属遭株连，卢慕贞携带全家赴檀香山投靠孙中山兄长孙眉。她照料老人、养育儿女，还陪伴孙中山奔走于夏威夷，设法筹款。在他避难日本和新加坡时，她也时时刻刻心系孙中山的安危，在其身后默默地支持他革命。

　　1912 年初，卢慕贞得知孙中山出任中华民国临时大总统，便由邓泽如伴送返国同孙中山考察全国路政和实业。卢慕贞是一位贤淑善良、淡泊名利的中国传统女性，自忖自己的才识不能襄助孙中山进行革命活动，便劝孙中山纳妾，但孙极力反对。其后孙中山在逃亡日本时与英文秘书宋庆龄因志同道合而相恋，为顾全大局，她即在孙中山征求与她是否可以离婚的书信上写下一个"可"字，并主动提出了离婚，从而促成了孙中山与宋庆龄这对在政治上志同道合的革命姻缘。

　　1913 年，卢慕贞与孙中山办理了离婚手续，但她仍与孙中山保持联系，支持孙中山的革命工作。而孙中山始终不忘这位善解人意的结发之妻，他在写给卢慕贞的信中，总是称卢为"科母"，而称自己为"科父"，署名时仍用两人结婚时所用的名字"德明"。

二　异国之旅

　　1895 年，孙科随母亲避难前往美国。初到檀香山，孙科没有正式上学，一则年纪还小，二则附近也无学校，只是先由母亲教他念《三字经》、《千字文》和《唐诗三百首》等，还临帖习字。学习之余，孙科兼放牧牛马，因而学习骑马。当时没有马鞍，孙科就用绳子紧紧系住马鼻子纵身上马，有时不慎，滑落坠地，但也不气馁，不及一年，即能驰骋自如。每次见到工人挤牛奶，他也会主动参加协助，并常随运农产品的乡人一起赴集市售卖。多彩的幼年生活，是塑造孙科的优良品质的重要因素。

　　这之后，伯父孙眉给他请来了一位名叫黄瑞祥的老师，他将附近的十多个华侨子女一起召集来，在农庄附近一里多远的地方盖了一幢木屋，办起了私塾。黄先生教的都是传统的四书五经，孙科前后读了近 5 年，其国学功底就此奠定。

　　私塾毕业后，孙科就离开伯父的农庄，到同岛一个叫"卡荷雷"的小港埠，寄居在一位程姓友人所开的杂货店里。离这里大约 3 英里的地方，有一个叫"威露库"的小镇，那里有一所罗马天主教会所办的圣·安东尼学校，孙科入校开始学习西文。学校本为八年制，孙科因读书特别

1901年4月，孙中山从日本赴檀香山与家人团聚时合影。中坐者为孙母杨氏
后排左二为孙眉夫人谭氏。左四孙眉、左五孙中山、左六卢慕贞
前排3个小孩左起孙科、孙婉、孙娫

用功，成绩很好，所以只用了4年时间就毕业。

1906年，孙科考入了檀香山圣·路易斯学院。该校名为学院，实际上等同于国内的普通中学。开始时，孙科是住在兴中会会员郑金、郑照昆仲家中，后因离校太远，往返不便，索性寄宿。由于年事稍长，英文阅读能力增强，孙科每天都要看新闻，对国际政治动态渐生兴趣。

1910年初，孙中山自旧金山抵达檀香山。同盟会在檀香山宣传机构之一的《大声周刊》楼上举行加盟大会，由孙中山主盟。此时孙科才19岁，但对世界革命潮流，与中国非革命不足以振兴和救亡图存的道理，颇能深切理解，遂决意献身革命，正式加入同盟会。尽管当时革命斗争异常惨烈，极度危险，但他是孙中山的哲嗣，舍我其谁？就这样，孙科成了一名"红小鬼"，在他的前方，是光明与危险并存。

同盟会在檀香山办了两份刊物，一个是《大声周刊》，一个是《自由新报》。由于学识增进，孙科一面继续求学，一面为"两报"撰写地方新闻及世界新闻。

那时办刊物，无论人手、经费、工具和消息来源都很缺乏，好在大家都年轻，对革命充满着极大热忱。讲到消息来源，孙科在编写之前，总是先看几份英文报纸，然后就其性质相近的消息翻译成中文。至于取材的原则，地方新闻是以供中国实行地方自治之借鉴为主，世界新闻则报道各国革命情形和政治改革等能鼓动侨胞的革命消息。其后，孙科为《少年中国晨报》编写墨西哥革命的消息，替《民气报》编写俄国革命的新闻，也都是依据这个原则。当时各方面反应都很好，起到了鼓动和借鉴的作用。作为一个报人，能看到自己所写的文章引起广大读者的共鸣，这当然是孙科最引以为豪的。

1911 年，孙科从学校毕业。7 月，应孙中山之召他赶赴旧金山，准备报考加州大学。其时蒋梦麟正在加大读书，孙中山特意托他就近照顾。在此，孙科担任《少年中国晨报》编辑，馆址设在唐人街，他常常于放学后乘渡船至旧金山报馆，工作至深夜始返校。此外他还与冯自由合办《民口月刊》杂志。

那时加大的入学条件很严，除一般课程外，还须懂得德文、法文、拉丁文和希腊文。正当孙科忙于恶补这四种语言时，辛亥革命爆发。孙科立即投身到海外的宣传工作，因无法静心读书，干脆把求学之事暂搁一边。

次年 2 月初，孙科接父亲来电返国，稍后，他的母亲带着两个妹妹也来到南京，住在临时大总统府。4 月，孙中山辞去临时大总统一职，接受湖北各界邀约，西上武昌，孙科也随同前往。未几，他又同父亲回到上海，坐船南下至福州，然后再去广州。同年 7 月，孙科带着两个妹妹，再度赴美求学。途径檀香山时，与陈淑英结婚，时年 22 岁。陈女士为同邑陈秋光之女，与孙科同学美国，婚后相敬如宾，佐夫之余，多从事慈善事业。

8 月，参加加州大学的入学考试，对德文、法文和拉丁文，孙科自信考试及格没问题，但对希腊文却毫无把握。他如果通不过的话，入学仍然无望。后来，还是蒋梦麟替他出了个好主意，说希腊文和中文，在美国都算外文，如果能用中文代替希腊文就可以了。当时加大的东方学教授就是曾在上海江南制造局任过教习的傅兰雅，蒋梦麟便同孙科一起找到他并说明情况。他用英语问了孙科一些关于四书五经的内容，非常满意，随即给孙科开具了一张及格证明。孙科便成了加大的一名正式学生。

孙科入学后，孙中山特别嘱咐要他文理并重，所以孙科在主修文科的同时还兼修理科。此外，他还选修了政治学方面的"各国政府"及"地方政府"，法律学方面的"罗马法"和"英美法"，其他如"经济学"、"会计统计学"、"保险学"的学分也都一一修过。那年，美国发生铁路运费管制问题，银行则采联邦准备制度。孙科对这两件事都很感兴趣，觉得可以作为祖国将来处理这类问题的借鉴，故又选修了"铁路"和"银行学"的课程。

也就在 1912—1913 年间，美国朝野对中国国内发生的革命非常关注，这关系到其在华利益。据孙科回忆：

> 经常有些演讲或座谈，邀我去讲有关中国革命的问题。这样难得的宣传机会，我当然不计代价，有求必应；但主办的人，每次除了招待吃饭之外，还送二十五美元作为酬金，对学生时代的生活，亦不无小补。

在异国他乡，特别是像美国这样的资本主义国家，能够公开宣传中国革命，机会实在难得。孙科当仁不让，他向美国友人积极宣传中国革命，产生了一定影响。

是时，后来任国民政府主席的林森奉派为国民党驻美洲总支部部长。林是福建闽侯人，为了便于工作，便聘请孙科任他的英文秘书和粤语翻译，遇到有什么团体请他演讲时，都是先由他自己拟好文稿，交给孙科翻译成英文后，再请法律顾问加以润色。1913 年"二次革命"失败后，黄兴伉俪率随员十余人抵美，所到之处，无不受到华侨的热烈欢迎，纷纷请他讲演。但黄兴一行，没有一个人会说粤语，孙科陪同他们走访侨区各地，并代为翻译。

孙科求学期间，功课原本紧张，加上办报和演讲等工作，是时无暇

1912年4月20日，孙科随父抵达福建与军政界合影

前排坐者右五孙中山、右六胡汉民、右四孙科

日，可父亲还是不时从各地寄来大包大包的书籍要他阅读。诚如孙科在《八十述略》中所言：

> 如果他（指孙中山）在南洋一带旅行，寄来的几乎全是我国的线装书；到了欧美，便寄英文的各种名著来。像《通鉴纪事本末》、《读通鉴论》、《进步与贫穷》、《互助论》、《达尔文游记》、《物种由来》、《面包的征服》，及《莎士比亚全集》等，都是我在那一时期曾经读过的书。

这一段时间的"强化训练"，为孙科的学识打下了坚实的基础。1916年5月，他从加州大学毕业。这时，他的长子治平和治强都先后出世。同年夏，孙科决定到美国东部去。他先将家人送回檀香山岳父家，8月中旬，与一帮同学由加州东行至纽约。9月，进哥伦比亚大学研究院，主修政治、经济和理财，选修新闻学。孙科在纽约，每周为《民气报》不断撰写"国际问题"的社论。1917年，俄国革命爆发，孙科通过阅读英文报刊，发现其中有许多消息，颇能激励人心，因此及时将这方面的新闻翻译刊出，受到读者欢迎。

三　崭露头角

不久，孙科获得硕士学位，遂整装回国。他先任广州大元帅府秘书，1918年又改任参议院议长林森的秘书。这期间，他和黄宪昭合办

1918年8月12日，孙中山致孙科家书

了一份英文的《广州时报》，由孙科编写国内政治新闻。以前在国外办中文报刊，是把英文报上的消息译文成中文；现在则相反，在国内办英文报，则要把有关中文报上的消息译成英文。

由于孙科对新闻专业具有浓厚的兴趣，加之丰富的学识与革命热忱，故其言论精辟，深入民心，所办报纸风行一时，成为当时中国南方最有力的革命号角。此间，他还撰写了《都市规划论》一文，翻译了罗威尔所著的《公意与民治》一书。

是时，北伐军枕戈待旦，亟须粮饷。孙中山特派孙科及大元帅府参议陈民钟、秘书黄展云前往菲律宾去募捐。革命需要钱，但国内竟无固定财源，幸得侨胞深明大义，慷慨解囊，令人动容。

1922年，粤军奉命讨伐占据广东的桂系军阀莫荣新。是时，粤军陈炯明自东江向西进，与廖仲恺、古应芬及孙科会合，商讨善后事宜，并一同进驻广州。孙中山任命陈炯明为粤军总司令兼任广东省长，陈炯明则邀请廖仲恺任财政厅长、古应芬任民政厅长，廖又向陈建议，派孙科接收广州市政公所及广东治河处二机构。治河处成立于1915年，当时广东之东、西、北三江同时发生一次大水灾，损失惨重，北京政府乃指拨广东省海关附加税为治河处专款，派谭学衡为督办。在讨伐莫荣新期间，谭学衡深感粤局势纷乱，因而先期离开，只留下助理人员办理业务。孙科接掌治河处后，便以督办名义行事，并派美籍华侨刘持以帮办名义作为助手。

1923 年 10 月，曹锟贿选总统，孙中山随即下令讨伐。翌年秋天，孙科辞去市长之职，持孙中山的信函，偕同陈剑如、谢无量，由上海经日本至韩国，再到奉天面见张作霖。在《八十述略》中，孙科有这样一段回忆，读来还蛮有趣：

张作霖

　　从前听说张作霖是土匪出身，以为他粗鲁剽悍；及见面之后，方知他长得非常清秀，个子不高，不像土匪一类的人物。那时，他正忙于进攻山海关，由他的儿子张学良在前方指挥。

　　当时，我是住在旅馆，他每天早上派专车接我到他的办公室，共进早餐，吃的是小米稀饭，生活非常简朴。饭后，照例由他的秘书长带着一个秘书和各方的函电公文，向他报告，并请示意见。他听完之后，逐一用口头指示，由秘书记录办理，一百多个公文，不到一小时就处理完毕，非常迅速。

孙科此行非常成功,在与张作霖达成协议后,奉军不久即出山海关,进抵天津,曹锟亦随之下野。

1924年,蒋介石奉孙中山之命,筹办黄埔军校。但当时一切费用尚无着落,他就派何应钦找孙科请求襄助。孙科秉承孙中山建立革命武装之意旨,当即允诺倾力支援。从筹办至成立,举凡官生之给养、补给、学校日常开支、教学设备之购置,乃至每月三千余银圆经费以及临时特别开支等,都一一设法解决,使这座"军队的摇篮"得以初创。其后,在扫除革命障碍,巩固革命策源地,进而完成北伐、统一全国中,黄埔军校为国民革命写下了辉煌的一页。

这一年的10月,孙中山北上,应段祺瑞、冯玉祥、张作霖之邀,期望能召开国民会议及废除不平等条约。这一举措,对内可使政治趋于稳定和正常,对外,则可结束帝国主义强加在中国人民头上的枷锁。但段祺瑞私心自为,完全与孙中山及国民党主张相背。而扶病北上的孙中山病情恶化,不幸于1925年3月12日去世。

是年6月,国民党中央执行委员会举行全体会议,决议以中央执行委员会为最高决策机关,改组大元帅府为国民政府。7月,国民政府在广州正式成立,孙科为委员。

次年1月,国民党召开第二次全国代表大会,选举36人为中央执委,孙科名列其中。国民政府任命孙科为交通部部长,仍兼广州市市长、广东省建设厅厅长、广州市党部组织部部长等职。是时,国民革命军开始北伐,进抵长江,国民政府也随之迁至武汉,孙科便辞去了广东方面的职务,专任中央工作,从此步入国民党高层,完成了从基层到中央这一角色的转换。孙科一步步走向成熟,但展望未来,任重道远,他只有恪尽职守,方能不辜负其父的一片期望。

1927年夏,国民革命军定鼎南京、上海。9月,孙科改任财政部部长。次年1月,国民政府增设建设部,令孙科出任部长。但因为孙科、胡汉民与伍朝枢等人应前外交委员会之议,前往印度、小亚细亚、埃及、土耳其、意大利、德国、奥地利、英国、美国等国考察政治、经济,故未就任。

南京政府在统一全国后,提出了"整理国民经济"、"振兴实业"的口号，秉承孙中山遗教，力行建设工作，而"铁道之建设，则尤为当务之急"。1928 年 11 月，国民政府决定设立铁道部，以加强铁路建设和路务管理，委任孙科为铁道部部长。

"要致富，先修路"。20 世纪之初的中国交通运输，虽是关系国计民生的大事，却是当时最薄弱的环节，而铁路建设尤为突出，这导致中国经济发展的滞后。

孙中山曾对铁路建设甚为重视，他在辞去临时总统后，即专心筹划此

孙科（左）、胡汉民等在国外考察

事。他曾说："中国取法先进国，能令铁路延长至 20 万公里，则全国岁当可收入八十万万。之此一款，已足为全国之公用而有余。"其后，他在答报社记者提问时表示，交通为实业之母，而铁路为交通之母，国家之贫富，可以以铁路之多寡定义。他曾发表《中国之铁路计划与民生主义》一文，反复剖析其利，以唤起政府与民间的关注。其所著的《实业计划》一书，对铁路建设规划更是至为详细。可惜，北洋军阀时期，战祸连绵，直至孙中山逝世，国内政局亦不安定，其建国之雄图无法实现。

孙科继承其父关于铁路是中国富强之首要的思想，把铁路建设视为中国富强的先决条件，强调它在国民经济中占有十分重要的地位。那么为何他会持有这样的看法呢？孙科认为铁路运输本身有七大优点，包括便捷、载货能力强、运行不受风雨之扰、费用低廉、铁道铺设受地形影响小、设备较佳、天寒地冻照常行驶等。此外，它在农业、工业等事业发展中，具有重大作用。对农业而言，四通八达的铁路网，便于农

产品运输,大大促进商品流通,"则不耕之地,顿成良田"。农业发展,"赖铁道交通之力,利用荒废之土地,实为一当前最重要之问题"。对工业而言,无论是能源,还是原材料,都将通过铁路转运而充分体现它们的价值。除此之外,孙科还指出,"其他若国防之巩固、政治之统一大业、文化教育之普及",亦同"铁道之多寡有密切关系"。由此可见,孙科清醒地认识到铁路在国民经济发展中的战略地位和作用,看到西方国家铁路发达所带来的巨大作用,不禁对中国铁路的现状充满忧心,亟待尽快发展铁路,富强国家。

孙科上任不久,平奉路即于12月直接通车。翌年4月,津浦铁路也恢复全线通车;5月,日军撤退,收回胶济铁路;12月,国民政府将粤汉铁路收回国有。是时,因战乱之余,对既有路线的养护、扩展,待建路线的勘测准备工作,均在他的督导下一一规划完成。

1928年岁末,南京政府提出《经济建设大纲》,其中第21条规定"10年内每年平均建筑铁道3200公里,共计32000公里",这一目标就当时中国铁路长度而言,差不多等于在10年之内翻两番,其困难可想而知。

铁路建设任重道远,作为铁道部长,孙科当然责无旁贷。但建设如此庞大的铁路网,其筑路经费甚巨,筹措不易,没有钱岂不是纸上谈兵?思量再三,孙科打起了庚子赔款的主意。此款原用来发展中国教育,如能移缓济急,先拨一部分用做修筑铁路,然后以铁路营运盈余,转而发展教育,岂不一举两得?

1929年3月,孙科在国民党"三大"上提出《庚关两款筑路计划提案》,详述了修建铁路的线路、程序和资金来源。他把全国已定线路(旧线)、新计划线路(新线)分为四组,总里程约为8655公里到9817公里。当然,这四组的重要性是不相同的,第一组和第二组"有全国重要之关系",第三组属于"局部性质",第四组为第二组的"连带线"。因此,其建设强调轻重缓急。

他还特别提请,"于英俄两国庚款中,确定指拨一亿五千万元,发行公债,完成粤汉、陇海两路"。其后,达成两项决议:其一,陇海铁路应提前于1934年底竣工;其二,将全部庚款的2/3拨为铁路建设经费。翌年,三中全会复决议:由国民政府督促各主管机关,对于二中全会政治

1935年5月23日,孙科(前排中)和立法委员等在陇海铁路郑州花园众乐轩合影

决议案切实负责,依期执行。陇海铁路计划则已拟就,唯其所需建筑费用高达一亿二千四百零九万元,除提请"确定俄国庚款三分之二为完成该路工程之用"外,另由补提"请确定意庚款三分之二,以其一部分补充完成陇海铁路工程之不敷之数;其余作修筑各铁路钢铁桥梁之用,并将该项庚款迅即提交铁道部管理支配,以利铁道建设"一案。

孙科认为,以国民政府奠都南京为契机,中国大规模修筑铁路的时代即将到来,他不但大声疾呼,还要身体力行;不仅要制订计划,还要付诸实施,绘就铁路发展新篇章。其出发点,就是力图改变铁路不合理与不平衡的布局,注重经济的交流与发展以及促进政治统一和加强国防等要素,其考虑周详、细密而深远。孙科非常自信地认为,此计划完成后,"整个国民经济将如春雷动蛰,万芽争苗,不数年间,将大改观"。

孙科为何特别重视陇海铁路必须提前完成?因为他认为,当时西北大旱,五谷不收,百姓饿死者载道,故亟待修好此路,将外地物资运往接济,以救灾荒;否则单凭人畜运输,实是杯水车薪。同时,苏联与新疆边境平行之土西铁路已经开始通车,其意在攫取中国西北资源,伺机向内地拓展,实现其沙俄时代侵略之野心。中国如能先完成陇海铁路,再延伸至新疆,有利于抵御苏联,固我边防。此外,西北回民及军人一再发动叛变,概因西北交通不便,中央政府鞭长莫及,而使其易于顽抗。如果此路一通,军运神速,则地方割据之势力自难存在,有利于边疆巩固统一。在孙科的倡导下,陇海线和粤汉线均开工修建。这两条铁路促进了西部和西南地区的开发,并在抗战时期发挥了重要作用。

在国内筹款计划的同时,孙科也主张引进外资兴建铁路,但他强调必须"权操在我",这对于当时积贫积弱的中国,亦不失为良策。但自清末到北洋政府,中国已向外国大举借债,大部分尚未偿还,故孙科想利用外资来修建铁路也未能如愿。

孙科还曾计划将粤汉铁路之株韶段,陇海铁路之潼兰段、沧石段,以及京湘线、京粤线、韶昌线、福昌线、湘滇线、包宁线、成渝线、道济线、同蒲线、宝钦线等于6年之内次第完成。惜乎,一则由于日本侵华日亟,抗战发生;二则1932年,孙科调任立法院,故未能一一实现,而在极端困难之下,仅完成部分重要线路。

尽管由于时局、资金等诸多因素,大大制约了铁路建设,但孙科的筑路计划,对现代中国的铁路发展影响至远。他提出利用庚款,这成为后来修筑铁路的重要资金来源;他所力主修建的西北、西南铁路体系,都在政府高度重视下得以艰难完成。其后,国民政府所修建的铁路,也基本延续了孙科的筑路计划。

孙科除提出上述有关铁道建设的提案外,还拟就了一份《建设大纲草案》,根据孙中山三民主义、《建国方略》、《建国大纲》及《实业计划》的昭示,把实施的原则、计划、预算和程序分别列举。他提出要在50年内建造16万公里铁路的计划,其中,西北铁路网线约11200公里,西南铁路网线约11600公里,中央铁路网线约26560公里,东南铁路网线约14400公里,东北铁路网线约11200公里,扩张西北铁路网线约25600公里,高原铁路网线约17600公里。这是一幅多么宏伟的铁路建设蓝图,只可惜,在当时条件下,几无完成可能。

因为没有钱，大事难以落实，孙科以法治路，狠抓管理，还是取得了一定的实绩。当时军阀割据，纷纷将自己地盘上的铁路视为私产，充作军费，中饱私囊，从上任伊始，孙科就着手整顿铁路运输秩序，提出了"管理统一"和"会计独立"两条施政纲领，前者包括"整理军运，放还车辆"、"各路车辆互调权完成受铁道部之命令，不准任何方面干涉"、"取消各路运输附加费"、"确定路局用人标准"四项内容；后者内容则为"停止截留、提用路款"和"铁道收入及其收益能力，全为管理、保养、改良、扩充铁道事业之用"这两条。他强调指出，"此两端实为铁道事业前途之生死关键"。随后，国民党164次中央政治会议通过，交国民政府明令宣布"切实执行"。

为改变分线设局，甚至一线多局的分散管理现状，铁道部于1929年8月出台了《直辖国有铁路管理局编制通则》，规定管理局依据线路之长短、事务之简繁分为一等、二等和三等局，其下再分总务、工务、车务、机务、会计和材料6个处。

针对各铁路局与线路管理局规章制度不一、各行其是、无法可依的混乱状况，铁道部研究与颁行了一系列多达数10种的铁路法规，将铁路建设与管理纳入有序轨道。针对路风、路纪问题，孙科亦毫不手软，一则《严禁铁路员工对于客商运送货物额外索取办法》，令胆敢冒犯者不寒而栗，轻者"立予开革"、"永不叙用"，重者，"依法治以受贿舞弊之罪"。1930年3月，又颁布《铁路员工服务条例》，对私运、盗窃、营私舞弊者，将予开除并追究刑事责任。

不唯如此，孙科非常注重提高铁路员工的文化素质，举办职工识字学校，他还兼任交通大学校长。同时，他还大力改进铁路医疗卫生工作，专门成立卫生处，扩充各路医疗诊所，实施车辆消毒措施。

孙科在任时间不长，但作用多有显现。无论是事关大局，还是着眼小处，都井然有序，步步推进，取得实效。

于铁路建设之外，1927年10月，国民党中央政治会议决定在国内创办航空公司。两年以后，孙科以铁道部部长身份，与美国飞机制造商接洽，对方同意赊售给三四架飞机，成立中国航空公司，孙科兼任董事长。

当时的民航事业,在美国也处在发展之中,最初派来勘测航线的飞机,小得可怜,连驾驶员在内,仅有两个座位,上面无顶盖。预定第一条航线由上海到南京,距离约 130 公里,要飞两个多小时。孙科在《八十述略》中,详细记载了这段有惊无险的航程:

> 我们约好上午八时在上海虹桥的高尔夫球场起飞,除了一位技师,我算是唯一的一个乘客。开动的方法,是要技师自己到飞机前头去搅动螺旋桨,好像现在的汽车抛了锚,驾驶员拿铁棍在车子前发动引擎一样。一直搅了一个多钟头,还没有发动。这时内子和几个朋友都已赶到,认定飞机有毛病,十一月的天气又不好,冒这样风险不值得,劝我作罢。我则坚持事情既已约定,不能半途而废。果然将近十一点钟时,螺旋桨被搅动了,我和技师爬上去,他前我后地坐定冉冉上升。

> 起飞以前,我问技师晓不晓得路线?他说没有去过。问他有没有带地图?他说只有一本简单的邮政地图;同时反问我往哪里?循甚么路线走?我说下面这一条河就是长江,你最好沿江由东而西。他又说如果到了南京,请我告诉他。幸好这一路我很熟悉,不然,盲人瞎马,真不知会闹出甚么乱子来呢!我告诉他将到南京时,有一座高约一二千公尺的山,飞越这个山,可以看到一座大城市,就是南京。城东有一块空地——明故宫球场——可以降落。侥天之幸,总算平安到达了目的地。

在孙科的直接指导下,中国航空公司发展迅速,又陆续开通了沪汉、沪平、沪穗等航线,添购了一些规格较大、型号较新的飞机,其中还有几架水上飞机,以黄浦江边为起降地。在孙科兼任中航董事长任内,基本没有发生重大的飞行事故。

不久,国民党又任命孙科为青年部部长,这是一件培育建国人才的重要工作。在此期间,他确实选拔、组训了不少青年人才,成为后来抗战建国的干部,贡献不小。除此之外,在孙科任铁道部部长时,还兼掌交通大学,因为当时需要大量的铁道建设人才,而交通大学正是造就这类人才的专门学府。所以，孙科对部务和校务，都不敢偏废。在这前后，孙科还担任过岭南大学、国民大学、大夏大学、暨南大学、中国大学的董事长等职。由于董事会在性质上是一个决策机关而非执行机关，故对校务行政，他并未负实际责任。

在父辈的影响下，孙科自 20 岁就投身革命。在那样一个艰苦的年代，那么一种恶劣的环境之下，孙科边学习边为革命宣传，不遗余力。他以自己的才学，为帮助中国革命的发展，扩大中国革命的影响，起到了很好的作用。

回国后，孙科在父辈的关爱下，相继担任政府要职，达到了一般人要十几年、几十年，甚至一辈子都难以企及的高度。孙科的人生之路，有一个良好的开局，但他还能继续前进吗？

民国建立以后，国民党逐渐蜕变。到了 20 年代，中国曾有过建立现代国家的良好契机，但南京国民政府成立后却未能很好地把握。近代中国由乱到治的转折时期，需要一个过渡性政府，而南京政府仅仅充当了这样一个角色，这就注定了它在中国历史进程中的地位和作用。尽管孙科继续"革命"，斗志不减，但其性质似已改变，用革命者的话说，他已成了"革命的绊脚石"。

在一个充满着意识形态和党派纷争的年代，由于舆论宣传的巨大作用，国民党的口碑一直不好，甚至是可恶。但是，历史地、实事求是地分析，早期的国民党还是一个充满希望的政党。中国社会政治变革，肇始于国民党。为推翻清政府，建立共和，一批国民党人前赴后继，积极进取，终于掀开了新的历史一页。这一旷世之功，是要记在他们身上。

然而，时过境迁，国民党违背初衷，开始向右转。很显然，国民党的构成，是官僚资本主义，它在社会历史进程中逐渐变质和衰败，而共产党代表了绝大多数人民的利益，代表了进步与发展，于是，历史最终选择了后者。

第二章 变革:全新理念的实践

必须承认,近代中国是大大落伍、被抛在时代之后的,无论从思想到理念、到文化、到技术,欧美国家已远走在我们前面。正是基于这一点,许多有识之士,纷纷出国留学,开拓眼界,期望学成后报效祖国。使母亲的肌体强健起来,这是当时许多热血孩儿心中的梦。与那些旧官僚相比,留学归国的孙科,确有与众不同之处,从广州的市政建设中,就可以看出这一点。也许,先人富国强兵的基因,已深植于他的心中;而国外现代化发展所取得的成就,则始终萦绕在他的心头。孙科希望通过自身的努力,改变陈旧的中国,使之立足于世界民族之林。

一 一夜草就

俗话说,雁过留声,人过留名,孙科在历史中还是留下了自己的印记的。虽然与其父孙中山相比,孙科在功绩和影响方面,都不可同日而语,但他也自有长处,在其从政生涯中,是有些闪光点的,在民国政坛也颇有些凡响。他所做出的成绩与他的权位,还是相吻合的。因此,他的名声,不仅仅是父亲光辉的折射,也有自己创立的"品牌",广州的市政改革,就是其中之一。

当时间跨进了 21 世纪,人们越来越重视生活环境,作为城市现代化标志之一的市政建设,始终是市民们极为关心的话题,其生存状态如何、是否配套和舒适、方便，这直接关系到这个城市居民居住的品质。因此，作为在任一方的父母官，要给予极大的关注，切实做好这项工作。20世纪20年代，中国刚刚翻开新的一页，正是百废待举。作为当时的普通百姓，还未注意到市政对于一个城市、对于他们生活的重要性。但有一个人已想到并付诸实施，他就是孙科。

人生30岁，果然是意气勃发、锐意进取的时期。1921—1925年间，孙科曾三度出任广州市市长。作为热心推动城市发展的市政专家，他在广州主持实施了一场卓有成效的市政改革，使广州的面貌发生很大改观，推动了广州城市的现代化进程。

20年代初，广州的市政改革，还对民国时期的城市组织管理和城市建设产生了深远的影响，因而在中国城市现代化史上据有不可忽视的重要地位。

广州是当时中国南方最大的都市及贸易中心，但在清末，其市政建设并未引起当政者的特别关注。民国肇基，胡汉民任广东都督时，广州市政建设才被提到日程上来。根据胡汉民的建议，设立"广州工务司"，这是广州新型市政体制的萌芽。工务司的主要职能在于负责拆城筑路等市政建设事宜。近代广州第一个大型市政建设工程——拆除广州城墙和城门，利用城基修建了10公里的新式马路以发展城市近代交通，便从这里开始。

可惜，因"二次革命"爆发，胡汉民参与倒袁运动，失败后逃往日本，他的计划未能实现。此后，继任者大多没有兴趣或缺乏资金，广州市的市政建设被搁置下来。直到1918年，广州市的现代建设重又引起注意，同年11月12日，南方军政府重设"广州市政公所"，负责广州的现代化工作，杨永泰被任命为该所的负责人（督办），魏邦平为副手（会办）。

杨永泰治下的市政公所，其任务主要还是集中在筑路和公园的建设上，至于教育、娱乐等尚未考虑。当时，由于广州的路面过于狭窄，行走十分拥挤，非要把旧城墙拆除以建新路不可。但这一市政计划，却遭到人们的反对，尤其是一些商店或工厂必须拆除或迁移让路，以便铺筑新的道路，商店和工厂的老板们当然不愿意。尽管他们攻击市政公所，但杨永泰以他的铁腕作风,坚决拆除了部分旧城墙。即使此举遭到许多人反对,但广州的面貌改观不少。两年任内,杨永泰奠定了广州成为南方工业及文化的中心地位,1919 年出版的《广州指南》一书,记载广州当时有 32 家报馆,4 所专科程度的学校,10 所师范学校及 27 所职业训练所,有百所初级及高级小学,15 所教会教育机构,不少财政机构,26 家丝、棉和羊毛的工厂,及传统的书院和商店等。一系列数据表明,广州已有了长足的发展。可是 1920 年广州再度陷入政治的纷扰中,粤、桂军阀之战,打得天昏地暗,直到把广西军队赶出广州,陈炯明才决定继续广州的市政建设。

1920 年底,陈炯明被孙中山任命为广东省省长兼粤军总司令。他虽是一个军人,却是秀才出身,年轻时受康有为、梁启超倡导的维新救国的影响,思想颇有几分新锐。在夺取广东之后,他为了提高声望,着力整顿地方事务,下令要在广东及广州市推行地方自治。他对广州的建设尤为重视,认为广州为全省行政中枢,原设立的"市政公所管辖范围太狭,除拆卸城垣,辟宽街道外,一切未遑计及,未足以言市政"。他期待把广州市变成为当时中国南部最进步的都市。为了实现这个目的,他提出有关动议,交给法制编纂委员会讨论,该会便推举"留美有年,夙专研各国市政"的孙科主笔起草新的广州市政。

孙科接到任务后,内心充满许多设想,一时思如泉涌,下笔如飞,一夜之间,就撰写出《广州市暂行条例》草案。这是他参照美国市政制度的最新发展趋势为广州设计的,共有 57 条,其后全省地方自治之基础都由此而奠定。这部草案以全新的内容,一改当时一般人对市政的观念。

这个新的组织法,扩大了广州市政府的职权,它的内容不仅在拆除旧城墙和筑路两个方面,教育、公共健康和公共工程也都被纳入市政府的职责范围之内。在市长之下设立了六个行政部门,即公安、卫生、公用、工务、教育和财政六局。每一个局有一个局长,各负其责。除了这个行政部门外,还有两个独立的监察机构——审计室和市参事会,这两个机构的人员,有些是通过选举产生,有些则由省长任命。如参事会有30 个名额,10 名为省长任命,10 名是通过选举产生,另外 10 名的分配是市商会 3 名,劳工组织 3 名,教育团体 1 名,医学界人士 1 名,工程人员 1 名和法律人士 1 名。其中所举"公安"、"公用"等名词,实为孙科首创。"公安"包括警察、自卫、消防等;"公用"则囊括公车、交通、电灯、电话、自来水等。盖以市政随着人民生活与社会进步,而无一不公,而"公安"、"公用",正是市政之特色。据此以观,可以想象出孙科清晰的思路与他周密的规划。其后市政府据以成为六局。而国内直辖市之建制,都以此为蓝本。

1920 年 12 月 23 日,《广州市暂行条例》正式颁布,次年 2 月 15 日正式实施。按条例规定,广州市政公所改组为广州市政厅。经广东省财政厅厅长廖仲恺的举荐,孙科出任广州市首任市长。2 月 17 日,孙科率各局局长宣告就职,组成广州市第一届政府。

《广州市暂行条例》颁布后,广东省议会以条例偏重于官治、未能与当时刚刚兴起的民治潮流相适合为由,咨请省长暂缓实施。省议会竟然决定另组一个 10 人委员会,重新起草一个他们认为较为"民主"的法规。

广东省议会真的是要实行民主普选?非也! 实际上,新条例的颁行,大大触动了官僚们的权益,他们所说的所谓"民治",其实就是人治,是打着"民治"的幌子,掩盖其人治之实。而孙科的"官治",则应看作是法治的落实。孙科就是希望通过此举,力图改变人治的陋习。中国几千年封建社会的传统,尽管历朝历代都有详细甚至完备的法规、律典,但人治的成分太重,人大于法。所谓"刑不上大夫",就是人治的结果;而"王子犯法,与庶民同罪",往往成了一句空话,使得有法不依,执法不严。为了改变这种状况,孙科力图引进西方民主与法制的理念,移植到中国社会之中。在当时的西方社会,法治在治理社会方面已取得了明显的绩效,这一点深得孙科青睐。他极力希望在中国社会的改革进程中,能够有机会尝试和履行,以改变老大帝国的落后局面。尽管已进入公元纪年的民国,拖在脑后那象征封建的长辫子早已被剪去,但在人们的骨子里,其封建思想残余并未消除。孙科饱受西方文明之熏陶,得民主风气之先,期望能通过"洋为中用",有补于世。

当然,那些反对实行条例的人,是醉翁之意不在酒,其真实目的就是借机反对孙科出任市长,因为他们更希望魏邦平来做这个官。魏某乃广东省警察局局长,曾任过广州市市政公所会办,他跟省议会走得很近,并且同省议会一样反对改组广州市政公所为广州市政厅。

陈炯明却极力支持孙科,让他去为起草的"条例"辩护。1921年3月14日,孙科以"条例"起草者和广州市市长的双重身份出席省议会。他指出:"我国自改革以来,无论中央行省,凡选举事务,均受恶势力之操纵;选举机关,亦鲜不为势力派所利用。"在体现民治精神的普选无法实现的情况下,他提议的是一种"半民主式"的方法,先由省长委任市长、局长,以后再逐渐改为普选。很显然,在民主还没有深入人心、大众参与意识尚未培养起来之时,过分地强调民治,会出现无所适从,进而乱作一团。"民治"绝不是一个招牌,而是实实在在地推进法治。

尽管旧的封建专制统治已被推翻,在部分人中间也显现出了激进的现代思潮和与世界接轨的迫切心情,但绝大部分人的封建意识还相当根深蒂固。由于有广东强人陈炯明和廖仲恺的大力支持,最终省议会妥协,《广州市暂行条例》得以勉强通过。如果不是他们二人鼎力襄助,恐怕孙科及所草拟的"条例"就要夭折。可见,人事作祟往往是中国政治不能导入正轨及建设的阻力因素。

二 初任市长

为了实现广州市的近代化,孙科对人事选择非常慎重,他没有从省政府或从前广州市政公所里直接选人,而是任命留学生来做六个局的局长。他认为留学生富有朝气,容易接受新思想,了解近代化的工作,且易于免除官僚的恶习。

看看20年代广州市政府的人员组成,很耐人寻味:市长孙科留美;财政局局长蔡增基留美(继任李思辕亦为留美);工务局局长程天固留美;公安局局长魏邦平留日;卫生局局长胡宣明留美(继任李奉藻留美);公用局局长黄垣留法和比利时;教育局局长许崇清留日。各局的课长、课员80%以上为留洋学生。从封建的科举取士,到清一色留洋归来的学生，短短 10 余年时间，地方行政官员的结构转变，竟如此之大，令人刮目相看。就当时中国的教育和西方教育相比，差距确实很大。因此，这样的技术官员，这样的专业结构，对一个城市，乃至对一个国家而言，都会有一番新的气象和作为。

对孙科任用留学生当政，有人提出了批评，说什么他们不了解当地实情，缺乏工作经验，等等。然而，孙科力排众议，大胆启用。后来证明，这些批评言过其实，因为当时凡是到过广州参观的人，无不为这里的市政变化感到欣慰，而正是这些人，给这座城市带来了新的气象和活力。

这里不免想多说几句，发轫于 1915 年的新文化运动，开启了民主与科学之风，这对刚刚迈入共和之路的民国，不失为一个有利的契机。如果能够很好地把握这发展机遇，那我国在政体结构、大众意识、思维理念，以及社会文化等许多方面，都将有一个长足的进步，对构筑我国的现代化体系，并且早日迈出这一步，奠定一个良好的基础。同样是在日本，当年的明治维新，大体也是以这样的内容为先导，继而全面推开，取得了很大成功，使这个弹丸岛国迅速崛起。不幸的是，"德先生"和"赛先生"主要还是在中国的知识分子阶层中引起很大反响，却未能植入全体国人心中。而当权者为了既得利益，更是视其为洪水猛兽，加以控制和扼杀。不仅如此，为了争权夺利，整个国家都处在军阀混战、党派纷争之中。一个国家的发展，如果没有一个良好的社会环境，实难推动。因此，民国腥风血雨的政治局势，不仅延误了发展时机，而且葬送了我国本来有望在这历史转型期的一次骤变。

《广州市暂行条例》是一部市政组织法规，其形式和基本内容主要借鉴了美国市政改革运动时期创建的市委员会制，并作了一些变更和修改，有其自身的特点。主要表现为：1. 在具有议决执行的市行政委员会这一机构外，增设市参事和审计作为辅助代议和财政监察机关，尽管它们在实际运作中的代议权和监督权非常有限。2. 广州市政厅具有较浓厚的官方色彩。主要是任命和指派。3. 广州市长在市政的权力构架中处于核心地位，对外是市政府的代表，对内有总理全市行政事务的大权。

　　孙科首先希望广州的城市面貌能有大的改观,因而把主要精力投放在市政建设上。对于这方面,他可谓驾轻就熟,烂熟于胸。在美国加州大学读书时,他主修政治学,其中不乏有关政府组织及市政工作的课程。此外,他本人对都市计划有着浓厚的兴趣,曾参观了美国不少城市的市政建设,因此对市政可以说很有心得。在回到广州后的第二年,孙科就在《建设》杂志上发表了一篇有关都市现代化的文章——《都市规划论》,通过这篇文章,可以看出他对市政的一些看法及其期望。文中他首先追溯都市计划的起源、发展及模型,对德国、法国、奥地利、英国和美国的都市作了一个比较,并评述各都市之优劣得失。他提出,规划都市发展,应将交通、卫生、娱乐并举。他认为,如果中国要发展都市近代化,应仿效奥地利的维也纳。该市市区不仅街道宽阔,种以行道树遮阴,还预留了很大的空间,作为建筑公园及未来公共建筑之用。

　　孙科认为都市计划有两个很重要的阶段:第一,政府应对全市作一个完整的测量,最好像欧洲国家一样设一个专门委员会,由他们来调查区域内的基本情况,诸如经济、人口、职业、交通和地理等。在此基础上,政府需要考虑未来的发展趋势,并且制订出解决未来产生问题的政策。第二,政府在做这些调查时要对下列问题详加考虑,留有充分的余地,诸如卫生(垃圾处理、饮水问题)及娱乐活动地方(公园及游乐场所等),否则,待到今后若是重建或重修时,政府将花费许多不必要的经费。在市政的工作计划中,孙科认为一个领导者(即市长)非常重要,如果市长的任期过短,只有一两年,那么他只能作短期规划,很难显出成就来。所以,市长最好要有适度的任期,保持一个相对的稳定性,这样才能使都市建设得以持续进行,而且也可以节省经费和稳定人事。

　　以上不多的篇幅内容,足以体现孙科心中一个既系统又完善的都市计划。当时已有不少人注意到他的论点,尤其是廖仲恺,或许这是他力荐孙科作为广州市市长的最主要原因。

　　孙科第一任市长只干了 15 个月,从 1921 年 3 月至次年 6 月。这是他首任广州市市长,所以他及其僚属颇为努力,希望给民众一个好的印象。

三　旧貌新颜

　　桂系军阀莫荣新等自从掌控广东后，只顾争权夺利，无视广州市镇发展，街市满目疮痍。经费奇缺之下，以言建设，实感困难。当时，广州市内大街小巷均有土地庙，其中有的完整，有的已圮毁，均属市府公产。这些神权时代的遗物，既有碍市容观瞻，且香火不断，易为地方神棍借此敛财，近于勒索。为化无用为有用，孙科倡议将这些公地一律公开拍卖，所得款项拟作建设经费。当时虽有人从中作梗，甚至辱骂孙科为"铲地皮厅长"，但这一举措还是获得多数地方士绅的赞成，得以顺利执行。

　　孙科深知，依据广州市内的实际情况，其建设首先需要将旧城墙拆除，否则无法兴建新的街道，这实际上是继续杨永泰当年未竟的工作。在孙科的推动下，广州市用水泥铺设了 26 公里的现代化道路，包括人行道在内，比原来宽了 2.4 到 4.5 米。这条水泥铺就的新路与广三铁路相连，对广州市区范围的外拓意义重大。在筑路的过程中，大约有 3000 栋房子被拆除，1300 米的旧运河被填为平地，有近 10 公里的城墙被拆除。在拆城筑路的过程中，孙科遇到很大的阻力，主要是来自绅士及商人阶层，他们无法体会到新型城市的诸多优点和好处。尤其当他就任不久，市政府想拆除一座据说是汉代遗留下来的"铜壶滴漏"（即古钟），当时的绅士纠集了不少流氓地痞示威反对，他们认为市政府这种做法，破坏了广州的风水，将来会给这座城市带来不幸。孙科只得亲往疏通、解释，同时答应将这座钟改放在一个公园内，这才化解矛盾。

　　反对政府的筑路工作，不仅限于拆除城墙或古迹方面，还包括填平壕沟、改筑新路。附近的士绅商人认为政府筑路，牺牲了他们的利益，所以纠集不明真相的群众，鼓噪示威。保守的传统士绅和商人只关心眼前利益，无视城市近代化发展所带来的巨大实惠。实际上，马路的修建，不仅仅是交通的便捷，更能促进经济的发展，使城市面貌为之一新，能极大地提高市民生活的环境和质量。可见，新生事物的出现，不是一

1922年1月1日，孙科（前排中）等在督办广东治河事宜处庆祝元旦合影

蹴而就的，它常常被扼杀在襁褓中，能够茁壮成长者不易，获得成功的背后，需要付出几多心血。

在孙科的带领下，工务局和卫生局用新式街沟，成功地改造了广州市年久失修、水泄不通的排污系统。开辟新路的同时，还重点整顿了居民侵占街道问题，使全城街道普遍得到拓宽。街道的改善，为城市规划蓝图的实现奠定了基础。

孙科热衷于城市规划，并多有研究和体会。譬如"公园"，它纯粹是一个西方概念，20世纪初才引入中国，其本身包含了民主、开放等现代性的内涵。一个走向现代城市的内容，一定是少不了"公园"的，它是大众市民休憩和娱乐的场所，是城市近代化的标志。时人多有谠论，提到公园的重要性，诸如"公园乃都市之心脏，都市人口众多，生活繁复，苟无公园以为娱乐游息之所，借以愉悦精神，变换空气，其市民之日就颓丧，有不期然而就者，是以讲求市政者，计划交通住宅等问题，必同时研

海珠公园開放撮影
民國十五年七月四日

1926年7月4日，孙科等参加海珠公园开放仪式合影。前排左三为孙科

究开拓公园"。对此，孙科多有同感，并深为关注。

此前，市政公所在制定城市规划时，也一并将公园的建设考虑进去，只是由于各种原因，未有建设，在拆城筑路外，"一切市政，未遑多顾"。孙科当政后，随即着手筹建公园，第一公园建于1920年，地址在观音山原清代抚署故址上，1935年改为中央公园，占地达10万平方米。次年10月，举行了隆重的开园典礼，孙科发表演说，有20万市民参加。为了让市民更好地游玩，也为了规范市民的行为，养成和提高良好的公共道德观和文明习惯，政府还特地出台了《广州市第一公园游览规则》计13条，从内容上看，确实令人耳目一新。在第一公园的成功影响下，广州市又先后建成了几个市内公园，令市民得以闲暇之余，徜徉于秀美的园林中，享受大自然的清新。第二公园在东校场，面积更大，近14万平方米；第三公园在海珠（今长堤一带），面积较小，只有4000平方米，但公园附设有体育场，从功能上更全。"另将广州市郊的乱坟岗迁墓平地，按规划设计建设模范村"，亦如今日我们城市中的小区。

孙科的广州市镇建设，除了拆城筑路，在许多方面都一一展开，其中，他对环境卫生相当重视。卫生局当时把广州市分为6个片区，每个区有 5 人负责管理,1 个主任,2 个督导,另外 2 个是监工人员,他们每天必须将每区的卫生状况向上级汇报并作统计。同时下属各科专事其职,有向市民宣传卫生知识的,有专门负责清除街道、疏浚壕沟的,各司其职,分工负责,保证一切运转正常。黄炎培先生去广州游览后曾说:"广州市街道之清洁,为其往日所见于国内各地者,实罕其匹。"

不唯如此,卫生局还任用了 1000 名街道保洁员来收集垃圾和清除水沟。从 1921 年 4 月到 7 月,在四个月之内共清除了 126 条水沟,约 5 万多米,还建立起了一个近代化的排水系统。此外,卫生局对公共健康也相当关注,曾发动在市区展开一个灭蝇灭鼠运动,希望借此消灭传染病;同时制定一套新的卫生规则来管理餐馆、旅馆、戏院、公共场所、公共建筑等,严格执法。这不仅加强了对特殊行业的管理,也对保障公共健康大有裨益。

卫生局当时发起的一项比较显著的改革,就是对从事医生、护士、牛奶坊、茶室和戏院等职业和行业的人,一定要有从业执照,凭证上岗;同时严禁赌博、吸食鸦片,凡违犯者均严加处罚。广州市曾是广东省赌博和鸦片的中心,陈炯明还为了革除这些恶习,极力支持执行命令并捉拿违法之人。陈炯明还开除了六个省参议会的议员,以示严惩不贷。据说当时为了严格执行禁烟禁赌,广州市财政要损失 1300 万元,尽管如此,陈炯明还是坚决维护法令而不妥协。

孙科对于学校教育和社会教育也至为重视。一方面保证学龄儿童就学接受教育,同时选派师范类毕业生任巡回教员,指导私塾改良;另一方面在社会教育方面,为提高全面素质也不遗余力。他很想把广州整顿成为中国进步最快的一个都市。教育局宣布国民教育要强迫施行,并专门组织了一个国民强迫教育委员会来具体承办,目标设定在 1922 年 9 月完成。教育局还设立了职业训练学校和成人教育学校,商业学校、妇女裁缝学校、师范学校和工人学校等相继而起,通过训练学生,使他们有一技之长,能够自谋生活。

尽管广州市教育局推行教育不遗余力,但广州市的文盲数目还是相当之高,为了扫除文盲,教育局决定利用公共图书馆和"市民大学"释难解惑。当时广州市内大专学府,非一般小市民所能就读。孙科任事之初，即设置了一所为小市民阶层求知进修之学校，使一般公务员及商店店员、家庭妇女，有机会利用工作之余从事专门学习。

　　"市民大学"并不是一所正规学校，属于社会教育性质，即如今日的非学历教育，它是通过一系列讲座，给百姓传授灌注新知识。凡有志于进修的市民，不拘学历年龄，均可报名入学，修业期满，考试及格，颁发证书。当时负责授课的教授，多为名重一时之学者，诸如汪精卫、胡汉民、马超俊和孙科等，阵容甚强，不逊于正规大专院校。这些演讲大概是七个星期的课程，授课时间为晚上，演讲内容包括有社会科学、法律、人文、医学、自然科学及工业和农业科学。举例说明，胡汉民讲"社会主义和伦理"，伍尚鹰讲"民主与远东问题"，都是社会科学方面的常识，自然科学则有马君武的"科学和迷信"等。此举，实是在中国社教范围中创立新风。教育局还曾计划为妇女提供育婴、家教、妇女卫生等方面的知识，后因经费问题而搁浅。

　　总体而言，广州市的职业及成人教育取得了相当的成功。凡是到过广州参观的人，对该市的教育都留下了很好的印象。尽管如此，教育局本身由于没有经费来源，也没有任何财产可资利用，其经费完全来自财政局的支持。然而财政局是否能供给经费，则又系于政局是否稳定。所以1922年陈炯明叛变，导致教育局几乎找不到财源来维系他们的计划，直到叛变被镇压，孙科才以车辆税来维持教育。政局不稳，使教育局更体会到经费独立的重要性。不过孙科在1924年辞去市长时，财政问题再度发生，最后广东省以电力附加税来解决经费问题，这才勉强度过危机。真正教育经费的独立，一直等到孙科第三任时才得以最终解决。

　　教育局还定期举办展览会、通俗讲演，以生动活泼的形式向市民传授现代知识。广州市设有通俗图书馆一所，内置各种报刊，市民可公开阅读浏览。另组织流通图书车，供人借阅。为完善市区的社会教育设施，广州市还建成多所儿童游乐园，让孩子充分享受世间的快乐。

　　为了保护市民的生命及维持广州市的秩序，孙科大力强化治安，整顿风纪。广州市公安局将全市分为12个治安单位（坊），建立了一支4000余人的警察队伍。此外还有500名受过军事训练的警察及警官，

孙科任职于广州市政府时亲手植树

吴铁城是当时的公安局局长。公安局规定警察不得鞭打人力车夫，要怜恤沿街卖唱的残疾艺人，而对卖淫、赌博、吸食鸦片等社会丑恶现象要予以严厉打击，整顿社会风气，加强城市管理的力度。公安局的经费主要来自"房捐警费"，故不至于发生经费困难。广州公安局成为支持孙中山先生革命政府很重要的一支武装力量。

由于孙科努力使广州走向近代化，广州革命政府的经费得以增加，例如，以前的房屋税一年也不过 60 万元，而孙科当了一年市长后收了300 万元，1922 年的经费则预计征收到 500 万元。一个记者曾经这样写道："商人比较乐意付税广州市，而不太愿意供广东省政府。这是因为省财政收入愈多，兵源也愈多。"所以孙科的广州市政府，成为孙中山革命军很重要的经费支持者。

正当孙科踌躇满志、大刀阔斧地推进改革时，1922 年 6 月，陈炯明叛军炮轰总统府的炮声，打破了他有关市政建设的规划，使之陷于停顿。这次叛变给广州市近代化带来许多负面影响：第一，迫使孙中山及孙科离开广州，而孙科必须把全力放在募款讨伐陈炯明的工作上，这使得发展广州市成为一个世界性的近代都市的构想只得往后拖延；第二，陈的叛变使广州市遭到很大破坏，一些史料中证明陈炯明允许他的士兵"放假三天"，到处抢劫。

1923年1月16日，陈炯明终被革命军击败，被逐出广州，孙科于2月26日就任第二任市长。他克服困难，继续进行他设计的城市建设规划。

这时政局尚不稳定，除了陈炯明的威胁外，尚有广西刘震寰和云南杨希闵的骚扰，他们志在控制广东的关税税收。由于军阀的威胁，孙中山几乎得不到广东省财政支持以维持军队运转，他只得下令孙科去筹款。因此，二度出任市长的孙科，几乎都是在为筹款而不懈努力。

即使在如此困境之中，孙科还是不忘建设广州市政，新建了2500多米的道路，还建成了东山公园。对饮用水卫生，卫生局也专门派了专家很仔细地检查饮用水，此外也加强传染病的预防。教育局则为工人开设职业学校，并且为文盲设立暑假学校。

也就在这一时期，孙科的名字渐渐地被冠以"太子系"首领的称号，他的总部叫"南堤小憩俱乐部"。事实上，此处本为孙科、吴铁城、宋子文和廖仲恺常常讨论政务的地方，并不是一个政治组织。国民党改组前，孙中山指派若干同志任临时中央委员，负责起草总章，筹设市区党部及小组，同时聘请苏联人鲍罗廷为党顾问，指定廖仲恺与孙科等数人与鲍罗廷交谈，作为改组的参考，廖仲恺、鲍罗廷等常假借南堤市政厅会议室为商谈之所。市政厅毗邻有一商建新楼，亦位于南堤，经吴铁城发起，租得该新楼二层，设立"南堤小憩"俱乐部，为从政同志聚餐、休息、谈话之场所，这就是"南堤憩"俱乐部的由来。由于孙科是孙中山哲嗣，血脉所系，其政敌便"移花接木"，乱扣帽子，甚至夸大其词，言称"太子派"与"元老派"针锋相对，以讹传讹，使得胡汉民等人不敢去"南堤俱乐部"。

尽管大家对孙科的地位身份绘影绘形，实际上他的权力还是相当有限。在广州革命政府与云南、广西军阀内战期间，胡汉民的一个朋友叫郑殿邦，是一个资本家，常出入"南堤俱乐部"。当时谣传他囤积货物，操纵金融，孙科听后大为震怒。一天，郑殿邦又到俱乐部玩麻将，孙科立即命令吴铁城将其收押。因吴不愿得罪胡汉民，借故开溜，孙科不得已只好命令自己的侍卫将郑殿邦扣留。胡汉民听到郑被捕的事，马

1925年广州军事会议，二排中戴礼帽者为孙科

上去找孙中山，并且说孙科的举动实在太幼稚。由于胡汉民的坚持，孙中山只好命孙科放掉郑。从这一件事可以看出，孙科的权力还是非常有限的。

胡汉民与孙科很接近，他曾对孙科的批评是：因为他是中山先生的儿子，所以有革命的脾气；因为他在国外长大，是留学生，所以他有洋人的脾气；因为他是独子，所以更有大少爷的脾气。胡汉民是国民党元老，他当然有资格"评头论足"，"说三道四"。

孙科自有个性，甚至也会动怒，这点不假，他与胡汉民就曾闹过一场，并为这事遭到父亲追打，险些挨枪。那是在1923年，孙中山征讨陈炯明，孙科时任广州市市长。为发给滇桂两部军饷，孙中山请秘书长胡汉民以大元帅的名义持手令，到广州市政厅提领20万元。不知为何，那天孙科有气，竟迁怒他人，令领款者空手而归。孙中山得知后很是气愤，把孙科叫去一顿臭骂。被痛批后的孙科无处发泄，便径直去了二楼胡汉民的办公室撒野，并举起手杖向胡汉民打去。一番闹腾，惊动了在三楼的孙中山，他走下楼来，见到这一幕，是怒不可遏，于是夺过守卫楼道口卫士的枪，追着孙科要打，在众人的相劝下才放手，而孙科则夺路而逃。孙科年少气盛，难免一时意气用事，做出出格之举，但他多数时候是一个温文尔雅的绅士，有君子之风，少有为一己私利与人发生冲突。

除了筹款一事使孙科不能全身心地推动广州市政的近代化工作之外，孙中山的北伐也正在积极推进，他正在设法联络张作霖的奉军，以夹攻直系的曹锟、吴佩孚部。为此，孙科被派往东北担任联络奉张的使命，于是他只好辞去广州市市长一职。

辞去广州市市长一职时，他深怀感情，特撰告别市民布告：

自民国十年创立以来，时将四年；本市长两度任事，亦逾三载，今当解职交替之际，特将数年来经过概况，及对于将来之希望，为我市民一陈述焉。市政为地方自治之事，与地方人民关系最为深切，徒以前此无人倡办，市民乃淡然漠视不以为意。民国七年，市政公所成立，实行拆城筑路，其时市民多感于一时不便，群起反对，以为拆城开路填濠诸端，均为有害无利，请愿撤除者，不知若干次，此则市民苟安目前，未窥远大之过，无可为讳，至今思之，所当废然思返者也。

纵观本厅成立数年之间，地方虽属多故，治理纵有困难，然市政之基础，则已日呈巩固，市民对于市政之常识，亦日以增进，则今后本市市政之设施，比诸往昔更事半功倍，有进无退，可为预卜矣。市政条例，本有五年后市长之规定，今大元帅以北伐在即，地方政治应即还诸市民，以为民治之先导，特颁布市长选举条例，提前办理，以符初旨。所望我市民，今后对市政当视为切身利害之事，群策群力，共励进行，维持既有之成绩，发展未来之伟业，树立民治之楷模，完成建设之大计，本市长有厚望焉

中华民国十三年九月十二日　市长孙科

不幸的是,孙中山于 1925 年 3 月 12 日病逝,他过早的离去,对孙科的政治前途不无影响,这之后,他只能靠一己之力在政治上拼搏。一无兵权,二无自己的势力集团,无奈,孙科只有选择适合自己发展的"现实政治"战略,在左右逢源的夹缝中生存。不了解他的人,攻击他为右派,有时他又被误认为是左派。实事求是地分析,如果不是设身处地,亲历历史语境中的孙科,他的政治行为会令人不解。

1925 年 6 月 14 日,陈炯明及西南军阀终被彻底击败,广州市的秩序得以恢复。国民政府也在 7 月 1 日正式成立,广州市政府随之改组。中央及广州市均采用委员制,孙科出任广东省财政厅长,1926 年 6 月国民党任命他为广州市政委员长,以接替伍朝枢的市长职位。这是孙科第三任也是最后一次出任广州市市长。

在第三任内,孙科主要的工作还是建筑现代化的道路。就任后的第二年,广州市大约建了 3000 多米的街道,许多街道还铺有柏油路。另外,他还提出建设了由沙河至太和市、东山至黄埔及西村至石井三条公路。只是由于时局影响,不尽完善。市政府也在计划分三期建立一个可容纳 450 张病床的医院。孙科另一个计划就是扩展自动电话。1925 年秋,他的前任伍朝枢已在广州市政府里装置了自动电话系统,孙科想把它扩展到全市。市政府与美国芝加哥自动电话公司订立合同来承建这个工程,全部费用近七十万金元。当时广州革命政府正积极准备北伐,费用甚紧,结果只好将这项计划取消。军事第一的需要,终使孙科这项近代化计划延搁。

除了上述的举措之外,孙科也计划发展黄埔港。广州市水路的一大缺陷就是水道太浅,因此船舶运输都要仰赖香港。孙中山早已见察觉到广州市的这一致命弱点,为了使广州不至受到香港的控制,于是他计划在黄埔开港。但这个计划一直因为财政原因,未能实现。

直到 1925 年 6 月 23 日"沙基惨案"发生后,黄埔建港计划才真正引起国人的注意。他们认清帝国主义的面目,为避免将来使广州受制于英国,黄埔港的开发便提到日程上。孙科命令他的属下于 1926 年 6 月成立黄埔发展公司,筹划发展规划;同时他也向海外华侨呼吁支持这个计划。但是这个计划始终筹不到所需经费,因而不得不暂缓实施。

由于广州国民政府正积极准备北伐，市政建设必须从属政治，其建设计划只好搁置，其后，广州国民政府迁都武汉，身为政要的孙科只好辞去现职，至此，结束了他在广州的市政改革活动。

出任广州市市长，是孙科在政坛的首秀，这对他个人而言，意义不凡。经实践和时间检验，他获得了成功。为此，孙科曾撰有《广州市政忆述》一文，深情地回忆了这段颇具影响力的难忘经历。

四　成绩斐然

广州——这一南方的古老城市，在孙科实施的市政改革和城市建设中，其面貌焕然一新，他促进了广州由传统城市向现代化城市的转变，加速了广州城市的现代化进程。

广州的市政改革模式赢得了广泛的赞誉。有人称之为"办理数年，成绩斐然，一时推为全国的模范市，实为吾国举办市政以来，第一次的成功"。

广州的市政改革和城市建设为我国其他城市提供了市政改革的成功经验，主要体现在由城乡合治到城乡分治的这一历史性变革上。

近代以前，中国长期实行城乡合治的地方行政体制，城市仅是各级政府的治所，没有设立相对独立的专门管理城市的行政机关，其管理由传统的封建衙门执行，显现出随意性、简单性、效率低下等缺陷。进入近代，在中国城市自身发展的客观需求及西方城市管理制度的影响下，中国的地方行政体制开始由城乡合治转向城乡分治。但这还称不上是近现代意义上的城市政府，市政管理和建设机构也没有成为一级政权实体。不唯如此，其官员多为传统官绅，缺乏近代城市组织管理方面的知识和经验。

《广州市暂行条例》的颁布和广州市政厅的成立，则在这方面有很大突破。不仅从传统的管理模式中跳出，具备了新型的现代城市管理机制的色彩，而且在人员结构上，由一批具有现代意识的技术型官员群体执掌政府各部门，为官一方，突显了全新的管理理念和方法，很有见地。

1926 年 7 月 5 日,孙科等参加广州市政府补行成立一周年纪念典礼合影
前排左八为孙科

因此,广州市政厅是中国历史上第一个现代意义上的独立的城市政府,它的创设是中国近现代市制发展史上的重要里程碑,对民国时期的城市组织管理产生了深远的影响。

伴随着城市人口的急剧增加,工商业活动的频繁进行,中国传统的城市基础已不能适应形势的需要。在辟有租界的商埠中,两者的差距已是一目了然。因此,广州的城市建设正是顺应了近代城市发展的要求和市民的愿望,并取得了较为显著的实绩。难怪有人在论述当时重庆市政设施残破亟须改革时,大声疾呼:"请问中国还有第二个孙科乎,中国还有第二个广州乎?"可见孙科的成绩及广州市政的变化在普通市民心目的地位。

我们知道,城市现代化是国家现代化建设中的一部分,颇具典型意义。从市政建设入手推动城市发展,是实现城市现代化的正确选择,而它反过来又必将带动各项事业的进步与发展。在 20 世纪 20 年代初,以孙科为代表的中国市政专家已认识到这一点,这难能可贵。

1928 年国民政府在完成全国统一后,为加强对城市的管理,颁布《特别市组织法》和《市组织法》。而这两部全国性的城市组织法规,都是以《广州市暂行条例》为蓝本,加以修改而成。这样,到 1928 年以后,由孙科拟定的《广州市暂行条例》及在广州主持的市政改革,已成为国民政府城市组织管理的典范和基本模式,深刻地影响着民国时期的城市建设和城市发展。

由孙科三任广州市市长对广州市近代化的努力,我们大概可以看出以下各点:

1.广州市近代化工作,与南方政局的稳定与否干系甚大。按照《广州市组织条例》,广州市市长的任期是5年,囿于政治因素,孙科的第一任市长不及5年。在战火频仍及政治斗争下,广州市成立后的第一个5年(即民国十年到十五年),广州市市长换了8个。而局一级机构,变动更加频繁、最为典型的莫过于财政局局长一职,短短5年,前后更换了14个,平均任期不到5个月。这自然引起不少人的微词,因为百姓认为财政局掌控全市财产及税源大权,认为他们是为捞钱相争。由于人事制度在广州市政府始终没有制度化,结果,一人更换,迁怒他人,全部人员也随之更张,是"一朝君子一朝臣"。古语中有"爱屋及乌"之词,也有"殃及池鱼"之语,前者是福分,后者就运气不佳。这种人事不稳,是造成广州市近代化不力的障碍之一,孙科也是惨淡经营,心有余而力不足。

2.财政窘迫,也是一个重要的因素。孙科常要受孙中山之命筹款,以维持军队及革命政府开支。孙科的前两任市长任内,几乎把他的时间全都用在了筹款上。虽然广州革命政府可以支配一部分财源,用于市政改革,但这些钱大部分给了公安系统,1921年广州市的预算是196万多元,其中公安局就占了124万多元。这也看出广州市的秩序不稳,大量的钱都投入到维持地方安全之中。

3.由于广州市大部分经费用于南方革命政府的运作,市政府就很难再有财力来实施城市近代化的工作。面对资金的严重缺口,无计可施的孙科只好将市产变卖或者加征庙寺、船坞及土地税,甚至连粪便也课税。增加税费是为了弥补不足,但过犹不及,引发和招来了一片反对声。有市民为讽刺这种高税专门作了一首打油诗:"天下未闻尿有税,广州唯有屁无捐。"由于变卖公产,孙科受到不少攻击,认为他中饱私囊,使其卷入到是非的旋涡之中。

4.广州市设市的目的,旨在培养地方自治,例如《广州市组织条例》上,规定承认有选举权或者为候选人,并且市参议会的委员是由市民选举而产生。但由于第一次选举出现的缺憾，广州市的选举就此搁浅，结果市政人员还是任命制，其权力都掌握在绅士阶层之手。这对孙科而言，未达初衷。不过对地方自治的重要性，他了然于胸，从未放弃，1931年他再度提出动议。

当然，孙科的努力还是多有成效，他三任市长使广州市的面貌大为改观，尤其是道路及街道的建筑。曾有报刊评价说：孙科在公共卫生、公用事业、公共工程及教育方面相当成功，到广州市参观的人对街道、沟渠的整洁及民众教育都留下深刻的印象。他们对市政府官员支持孙科改进广州市及公共安全的努力，表示赞许。原来广州路不平、灯不亮、水不洁、电话不响的"四不"现象，通过孙科和他的继任者的共同努力，得到了很大改进。此外，孙科治下的广州市政府对革命政府财政也有相当大的贡献。这些对孙科后来的政治前途都有相当的帮助。

广州的市政建设，可以说是孙科较为典型的政绩之一。他以现代化的理念，完成了中国城市走向现代化初始的创举，并为中国城市现代化奠定了基础和榜样，具有开山拓荒之功。有人批评孙科只是靠父亲而谋得高位，未做实事，这样的说法既不客观亦不公正。也许是因为孙中山的缘故，国民政府为孙科革新提供方便，使他能够较为顺利地实施这一计划，这是事实，但不可否认，如果孙科自身是扶不起的"阿斗"，纵使外部条件再优越，他也不可能有所作为。实际上，仅就广州的市政规划而言，就充分体现了孙科的才识和学养。它是综合知识与超前意识的结晶，是国外现代化理念与中国具体实际相结合的典范，一般人难以做到。而在实施城市建设过程中，孙科也遇到了许多问题、困难和阻力，正是他以坚忍的毅力和不懈的努力，才取得这般成绩，这份功劳不能抹杀。

第三章　悲喜:初次组阁的非命

1931 年 12 月 22 日到 29 日,在南京召开了国民党四届一中全会。会上,宁粤两派为争权夺利和推卸卖国罪责,互相谩骂,当时报纸称之为"言词之争"。次年的 1 月 5 日,《十字街头》第三期发表了署名为阿二的"言词争执歌",以讽刺这帮政客:

　　一中全会好忙碌,忽而讨论谁卖国,粤方委员叽喱咕,要将责任归当局。吴老头子(吴稚晖)老益壮,放屁屁来相嚷嚷,说道卖的另有人,不近不远在场上。有的叫道对对对,有的吹了嗤嗤嗤,嗤嗤一通不打紧,对恼了皇太子(孙科),一声不响出'新京',会场旗色昏如死。许多人夹屁追,恭迎圣驾请重回,大家快要一同"赴国难",又拆台基何苦来?香槟走气大菜冷,莫使同志久相等,老头自动不出席,再没狐狸来作梗。况且名利不双全,那能推苦只尝甜?卖就大家都卖不都不,否则一方面子太难堪。现在我们再去痛快淋漓喝几巡,酒酣耳热都开心,什么事情就好说,这才能慰在天灵。理论和实际,全都括括叫,点点小龙头,又上火车道。只差大柱石(胡汉民等)似乎还在向火并,展堂同志(胡汉民)血压高,精卫(汪精卫)先生糖尿病,国难一时赴不成,虽然老吴已经受告警。这样下去怎么好,中华民国老是没头脑,想受党治也不能,小民恐怕要苦了。但愿治病统一都容易,只要将那"言词争执"扔在茅厕里,放屁放屁放狗屁,真真岂有之此理。

汪精卫

四届一中全会因党派之争、权利之争和责任之争而乱作一团,遭人如此"糟践",实在有损"党国"形象。但若从另一方面看,其事出有因,若要追溯其源,还需从南京国民政府成立时说起。

一　宁汉对立

孙中山逝世后,没有确定接班人,这给国民党出了个大难题,也带来了诸多不稳定因素和纷争。当时在孙的周围,有三人成鼎足之势。一是孙中山的得力助手汪精卫,他在国民党内资历深厚,又有刺杀清朝皇族摄政王的光荣历史,还是孙中山遗嘱的起草人,曾任广州国民政府主席兼军事委员会主席,堪称孙中山之后国民党内最有影响的人物;一是胡汉民,国民党元老,根据孙中山的遗命,代理大元帅和中央政治会议主席,兼任广东省长;另外一位则是国民党后起之秀蒋介石,他从黄埔军校发家,以军事为依托,一时崭露头角,成为一颗新星,大有后来居上、超迈前人之势。他们各有长处,都有望成为孙中山的后继者;但亦都有短板,一时很难确立党国"众望所归"的领袖地位,使得政坛呈现出相互制约的一种均势。

古人言,一山难容二虎,更何况三虎相争。蒋介石的狡诈,汪精卫的善变,胡汉民的好斗,三巨头之间是钩心斗角,忽而联手,忽而相争,民国政坛上演的许多重头戏,都是围绕他们展开。

　　1927年2月,国民党中央和国民政府迁都武昌后,特别是经过了国民党二届三中全会,以汪精卫为首的武汉国民党中央及其国民政府的正统地位正式确立。但二届三中全会通过的"削弱军权"、"提高党权"的议案,特别是工农革命群众运动的迅猛发展,使得国民党内左、右两派矛盾迅速激化,进而演变为一场血腥灾难。蒋介石在上海发动了"四一二"政变,这使得北伐军长驱北上,一举消灭北洋军阀余孽,直捣北京,实现迎"总理灵柩至南京紫金山安葬"的最初想法成为泡影。而轰轰烈烈的大革命,终于在蒋介石的背叛中被践踏得体无完肤。中国人民企望新生的曙光还未升起,浓密的乌云就笼罩着中华大地。此后的局势一发不可收,深陷内耗相争之中如同一盘散沙,似乎只有借助外力才能重新凝聚。

　　蒋介石于4月18日在南京成立国民政府。当日,中央政治会议发布了一系列文件,以及蒋介石的《告中国国民党同志书》等。南京政府发表的第一号命令,就是"清党"的通缉令,共产党人和国民党左派197人赫然在列。这表明,蒋介石的南京国民政府,其首要任务就是反共。此后,南京国民政府又举行了"二期清党"。

　　对南京的一系列不逊举动,武汉方面做出强烈反应。南京国民政府成立当日,武汉国民政府就下令免去蒋介石本兼各职。4月22日,武汉国民党中央执行委员、国民政府委员、军事委员会委员联名通电讨蒋,斥蒋自立中央,屠杀民众,实为总理之叛徒,本党之败类,民众之奸贼。

　　武汉政府的义举,让人一时感动不已。但心动之余,不免又产生疑问,武汉国民政府真的要和蒋介石分庭抗礼、走革命之路? 其实不然,此举并不表明武汉国民党中央的革命姿态,从后来他们的行迹观之,只不过当时尚未走到这一步,汪精卫仍是以"左派"的形象出现在世人面前,目的是为自己捞取政治资本。实际上,就思想本质而言,武汉国民政府与蒋介石如出一辙。

　　随着武汉政府内部反共态势的加大,汪精卫集团的"联共政策"受到巨大挑战,汪精卫终于按捺不住,也步南京国民政府后尘,"七一五"分共,就是明证。但是,宁汉合流却不合作,谁都自视"正统",于是双方文电往来,喋喋不休地相互攻讦。

咄咄怪事,是时出现了三个政府:汪精卫领导的武汉国民政府,蒋介石领导的南京国民政府,还有一个则是张作霖控制的北京政府。同时还有三个中央,除南京、武汉外,还有由"西山会议派"领导在上海拼凑的国民党中央。他们都自视合法政府,各自为政,互相争雄。此外,冯玉祥、阎锡山等各大派系,也以其强大的军事实力,一定程度上左右着政局发展。因此,这时的国民党是派系林立,谁也不能主宰政坛。

宁、汉之间不仅"文攻",还要"武斗"。汪精卫集团因在反共方面输给了南京国民政府,加之难以解决的财政困难,因此想利用打出"东征讨蒋"的旗号走出困境,所属的唐生智部挥师东进,电称"共产党徒之作乱,亦即中正之暗示"。在这场剑拔弩张的争吵中,仅仅一个汪精卫是难有作为的,他只有党权而不掌握军队,说话显得底气不足。但是,反蒋队伍大有人在,奉系就趁势反攻,桂系则联合汪精卫夹击蒋介石。"逼宫"之举,使这场"正统"之争的天平出现倾斜。

不得已,蒋介石只好下野。但是,蒋介石在政治舞台上纵横捭阖、惨淡经营近 20 年,总算登上国民党王座,他岂能甘心拱手让权,遁迹乡里?这一招,不过是"以退为进"的政治赌博。他只是暂时做一个政坛博弈的观者,让宁、汉两派去互相争吵,而他本人则待机而起,坐收渔利。

二 同流合污

蒋介石下野,汉方顿失攻击目标,宁汉合流的进程随之加快。8 月17 日和 19 日,武汉国民党中央政治委员会和中央执行委员会分别召开会议,正式通过迁都宣言。但汉方仍以正统自居,决定要在 9 月 15日于南京开中央全体会议解决政治问题。8 月 20 日,汪精卫等汉方要员前往庐山与宁方代表面商,并电请李宗仁等前来参加会议。

宁方因面临蒋介石下野所造成的政府危机和孙传芳大兵压境的威胁,急于同汉方妥协,遂派李宗仁赴九江开会。李首先代表宁方欢迎武汉诸位到南京，以求党政一统。经过一番讨论，双方达成协议：武汉国民政府于9月3日前迁往南京，与南京国民政府合并；9月15日召开二届四中全会；孙科等先期赴宁。至此，宁汉合作初步形成。

宁汉合流，经历了一个很长的酝酿和发展过程，最先是宁沪合流。蒋介石的清党，使西山会议派得以东山再起。1927年春，邹鲁不失时机地表示与宁方合作"清党"问题，提出粤（指广州第二次全国代表大会所产生中央执行委员会）沪两方第二届中央执行委员会合并施行职权及沪、粤两方举出同等人数筹开第三次全国代表大会等四项办法。西山会议派也曾派代表与武汉方面接触，并就提出的各项合作办法与汪精卫协商，但未能获得汪同意。无论是对宁还是对沪，汪精卫都以正统自居。这激起宁方和西山会议派的强烈反感，于是二者决定联手倒汪。尽管宁沪并未达成任何组织上的协议，但政治合作的局面已先期形成。

自9月5日始，宁、汉、沪三方的合流进入最后的冲刺阶段，在多方反复协商、激烈争论和讨价还价后，其最终结果，融合了宁汉沪三方于一炉的"特别委员会"产生。

按九江协议，谭延闿、孙科先期赴宁。他们二人到宁后，很快即与胡汉民和桂系结成统一战线。其后，程潜、朱培德也相继被拉到宁方一边。对此，汪精卫全然不知。

9月5日，汪精卫一行抵达南京。在当晚的欢迎宴会上，他仍然鼓吹召开二届四中全会以决定党国大计。7日，专程赴沪邀请胡汉民来南京参加二届四中全会的谭延闿和孙科返宁，告知汪精卫，胡汉民坚持不与汪合作，并反对召开二届四中全会。次日，南京方面李宗仁提出，如欲开四中全会，必须邀请宁方中委胡汉民等人共同出席，方可让宁汉合作。极不情愿的汪精卫不得不亲自出马，赴沪邀请胡汉民商谈。胡汉民则玩起了猫捉迷藏的游戏，闭门不见。宁方的其他人向汪精卫提出组成"特别委员会"，以实现三派合作。10日，汪精卫去电奉化，力邀蒋介石赴沪"会商党国大计"，蒋不予理会，静观其变。

国民党三巨头中的蒋、胡二人，以及汉方军事实力人物唐生智等均未参加此次三方合流会议。汪精卫为了迁就沪方，提议召开四中全会预备会，仍遭到反对，汪只好同意在上海召开宁、汉、沪三方参加的谈话

汪精卫、蒋介石、谭延闿等貌合神离

会。蒋介石、胡汉民等人拒不出席。会议连开三日,辩论激烈,争执不下。最后孙科提出一个折中办法,即避开三、四两次全会之争,由宁、汉、沪三方共同组织"国民党中央特别委员会",作为过渡,以期合作成功。孙科的提议得到三方赞成,获得通过。

上海谈话会确立了宁、汉、沪三方对等平分的架构,从而打破了汉方的正统地位。汪精卫的如意算盘落空,不免失落,于会议结束的当日潜赴九江,行前通电下野。

"国民党中央特别委员会"由宁、汉、沪(西山会议派)三方各推委员6人,共推委员14人,总计32名。其职权是代行中央执行、监察委员会职权;统一各地方国民党党部;改组国民政府;筹备召开第三次全国代表大会。

9月16日,"特委会"正式成立,次日发表成立宣言称:"以前峙立之三党部均不复行使职权;从前三方面互相攻击之言论皆成陈迹,不得复引为口实。"同日,"特委会"决定新的国民政府和军事委员会人选,国民政府委员47人,军事委员会主席团成员14人。19日,决定取消中央政治委员会与各地政治分会。20日,国民政府委员及军事委员会委员同时在南京宣誓就职,其中孙科出任财政部长。

从表面上看,国民党暂时获得了组织上的"统一",但其实存在很大问题,是树欲静而风不止。首先,对于这样的重大决策,国民党三巨头蒋、胡、汪均未到会,这就使得"特委会"的存在与威权大打折扣。不唯如是,"特委会"的成立,有违国民党党章所规定的组织程序,以中央执监委会议取代中央全会,拼凑了这样一个不伦不类的机构,这就为反对派留下口实。再则,"特委会"剥夺了汪精卫的"合法"领袖地位,而汪派人物统统被排斥在外。桂系渔翁得利,控制了"特委会"的实权。在这样一种情势下,争斗必将持续,并且愈演愈烈。

果不其然,首先跳出来与"特委会"作对的就是汪精卫,他于21日在汉口成立国民党中央政治会议武汉分会,推举唐生智、顾孟余、陈公博等为常务委员,宣布特别委员会代行中央职权是违法篡党,不予承认。接着,湖北、江苏、浙江、南京、武汉等省市党部纷纷通电,否认特委会,宁汉再次对立。

10月初,孙科上庐山找到躲在牯岭静观形势的汪精卫,要求取消武汉政治分会,并且力劝唐生智北伐。汪精卫则以召开四中全会为先决条件。10日,汪精卫和孙科同到武汉与唐生智商谈,决定召开四中全会恢复中常会,取消"特委会"。孙科携带这一方案回宁,遭到桂系和西山派的反对。20日,李宗仁以国民政府的名义下达讨伐唐生智令,桂系还与其他诸军将领结成统一阵线。唐生智腹背受敌,于11月11日通电下野。桂系占领武汉后,二次宁汉对立遂告结束。

汪精卫善于政治投机,靠唐生智不成,又于10月下旬跑到广州,汪派人物随之云集于此,形成了一个强大的粤系中央集团。汪精卫回粤后重提召开四中全会问题,由张发奎发表通电宣布,南京特别委员会不合法,应予取消。是月30日,粤方中委在广州开会,会后联名发表通电,主张立即在广州召开四中全会,"解决党务、政务、军事问题的当务之急"。同日,汪等7人联名通电催促各中央委员齐聚广州开四中全会。宁汉对立遂转为宁粤对立。双方最后商定先在上海开四中全会预备会。

三 东山再起

预备会尚未召开，又节外生枝。蒋介石虽然下野，却未赋闲，他乘此机会，一方面与日美帝国主义拉上关系，另一方面又与宋美龄喜结"秦晋之好"，可谓"失之东隅，收之桑榆"。

爱情诚可贵，权力更重要。婚后第二天，蒋介石竟然顾不上与妻子赴莫干山度蜜月，就匆匆返回上海。到沪后即电汪精卫来此"晤谈党务"，汪精卫受宠若惊，立即发表谈话"声明与蒋复合"，并同意到南京赴会。

这期间，汪精卫、张发奎密谋策划了广州事变，一时在国民党各派中造成极大混乱，结果为蒋介石东山再起创造了契机和条件。他坐收渔利，利用汪、桂矛盾，打击了桂系和西山派，驱逐了汪精卫，排斥了胡汉民，重新执掌国民党军政大权。孙科与胡汉民、伍朝枢等相继出国，赴欧美游历。

1928年2月3日，二届四中全会开幕，会议以党务问题为中心，通过了决议案25件。经过宁、汉、沪三方对峙分裂，蒋介石、汪精卫和胡汉民以及地方实力派的明争暗斗，最终确立了蒋介石的领导地位，并由蒋介石派以中央全会的名义达到了暂时的统一，为建立蒋介石集团在全国的统治打下了基础。

这么多派系和人物，都盯着那"一言九鼎"的位置。在群雄竞起的年代，不具备领袖的能力与实力，必然会被崇尚实力的群雄所抛弃。面对或明或暗的挑战，蒋介石终究是一代枭雄，在角逐中摆脱危局，站稳脚跟。

对于蒋介石的专权，各地方实力派当然心有不甘，而武人争雄的办法，就是在战场上一决高下。1930年5月，以阎锡山、冯玉祥、桂系为主的地方实力派，与蒋介石集团的中央政权在河南、安徽、山东、湖南等地进行了大规模的军事混战，史称"中原大战"。

转眼到了10月，中原大战已接近尾声，阎锡山、冯玉祥败局已定。

踌躇满志的蒋介石于3日给南京的国民党中央党部发电,建议提前召集第四次全国代表大会,制定训政时期约法。蒋介石就是想通过此举,把军事上的胜利,迅速转化为政治上的成果,以加强和巩固自己的权位。

蒋介石自认为在接连战胜对手,实现了武力统一后,"本党统一中国之局势已经形成"。在他看来,环顾中华,主宰九州者,"舍我其谁"?乃一意孤行,决心要当大总统。

此举在国民党内引起极大震动。一直以正统自居的胡汉民出任立法院长,他对蒋介石擅权极力反对,并立即做出回应,间接批驳了蒋介石电报的内容。胡汉民反对蒋介石制定约法,既有与蒋介石争权的因素,亦有以国民党党治的名义反对蒋介石独裁的因素。至此,蒋胡约法之争公开化。蒋介石见自己的"总统梦"将毁于胡汉民之手,不免大怒,于是心生一计。

为了达到自己的目的,蒋介石可以不择手段。他与人合作的准则:就是用时拉过来,称兄道弟;不用时,踹出去,视为仇敌。尽管胡汉民是国民党元老和前辈,也概莫能外。1931年2月26日,蒋介石给胡汉民送去请柬,邀请他28日晚到总司令部赴宴。不曾料到,胡汉民此去,竟遭遇到"鸿门宴"的一幕。可当年刘邦有幸,使项羽未能得手,而胡汉民却没有如此造化,他被扣上一个莫须有的罪名,被蒋介石软禁起来。

民国政坛,可谓无奇不有,国民政府主席蒋介石倡言"约法",却囚禁了立法院院长胡汉民,简直是一出闹剧。

一贯自信的蒋介石,低估了这一行动的后果。胡汉民被囚的消息一经披露,顿时舆论哗然,由此引发了大规模的反蒋浪潮。特别是胡汉民派和与胡有关系的国民党中央执、监委员,以及信奉胡汉民为政治领袖的广东地方实力派,更是群情激愤,公开发表讨伐蒋介石的宣言,要求恢复胡汉民的自由。一直对蒋介石独裁不满的孙科,也派出使者,四处活动,串联反蒋力量。

4月30日,国民党中央四监委邓泽如、林森、古应芬、萧佛成发出"弹劾蒋中正"通电,要求释放胡汉民,蒋介石立即下野,并表示"不达目的,誓不罢休"。随后,汪精卫等立即起而响应,他接连发表通电、谈话,斥责蒋介石"一面摆酒请客,一面拔枪捉人,以国民政府主席,而出于强盗绑票之行径,较之青霜剑中之狗官,有过之而无不及"。他还致电李宗仁、张发奎诸将领,请他们在军事上与广东合作,共同倒蒋,一时形成了"墙倒众人推"的局面。

蒋介石陷入了空前的孤立,暗自叫苦不迭,悔不当初。他自知理亏,但又抹不下面子,担心如果不立即采取行动,唯恐涉及他的权位。他一方面施行软化措施,另一方面采取威吓手段。

剑已出鞘,弓已满月,意志坚决的广东方面毫不理会。5月18日,白崇禧、张发奎等抵达广州,与陈济棠会商组织反蒋政府和两广军事统一问题。是时,居留上海的孙科,一方面对蒋介石不满,表示出不合作态度;另一方面又表明他还未下定反蒋之决心。广东方面力促孙科速到羊城加入反蒋大军。蒋介石深感孙科乃举足轻重之人物,应尽力拉拢,遂派国民党元老吴稚晖、张继等亲赴上海,力劝孙科回宁共商解决办法。在这种局面下,孙科一时居间调停,敦请蒋介石"恢复展公之完全自由,则此后各事自易解决",力劝广州"勿扩大事态"。不过很快,他便投入反蒋大营,于21日同许崇智、陈友仁秘密离沪,24日抵达香港后即赴汪精卫宅,与白崇禧、张发奎等人会晤,商讨两广形势。随后又联袂赴穗,举行会议,商议联合反蒋,组建政府等问题。25日,由唐绍仪领衔,汪精卫、孙科等22人联署发表通电,要求蒋介石在"四十八小时之内,即行引退"。26日,陈济棠、李宗仁以及孙科又分别电蒋,促其引退。

27日,反蒋各方按计划以一、二、三届中央执监委员组成"中国国民党中央执监委员非常会议",简称"非常会议",并通过宣言,决定另组国民政府,公布了国民政府组织大纲。28日,广州国民政府成立,汪精卫担任主席,孙科等15人为委员,并相继任命了政务委员会常委、军事委员会常委及国民革命军各集团军总司令、海空军总司令人选。非常会议的召开,促使宁粤矛盾进一步激化。

胡汉民被迫离职后,孙科因其特殊身份,便成为粤籍中央大员的角色人物,地位日显重要。特别是"非常会议"后,几乎承担起挑大梁的重任。在广东省党部发表演说时他大声疾呼:"蒋介石独裁,中央一切权力,均为蒋介石一人所包办……蒋介石是个疫鼠,我们无论如何要将其铲除。"他跃跃欲试,大有取蒋而代之的态势。

广州国民政府部分委员合影。左起：伍朝枢、汪精卫、李文范、孙科、陈友仁、邹鲁

面对粤方咄咄逼人的态势，狡诈的蒋介石一面继续实行软化政策，相继恢复李济深的党籍，选举胡汉民为中央政治委员会委员、国民政府委员，保留孙科铁道部长的位置，表示对孙留有余地。一面制造舆论，攻击汪精卫"集改组派共产党等一切反动分子之联合。胡闹可以成功，则吾人革命为多事矣"。威胁国民党元老"若以老同志而反对新同志，并违反总理主义，吾人惟有以叛逆看待，消灭之而后已"。

5月28日，蒋介石复电，拒绝孙科要他"放弃党国所付与之职责"的要求。6月2日，何应钦等九将领发电斥责孙科：

民九以前，兄尚求学异邦，本未与闻革命之艰巨。总理在生，同志中有劝以假兄较优之事权，俾资历练者，总理恒以兄下驷，不克重荷为言。或疑为示谦避所应尔，不免为兄抱屈。及今思之，实佩总理之公明，知子莫若父，益信而有征矣。兄问世为日尚浅，然其行谊，则富感情而缺理智，好货利而昧大义；翻云覆雨，胸无主宰,乃其生平最大之毛病。

此外,蒋介石还利用原广东省政府主席陈铭枢,以抑制粤方。广东方面,虽然组织了"非常会议",成立了政府,但派系众多,人员复杂,意见不齐,因而在这种不战不和的局面维持到8月时,其内部对和与战就产生了严重的分歧。陈济棠、古应芬主张接受张继、吴铁城的调停,与蒋握手言和,以维系广东独立的局面;而汪精卫和李宗仁两人则想利用广东达到自己的目的,所以坚决主战。但后者意见未获通过,汪精卫又使出他的杀手锏,再次负气出走。但是,"非常会议"离不开汪精卫这具"骨架子"以支撑局面,于是粤方派孙科赴港与汪精卫疏通劝驾,同时调兵湘赣边境,以应对蒋介石的军事行动。

正当双方军事对峙,要求蒋介石辞职的呼声一浪高过一浪时,"九一八"事变爆发了。

对于中国来说,1931年是令人沉重的一年,这年9月,日本悍然侵入我国东三省,拉开了日本全面侵华的序幕。日本由来已久的侵华野心,昭然若揭。恶性膨胀的日本军阀势力,绝不甘心于岛国弹丸之地,因此,日本发动侵华战争,则是历史的必然。

不过,从国民政府最初的外交政策来看,也令人心存疑问,在对待日本侵华这一问题上,国民党政府为何一让再让?是真的实力不济,无法与之匹敌?还是"忍辱负重"而息事宁人,争取外交途径来解决?抑或还有其他不为人知的用意?总之,国民政府的表现令人失望。毕竟国难当头,当国土已伸进强盗的一只脚时,恐怕想再拒之门外,就很难了。

四 二度下野

由于蒋介石对日奉行不抵抗政策,导致其步步进逼。听闻"九一八"事变发生时,蒋介石正在江西"剿共",一时颇受打击。而日军在东北的暴行激起了全中国人民的巨大愤怒。19日开始,全国各大城市的工人、学生和各界爱国人士纷纷举行集会和游行，通电声讨日寇，要求南京政府速息内战，出兵抗日。

21日，蒋介石偕夫人从"剿共"前线南昌回到南京，将重臣和谋士召集起来。"关于时局，诸位有何应变良策？"蒋介石一脸愁容地问。谋士们明白他仍然不愿与日本人打仗。不打仗就得谈判，然而蒋介石又要面子，"日本人是侵略者，我们是被侵略国。我们不能主动要求与侵略者谈判"。

在座的诸位先后谈了各自的看法，但似乎都不甚满意。这时，列席会议的原北洋政府外交总长和国务总理顾维钧发言："依我之见，我国政府不如向国际联盟提出控诉，并向九国公约签字国美国发出呼吁，请求国际公断。"

蒋介石眼睛一亮，顾的建议让他看到了不战而决东北危机的一线希望。"顾先生的提议很好，就照此办法做好了。"

当日，南京政府外交部电令中国驻英公使施肇基，就日军侵略中国东北，代表中国向国联提起"控诉"，要求国联出面制止，恢复事变前状态，并赔偿损失。同时，蒋介石下令成立戴季陶、宋子文为正副会长的"特种外交委员会"，向日本发出"文

顾维钧

明抗议"。

22日，蒋介石公开向全国人民宣称："此刻必须上下一致，先以公理对强权，以和平对野蛮，忍痛含愤，暂取逆来顺受之态度，静待国际公理之判断。"此时的蒋介石，虽然也提出和平绝望时，不惜一战，但主旨依然是逆来顺受，忍痛含愤。客观地说，"九一八"事变后，忍辱求和，对决策者来说，内心也并不轻松。

23日，南京政府照会美国政府，日本蓄意违背《非战公约》，希望对方"深切关怀"。

然而，把自己的命运系于他人之身靠不住。此时的美国正陷入经济危机而不能自拔，日益衰微的英帝国，则要拉拢日本做它的远东"宪兵"，德国和法国政局不稳，是自顾不暇，苏联面对东西方帝国主义国家的威胁，在中日问题上则宁愿"保持中立"。世界大势就是如此，蒋介石想不战而解决东北危机只能是一种幻想。9月29日，日内瓦的国联理事会勉强发表声明，要求中日两国"同时撤兵"。30日又通过一项既不谴责日军侵略、又不主张采取任何实际措施的所谓"不扩大事态"的决议，然后休会两周。

蒋介石对日妥协的政策，遭到国内舆论的抨击。9月28日，南京、上海的请愿学生一千多人捣毁了国民党政府外交部，打伤了外交部部长王正廷。国民党各派系乘机进一步联合"倒蒋"。

老奸巨猾的蒋介石深知自己的处境不妙，他立即派人南下议和，针对粤方提出的和平统一三条件，提出了解决时局的三个办法。同时亲笔书信一封请陈铭枢转交汪精卫、孙科等人，沉痛表示过去的是非曲直，愿一人承担。28日，在香港，粤方代表汪精卫、孙科等与蒋介石的代表陈铭枢会谈。双方商妥具体办法：蒋介石和粤方同时发电，前者以时局危急而引咎，在议定统一政府办法后立即下野；而后者向国民引咎，并说非统一不能救国，赴京开会，取消国民政府，并不以蒋下野为条件。

其后，蒋介石复电陈铭枢，原则上表示赞成，但发表的日期和词句的修改，最好等粤方诸位大员到沪后再决定。曾经混迹于沪上的蒋介石颇具商人秉性，深知"货到地头死"这一信条，一旦粤方人员到沪，恐怕就身不由己。但粤方也不傻，坚持蒋介石先发下野通电，方才北上，双方僵持不下，最后决定赴沪进行和议。

10月22日，一个非同寻常的日子。这一天，国民党三巨头——蒋、汪、胡自1925年胡氏因涉嫌刺杀廖仲恺案被汪、蒋联手排挤出国以来，六年间唯一的一次聚会。

汪精卫首先发言，阐述粤方主张，蒋介石继起讲话，表示自己为后起，向来服膺前辈，凡胡、汪两先生同意之事，无不同意照行。

这时，宁方代表李石曾建议立即入宁，共赴国难，无须在上海开会，张继等支持李的建议。粤方代表孙科则予以反驳，表示此行是代表粤方政府，须照预定程序，议有端倪方可入京，否则必须电示照准。汪精卫赞成孙科之意见，反对即刻入宁。蒋见粤方不买账，也只好赞成在沪会议。

会谈最后结果，由南京方面派代表与粤方六代表在沪详细商谈办法，拟定草案后，再入南京正式会议。

见粤方代表已经云集上海，蒋介石的口气果然为之一变，试图推翻先前下野的承诺。他当日回到南京后即发表讲话，态度十分强硬，以此确定了南京方面和谈的基调。

会议原定10月23日举行，可直到27日才正式开会。历时12天，其间共召开7次，到11月7日结束。双方争论相当激烈，粤方一定要蒋介石下野，宁方则坚持不允，和谈陷入僵局。

无奈，宁粤双方根据上海和会的协议，各于本地组织召开国民党第四次全国代表大会。于是，南京、广州及上海三地的国民党人，分别于11月12日、18日和12月4日召开"四大"，此乃咄咄怪事，前所未闻。

异地召开的"四大"草草收场后，由于粤方仍然言辞强硬地要求蒋介石下野，他还是没能逃脱下野的命运，被迫于12月15日辞职。

蒋介石果真就此"解甲归田"？显然不会。他在下台之前，为卷土重来设下了种种障碍，包括调兵遣将，控制中枢；给新政府设下财政陷阱；积极活动召开所谓的"国难会议"，以便以在野的身份掌控政局，等等。同时，他邀约汪精卫的亲信陈公博等人谈话，说"本人甚盼汪先生不顾一切，任此艰巨"，为其再次出山，寻找搭档与合伙人。

蒋介石把精心编织的迷网张开后，就等着人往里钻。这个人会是谁呢？他的命运又将如何？胡汉民在广州"养病"，汪精卫在上海"住院"，蒋介石"解甲归田"，这就是四届一中全会召开前的政治态势，一幅让人看不懂和猜不透的政治漫画。

五　走马上任

国民政府成立之初，蒋、胡赶走汪精卫，联合执政。此时的孙科，在政治上是倾向于胡汉民这一派的重要成员。可到了 1931 年 2 月，蒋、胡联合执政的局面因两人之间的约法之争而告破裂，胡汉民被囚，导致粤派人物迅速聚集在时任铁道部部长孙科的旗下，一时他的政治影响和人气迅速攀升。3 月上旬，孙科召集马超俊、王昆仑、钟天心等 7 人秘密开会，讨论如何反蒋。会后，王昆仑先去上海，钟天心回广州，伍朝枢、周一志去奉天劝张学良反蒋，并到天津找西山会议派邹鲁、覃振、傅汝霖一同反蒋。同时，孙科亦拒绝了蒋介石的利诱，由宁转沪赴粤。

由此可见，孙科一跃成为时局的中心人物，完全是蒋介石扣留胡汉民之后的"遗产"，是时势造"英雄"。而以孙科为首的"再造派"就此形成，这使他拥有了争夺更大权力的政治基础。

对孙科的有利时机很快到来。就在胡派、汪派、西山会议派和两广实力派陈济棠、李宗仁成立国民党中央执监委非常会议、广州国民政府后不久，"九一八"事变爆发。在严重的局势面前，宁粤双方都声称"精诚团结"，一致对外。蒋介石致信孙科、汪精卫等人，宣称愿意承担"过去之是非曲直"，但愿"诸同志以党国为重"，"各自反省相见以诚"。被蒋介石释放后赴上海的胡汉民也电告孙科等人，"甚盼公等推举代表来沪，进行和议，共商大计"。在这种情况下，孙科认为夺取更大权力的时机已经到来，于是同支持他的重要人物李文范、陈友仁、伍朝枢与汪精卫从粤到沪，开始实施广州 10 月 21 日通电中所提"蒋下野、粤国府取消，由统一会议产生统一政府"的主张。

要夺取更大权力，就必须逼蒋下野，孙科在上海的公馆一时成为各派讨价还价的交易所。

和谈一开始，孙科就明确宣称"此来系代表粤府，须照预定程序，议有端倪始可入京"，亦即宁方必须满足其条件。随后，孙科提出了如何才能称为"端倪"的《中央政制改革案办法》，其核心是实行责任内阁制，由行政院院长负实际行政责任，等于内阁国家之总统；立法、司法、监察、考试四院对于国家不与行政院院长连带负责。孙科唯恐众人不明他的意旨，便在附则中对他提案用意作了毫不相让的说明：包括主席人选以年高德劭而望重者为宜，行政院院长以精明强干而能整饬庶政者为宜，外交部部长以有革命历史能实行革命外交者为宜，财政部部长以富有理财经验学识为宜。从内容上看，孙科的要求是很有说服力，但冠冕堂皇的背后，隐约间带有私利，即已开始对号入座，以便安排孙科本人及支持他的陈友仁、黄汉梁。至于蒋介石的位子，孙科在粤方代表共同声明中回答说：既然国民政府主席不负实际行政责任，又须"年高德劭"者来担任，而蒋"素以努力国民革命自任"，因而担任国防委员会主席较为适当。

明目张胆的"逼宫"和公然篡权，这对蒋介石来说是无法容忍的。他对孙科的这一提案极为震怒，指责"此案与团结对外之主旨不合"。其实，蒋介石此前不过只是暂时避让，其目的是为了获取更大的权力。可如此一来，岂不是"偷鸡不成蚀把米"？他当然不会答应。

11月1日，南京某国民党中央委员发表讲话，明确指出孙科的提案是针对蒋介石所为，抨击他提出的几条标准，"似乎是夹袋中俯拾即是，故随便涉及"。支持蒋介石的老右派张继更是肆无忌惮，声称孙科既然是孙中山之子，就应对其父言行多"体会"，而不能感情用事。

蒋介石一时"软弱"，令孙科产生错觉，脑袋不经意发热，误以为自己已具备了与蒋介石抗衡的实力，所以，他置之不理，表现出一副"大无畏的气概"。

11月6日，孙科进一步提出扩大行政院院长的职权，必须兼任应该设立的全国财政委员会主席，有权整理财政、审核预算、审核公债发行、稽核报销、公布收支账目等，试图将财政大权一揽在手。

面对孙科的步步进逼，蒋介石只好采取以退为进、以守为攻，视情况变化而做出应对策略,于是就有了上海和谈。

11月7日,宁粤双方本着"合作精神",各自于南京、广州召开国民党第四次全国代表大会,选举各自中央委员,然后统一召开四届一中全会,修改国民政府组织法并改组国民政府。

也许是第一次与蒋介石"平起平坐,共商国事",更由于蒋所表现出的明显让步,使孙科误以为利用形势逼迫蒋介石就范的目的已经达到,于是兴高采烈带着李文范、陈友仁、伍朝枢于10日回广州通报情况,争取两广的同意。

但是,国民党内派系林立,孙科赴粤之行并不顺利。汪精卫是国民党的一大支柱,孙科原本想利用他的影响,倘若能得其支持,出任行政院院长一职就顺理成章。因此,在上海和谈中赞成汪精卫提出的国民党一、二、三届中央委员为四届中央委员的建议,也就是赞成汪派成员在一、二届中当选而为三届铲除的中央委员,无条件成为四届的组成部分。

汪精卫的如意算盘,遭到了胡派的重要成员、老右派邓泽如与萧佛成在"粤方四全大会"上的坚决反对,大会不欢而散。节外生枝,令孙科一气之下于24日带着自己的一帮人马愤然离粤去港,指责邓、萧等人的反对"毫不合理",强调"一二三届之中央干部重新结合,为党开新生命之路"。

其后,经过胡汉民的调停,"粤方四全大会"得以在吵闹中续开,而汪派成员为了保护自己的利益,退出广州到上海,另行召开仅选举汪派中央委员的"上海四全大会"。一个国民党中央的选举,居然三分其地进行,实是一则笑话。

孙科试图争取汪精卫一派给予支持的目的落空,于是孤注一掷,决心只凭借粤方一支的支持,改组国民政府。在接到蔡元培、李石曾12月7日代表宁方电促北上召开四届一中全会"以解决一切党政军问题"的来电后,孙科于次日急速北上。

12月12日,包括孙科在内的胡派成员一脚踢开汪派,开会讨论新政府人选问题,宣称蒋介石不下野就不入宁。

其实,蒋介石一直在静观时局发展与变化,他心里有谱,几派联合

国民政府行政院

会攻,不过是暂时的聚合,一旦分赃不匀,分裂势在必然。于是,他安排妥当后,于16日正式宣布下野。

孙科见目的达到,次日带着自己的人马入京,高兴地对外宣称:"余等此次入京,唯一任务在筹备召集四届一中全会,以实现上海和会之各种决议。"言下之意,他将成为内阁的新主人。

12月22日,中国国民党四届一中全会终于在一片混乱中在南京开幕了。

蒋派人马对胡派执意逼蒋下野大为不满,借机泄愤。当会议讨论"九一八"事变后东北局势时,吴稚晖借题发挥,他称:蒋先生本打算亲自北上抗日,可是有人硬逼他辞职,人们不能不怀疑有卖国贼与日本里应外合。进而又说,卖国贼远在天涯,近在咫尺!其所指的不是别人,正是蒋、汪、胡不在之下支撑危局的"太子"孙科。

吴氏这番话,气得孙科拂袖而去,会场顿时大乱,叫骂声不绝于耳。孙科是满腹牢骚,他除了大骂吴稚晖"血口喷人,蓄意中伤"外,还对蒋大为不满,言称"蒋既引咎辞职,即可作一结束",意指蒋介石还在操纵政局,制造事端。他干脆也学着三巨头的做派,一走了之,离京去沪。

四届一中全会好不容易鸣锣开场,结果孙科一走,立即陷入僵局,颇有作鸟兽散之状。各派人马慌了手脚,纷纷赴沪劝驾,孙科顿时身价陡增,在一片吁请中翩然回到南京。这样,国民党"团结救国"的四届一中全会才勉强得以收场。

四届一中全会通过中央政治改革的诸项议案以及国民政府组织法等法案。28日,通过改组国民政府等要案。鱼蚌相争,渔翁得利,西山会议派元老林森走马上任,当上了南京国民政府主席。

根据宁粤之争的结果,决定推行"责任内阁"制,孙科在"纵横捭阖"、"左右逢源"中杀出,接任行政院院长一职,主理国家政务,这是他第一次执掌行政院大权。

在一系列政治角逐中,作为国民党内非主流派人物孙科,获得了极大的成功,他不但逼蒋下野,而且自己也坐上了行政院院长的宝座。

1932年的新年,孙科踌躇满志,宣告内阁成立,孙科任行政院院长,陈友仁执外交,李文范长内政,黄汉梁署理财政。在与江浙帮的争斗中,广东帮的孙科派走上了前台。这届政府被外界称之为是"开始党国新生命"的政府。

或许是时运不济,或许本不该他上位,孙科就任不到一月就被迫去职走人,"责任内阁"成了一个短命内阁。

本来,孙科挂冠"内阁",不是众望所归,而是各方妥协的产物,就其自身而言,并无能力使政府按自己的方案运行。孙科的就职和去职,实际上就是国民党派系斗争的结果,是一幕喜剧,亦是一幕悲剧。

孙科对其出任行政院院长,自有他的解释:一是由于国民党内三大人物蒋介石、汪精卫、胡汉民一时不能来,不得不暂时寻找一两个人"过渡"。二是由他作为"建筑材料中的混凝土",求得蒋、汪、胡三人的团结。

其实,责任内阁制的确立和孙科执掌行政院,是宁粤两派和谈的结果。应该说,孙科最初还是有自知之明,他知道这是不得已而为之,表示只是临危受命,暂时代理,一旦国民党各派求同存异后,他立马让位。

然而,当孙科执掌内阁后,他的内心开始起伏变化,不经意中产生了一丝遐想,行政院院长的权力,足以让他实现心中之梦。

六　短命内阁

行政院院长一职,孙科是很想做的。上台伊始,孙科踌躇满志,他在就职演说中声称,是本着"我不入地狱,谁入地狱"的决心来执掌行政院的,大有壮士断腕之气概。此次能够顺利通过组织法,绝非易事,所以孙科指出:"我们要晓得这次国民政府组织法的修正和国民政府的改组,是经过很大的牺牲、全国人民的牺牲,才换到的",因而"只有忠实照所修正的这个方法做去,才能走上真正的民治之路"。

不知是孙科木讷,还是过于书卷气,他真的以为只要这组织法通过,就可以大刀阔斧地实行所谓的"革新"。殊不知民国政坛的复杂,派系斗争的激烈,特别是擅长权术的蒋介石,是一时被逼无奈而暂告隐退。好你一个孙科,竟然趁势填补这权力的真空,让蒋介石岂止是一个"恨"字了得。

要知道,在蒋介石称雄国民党政治舞台的几十年中,凡得罪他的人,无论出于公心还是私利,无论是嫡系还是旁支,均无好下场。像出于民族大义而毅然"兵谏"的张学良、杨虎城;如试图独树一帜,与蒋介石分庭抗礼的地方实力派韩复榘、刘湘;还有因出言不逊、态度傲慢,有碍蒋家利益的吴国桢、孙立人,他们不是惨遭杀害,就是终身被囚,不是被枪毙,就是遭暗算,不是流亡岛外,就是囚禁岛内,谁也没能占到便宜。众多文臣武将都一一败在蒋介石手下,难道孙科有三头六臂,能立于不败之地?

前述也表明,责任内阁制的确立与孙科出掌行政院,是派系权力之争暂时的结果,并非顺理成章之事。但政局重新洗牌后而做庄的孙科,这时却不再这样想,好不容易有了"一言九鼎"的机会,岂能轻易放弃,他想大干一场。但随之而来的派系斗争,终使他大彻大悟,这不过是一场游戏一场梦。从他上台之初起,就遭到了国民党两大巨头蒋介石和汪精卫的联合钳制。

根据国民党"训政"体制的规定,国民党中央通过中政会即中央政治会议将大政方针交给国民政府执行,中政会是党政间的枢纽,如果政策没有经过中政会批准,政府无力推行。虽然四届一中全会将由蒋介石担任主席的中政会主席制改为蒋、汪、胡三人任常委的常委制,从一方面限制了蒋的个人权力。但另一方面,既然是三人常委制,只要有一人拒绝入宁,缺一不可的中政会就停止运转,行政院亦无事可做。

对此,孙科非常愤怒,他在回答行政院为何未公布大政方针时一针见血地指出:"行政院并不完全等同外国之责任内阁,因为它不能单独决定大政方针,必须中政会议定之后,才可去执行。"面对"三老"以各种理由借故不入宁,孙科哀叹,"一切内政外交大计行政院无所承秉,新政府决不能发生任何力量","目前的关键就是政治会议的首脑"。言外之意,没有他们来议定,他这个行政院长之责,是空有其名。

孙科执掌行政院,是在"九一八"事变爆发后的次年1月。此前,国民政府的外交政策是"希望国联主持公道,制止暴日行动"。在全国人民要求全力抵抗、对日作战的呼声面前,孙科努力想改变依赖国联的"单相思",推行陈友仁提出的对日绝交宣战政策。故在1931年12月7日入宁时就宣布:"统一政府成立后,同仁等相信必能尊重民意,与人民同心合力,发挥革命外交之精神,运用革命外交之策略,以恢复东三省之领土主权。"然而,在解决具体问题上,他是心有余而力不足,根本无权单独行事,只能"候政治会议有所决议,然后才能依照决议去执行"。

似如嗷嗷待哺般饥渴的孙科,颇有些"英雄迟暮",他终于尝到了有职无权的滋味,在万般无奈之下,被迫致电蒋、汪,称"溯自受事至今,已将一月,而最重要之外交方针迄未能有所决定,该部长亦以贡献之对日政策未蒙中央诸同志采纳,今已提出辞职"。

有一段时间,孙科时常陷入沉思,有些顾影自怜,他困惑,他想不明白,为何迈出这一步就这样难?他精通政治学,可本本主义,难敌官场游戏规则。他天性就不是一个强人,只会循规蹈矩,无法突破这束缚的藩篱屏障。

孙科虽贵为行政院院长,却像个小媳妇,身后有好几位居高临下的婆婆。不唯如此,与一般婆媳关系不同的是,她不是管着你,你还可以有机会与她讨价还价,而是采取冷处理,把你晾在一边,避而远之,让你活在她的背影之下，进退两难，无所适从。

蒋介石还有一招就更致命了，他牢牢掌握着政府的命门，抓住财政大权不放。前任财政部部长宋子文在离职前，按照蒋介石的吩咐，故意"下套"，不但给财政部科长以上干部，每人发薪3个月，将他们暂时打发回家；而且派人将财政部重要档案盒、现金全部搬走，还丢下1000万元的欠款。这简直就是"釜底抽薪"，导致新任财政部部长黄汉梁接手时，不但国库未有分文，还拖欠银行一笔巨款。不宁唯是，各地也都截留税收，使中央财政空空如也。孙科虽然紧缩开支，将财政支出从每月3000多万减至2200万，但每月收入仅有600万，仅仅靠有限的节流入不敷出，连正常的运转都难以维系，就更谈不上主持外交军事，等等。对于当时的财政，孙科说过这样一段话："以言财政，几年来债台高筑，罗掘已空，中央收入每本有四万万，但除还债外，能用之款不及一万万。欲再发债则抵押已尽，且市面债券价格，不过二三成，即强发行，于事何补？最近财政、税收，每月不过六百万，而支出方面，只军费一项，照前月财委会核减之数，每月须一千八百万。"孙科内阁一钱不名，是穷得叮当响，可要钱的却嗷嗷直叫，军政部长何应钦闹得最凶，以难免出现兵变为由，天天上门，向孙大院长逼领军费。对此，孙科几近绝望，他明确表示，自己在国难日盛之下不能轻易卸责，但是蒋介石的掣肘，使他有责不能负。

"所谓孙科政府这时困守南京，真是一筹莫展"，"各省的政府各人干各人的，简直不买南京的账，上海的经济势力更是直接同孙科为难，弄得孙科政府的政令不能走出南京一步"。时人的描述，正是孙科政府处在内外交困中的真实写照。

当然，孙科也不是没有心理准备，他在上台前就预感蒋、汪一定会从中作梗，故在就职时就表示"忍受着一切痛苦"，"勇往直前"去"斩开重重荆棘"，依靠民众的力量打破"武力支配一切的局面"之决心。针对蒋介石的多重掣肘，他也做出了一些相应的反击措施。

为了使中政会不因三常委不在南京就停止运转，1932年1月12日，孙科在宅邸召集行政院副院长陈铭枢及反蒋的李济深、李宗仁、冯玉祥、邹鲁、马超俊等人开会，讨论成立中政会特委会。

孙科指出，由于政府目前困难，外交紧急，中枢负责无人，决定成立特委会，以应国难及迅速处理各项政务，专司其职。除蒋、汪、胡为当然委员外，推孙科、居正、张继、张静江、何应钦、于右任、朱培德、陈铭枢、李济深、李宗仁、冯玉祥、陈友仁为委员。随后，召开国民党中常会通过这一决定，使之既成事实。这样，孙科有了较为自由处理政务的可能。

在外交上，孙科由于不能推行对日绝交抵抗的政策，只好继续执行蒋介石既定的外交政策。但他心有不甘，一方面宣布他不能推行自己政策的原因在于蒋介石的掣肘，一方面支持陈友仁1月24日在上海发表的谈话，抨击蒋介石关于东北政策原是一贯主张消极不抵抗政策的反映，并进一步警告国人，"蒋氏这种消极政策，如更进一步，难保其不接受日人之要求，对于全国人民为日人暴行引起之抗日救国运动加以武力之压迫"，将蒋介石对日不抵抗政策的实质及其恶果公布于众。

迫于财政上的窘境，孙科上台前即决定要开源节流，上台后即付诸实施：军费开支从每月1800万缩减至1600万，行政经费从400万缩减到200万，中央各机关在近半年内，每月经费减发五成，同时裁撤机关以节约经费。尽管如此，仍有很大缺口。孙科采纳冯玉祥等人的建议，以非常手段"把关税、盐税、统税的拨付公债基金部分，由政府议决收回，公债停付本息"。这样，政府的日子暂时会好过些。

当然，精明的蒋介石并没有完全施出他的撒手锏，在一定程度上还有所保留。他既要孙科知晓他的厉害，又不想致使孙内阁彻底陷于瘫痪，这不利于国民党的整体利益，这才使得孙内阁的某些行为得以通过。但是，孙科休想动摇蒋介石的统治根基，如在特委会上提出的三条反蒋措施，那绝对是死路一条。这表明，孙科实施的几项措施，也仅仅是蒋介石所允许的维持政府机构最基本的运转，是最低的底线。

孙科试图维系其政府的存在，但他势单力薄，不仅难以实现独掌大权的雄心壮志，连政府最基本的政令也都无法施展，他不得不在执掌行政院的短短25天内就三次提出辞职。更可怜的是，他还奔走于南京、上海和杭州之间，乞求蒋介石、汪精卫的支持和合作。

内忧外患，民族危亡，孙科政府运转不灵，"新生命"政府压倒一切的"施政"措施，似乎就是吁请三巨头入宁。可是，蒋在浙，汪在沪，胡氏在香港，三人是千呼万唤不出来，急得孙科团团转，只能屈膝逢迎。

孙科政府在成立的次日，中政会紧急会议就决定由林森以国民政府主席的名义，孙科以行政院院长的名义电请蒋介石重返南京"共商大计"。会后，孙科即电告蒋氏说，由于三常委"均不来京，党国失却重心"，导致"国事不易收拾"，称其"平昔爱国爱党，想不忍袖手而坐视也"，因而"务望莅京坐镇"，使"中枢有主，人心自安"。林森电胡说："哲生为总理单传之子，素为公所爱护者，今既然不避艰险，肯牺牲一切，公而忘私，我辈深嘉其志，尤表同情，似不忍袖手旁观，任其焦头烂额，而不加以援助。"

孙科不仅电请支持，还上门敦请，上台的次日即赴沪拜会汪精卫，此时汪精卫尚未完全与蒋介石"谋和"，孙科有幸得以一见。可仅仅过了几天，蒋汪便达成了暂时的一致。1月9日，当孙科第二次从宁到沪劝驾时，汪精卫则避而不见，其妻子陈璧君声称汪"病"得很"重"，须70日后方可痊愈，这等于下了逐客令。无奈，孙科只好悻悻而返。可还是汪精卫，得了"重病"出不了医院大门的"糖尿病"患者，突然间就"大病"痊愈，以充沛的精力，暗自乘火车到杭州与蒋一会。至于蒋介石的行迹，更是来无踪、去无影，孙科无缘面见。

正当孙科为新政府事宜绞尽脑汁，平添了几许白发时，却全然不知蒋介石与汪精卫已暗中联手，在他背后捅刀。

1月16日，杭州风景优美的烟霞洞，迎来了蒋介石与汪精卫这两位贵客，此行不是来观赏风月，而是有要事晤谈。两人一时尽弃前嫌，"相交甚欢"，"至为融洽"。其后双双电告孙科，谎称他们将等候胡汉民来后即"联袂入京"，"竭其心力，与兄支持危局"，并要孙科致电胡汉民，请他从速动身。可是，当孙科18日乘蒋介石派来的飞机到杭州同蒋汪等人召开"烟霞洞会议"时，得到的是被迫接受有关政府倒台的定论。

不知是为了自己的面子，还是对蒋介石心存畏惧，孙科于21日在上海违心地发表一番谈话，声称他"赴杭州结果甚为圆满"，因为"蒋汪两先生对目前难局，尤能表示团结一致，共同负责"，"从此中枢充实，困难之局可望有转机"。然而只有孙科心里最清楚，他被蒋汪两人戏弄了。

但蒋介石并没有给孙科面子，明确声称："余不入京，则政府必贸然与日本绝交，绝无通盘计划，妄逞一时血气，孤注一掷，国必亡灭，故余不顾一切，决计入京，以助林主席挽救危机，本我良心，尽我天职而已。"言外之意，他不是去给孙科政府擦屁股的。而对孙科来说，明明是你蒋介石逼我下台，现如今倒变成了是我请你去拯救政府，正是秀才遇见兵，有理说不清。孙科又气又恼，只好电呈中央，表示"行政院长，非有大力，莫克负荷。而自顾轻微，才力俱绌，虽于解救时艰欲尽其有得之愚，然形格势禁，徒成废论，焦头烂额，于事何补。窃念过渡之责已完……签恳准于即日辞去行政院长一职，另选贤能，免误国事"。

孙科的这番话，虽属谦辞，却流露出忿忿不平。不足一月，就下台走人，虽非本意，也绝非不努力，但结果竟然如此，岂能不令他伤感？更使他感到忧心忡忡的是，他看到了民国政坛中最可怕的一面：台上握手，台下踹脚，当面是人，背后是鬼。

孙科是英雄落寞，大有高处不胜寒之感。诚如陈公博所言："一个行政院，也就是一个内阁，他的大作用跳不出军事财政外交三者。"如今，这在"孙科内阁"身上都一一得到验证。

1月22日，蒋介石与汪精卫接踵抵宁。28日，蒋介石主持召开中常会会议，经过一番假意慰留之后，决定行政院院长孙科辞职照准，选任汪精卫为行政院院长；立法院院长张继辞职照准，选任孙科为立法院院长；而蒋介石继续任军事委员会委员长，统管全国军事。

孙、汪的权力交替，看上去是政见分歧所致，实则是派系之争的结果。即便你孙科行，也不能让你出头；哪怕你汪精卫不行，也要你"挺身而出"。政坛的主宰是蒋介石，只有和他保持一致，你才行。

孙科提出《中央政制改革方案》的核心是设立责任内阁制，而目的是"想用来制裁蒋介石独裁"。可这一仿效西方的政体结构，意在国民党一党专政下推行责任内阁制，行政院虽负行政责任却没有决定政策之权，实是不中不西，不伦不类，难怪有人指出："夫党治民治，各有范畴，今截取内阁制一段精神，而硬与党治制度相拼凑，意义全非，效用尽失。"所以，也就不可能对它抱有太多期望。

当然，国民政府政治制度改变的根源是派系权力斗争。自孙中山去世后，党内各派尔虞我诈，翻云覆雨，人每欲自私，则必互相排他，纠纷愈多。孙科上台是得到两广的支持，但适逢蒋介石下野之际，他是在一个错误的时间反客为主，试问，鸠占鹊巢，蒋介石岂能轻饶他？

孙科下台，固然是由于蒋汪联手，但就他本身而言，则是势单力薄，而广东方面也非倾其全力支持他。因此，组阁的短命，是孙科的必然。同样出自广东的汪精卫，无论是资历、威望还是利用价值，都远远超过孙科，精明的蒋介石，当然选择是联汪。

蒋介石苦熬苦斗了仅 37 天，权力和地位的"魔棒"重又回到他的手中。蒋介石二度下野后再起，而且与党内最大的政敌汪精卫联手，不费一枪一弹，便瓦解了反蒋大同盟，取得了党内斗争的一次历史性胜利。

蒋介石几度进退，但他都挺了过去，逢凶化吉，化险为夷，不愧为"能忍人所不能忍"的"典范"。不仅如此，他每次下野后的复出，都使自己上得更高，权势更大，地位更巩固。他在日记中曾这样写道："不屈何以能伸，不予何以能取。"正因为如此，他在沉浮中，最终还是成为国民党的"大家长"。

在那个时势造英雄的时代，有人沉沦，有人则脱颖而出。最初，国民党内的元老、各路地方实力派，都低估了蒋介石的能量，以为他不过是一介武夫，没有高深学识，没有良好教养，没有特别口才，没有政治能力。可后来，他除了在军事方面展现他的胆识之外，在政治上亦表现出组织谋略方面的特有能力。特别是他工于心计，擅长权术，心狠手辣，让人感到畏惧。

蒋介石擅长权术，对处置敌手各不相同。对于"太子"孙科派，蒋是也打也拉，而打是为了拉。他知道胡汉民、汪精卫的能量，他们之间绝无共容可言，所以对付他们，只有一条路，就是往死里打；而孙科则不同，他至多是政治信念不同，观点各异，但并无二心，加之他的性格使然，因而不会妨碍到蒋孙之间的合作；另外，他又是中山先生哲嗣，能够为蒋介石政权撑起门面。

自 1927 年南京国民党政府成立之后，掌握中央大权的蒋介石与冯玉祥、阎锡山、李宗仁、唐生智等军事集团之间，与汪精卫、胡汉民、孙科等政治集团之间，时而刀兵相见，时而称兄道弟。直到 1932 年初，蒋介石打败各路反蒋派，与汪精卫合组南京政府，这场争斗终于画上了一个句号。

第四章　理想：宪政之花的凋零

孙科自 1932 年担任国民政府立法院院长起，直至 1948 年 11 月辞职，前后共 16 年。任立法院院长之初，民国建立虽已 21 年，但由于内忧外患，几无宁日，故国家建设实际远在草创阶段，百废待举，既无良好之法制，建设亦无轨可循。

是时，国民党革命主要目的之一，就是要对外废除不平等条约，取消领事裁判权，以完成现代国家真正独立自主的地位。而帝国主义每借口我国法律陈旧，不适世界潮流，其司法制度不能保障外人在华权益，拒不让步。所以，立法院的工作，可以说任重道远。

此前，胡汉民任立法院院长时，在一般立法方面，已做了不少工作。概因当时立法技术未臻成熟，立法水平不尽完善，或因当时情形所立之法，已不能全部适用。自孙科接掌立法院后，即将以前已立之法加以整理修正，待立而未立之法，亦积极研究制定。经过十余年的努力，凡一个现代国家所应有的法律，已完全具备，内容亦有进步。不仅国人基本满意，即便是外国法学家也有良好的评价。

孙科对民国政府最突出的影响和成绩，莫过于他执掌国民政府立法院时所做的大量工作，其中尤以宪法的制定最为费力，倾注了他的大量心血。从 1933 年初孙科就任立法院院长起，历时三载，七易其稿，于 1936 年 5 月 5 日颁布了《中华民国宪法草案》，习称《五五宪草》。

国民政府立法院

一　力主宪政

　　一方面,孙科作为国民党内最早的呼吁宪政的代表,为这一文件的制定起了重要作用;另一方面,我们也看到,以蒋介石为代表的国民党主流派在《五五宪草》中纳入了大量体现专制主义色彩的条文,使若干民主性内容成为一纸空文。当然,就孙科而言,在制定"宪草"的过程中,迫于蒋介石集团的压力,其思想变化也是一波三折,他试图有所为,但结果却有所不为,最终仍不得不与国民党主流派妥协,使《五五宪草》徒有虚名。

　　20世纪30年代,在中国社会逐渐形成了一股反对国民党党治,要求结束训政,尽早实现宪政的潮流。在这场运动中,孙科从一个党治的拥护者,转变为宪政的积极鼓吹者,成为宪政运动中最为活跃的代表人物。

孙科原本是"以党治国"论的积极拥护者。1928年6月,孙科和胡汉民等正在法国考察,适时,李石曾、王宠惠、伍朝枢等旅居巴黎,彼此见面后相谈甚欢。

国民革命军于1928年6月攻克北京后,众人又有机会聚在一起。伍朝枢突然提议:"北京既已收复,全国完成统一,军政之治从此告一段落,我们何不把握这个时机,向中央建议,开始试行五院制度?"大家对这个意见,原则上都表示同意。不过所谓"五院制度",仅属中央政治体制的改组,范围还显狭小,商量的结果,一致推举孙科起草一份《党国训政大纲及应付外交方法》草案,经大家商定后电告中央。数月后,中央即接受了这一提案,据孙科回忆:

> 中央既已接受我们的提案,复由戴传贤、张静江、李石曾、王正廷、蔡元培、吴敬恒诸先生向中央政治会议提出"国民政府组织法草案",会议决定推蒋中正、谭延闿、胡汉民、李烈钧、李济深、何应钦、王宠惠诸同志和我及原提案人等组织审查会进行审查。另外,并推定蒋中正、胡汉民、戴传贤、李石曾、张静江、蔡元培、王宠惠、吴敬恒、谭延闿诸同志和我起草五院组织法。(民国)十七年十月三日,本党中央常务会议上通过"中华民国国民政府组织法"及"中国国民党训政大纲",并分别通过五院组织法。8日,常会决议任蒋中正为国民政府主席;谭延闿为行政院院长,冯玉祥为副院长;胡汉民为立法院院长,林森为副院长;王宠惠为司法院院长,张继为副院长;戴传贤为考试院院长,我为副院长;蔡元培为监察院院长,陈果夫为副院长。

在孙科、胡汉民拟定的《训政纲领》说明中,称"夫以党建国也,本党为民众夺取政权,创立民国的一切规模之谓也。以党治国者,本党以此规模策划训政之能效,使人民自身能确定运用政权之谓也",上述内容,充分体现了当时孙科的这种思想。

《训政纲领》的颁行,标志着国民党已完成"一党专政"的政治体制。

1931 年 5 月，蒋介石在南京召开国民会议，颁布了《中华民国训政时期约法》。6 月，南京国民政府发表宣言声称"敢破坏约法籍便私图者，政府固当依法制裁"。很显然，所谓训政，已成为国民党"一党专政"的最好注脚。

尽管孙科积极拥护党治，但他反对蒋介石独裁，因而在一个时期里，对于训政，他是采取表面支持、私下怀疑，甚至反对的态度。

1931 年"九一八"事变的爆发，改变了中国政局。在全国抗日民主潮流的冲击下，国民党内部严重分化。孙科一面为宁粤间的矛盾而积极奔走调处，一面开始公开指责蒋介石，提出政制改革方案，包括"五院"独立负责，行使职权，使政治系统与组织系统简单化，以增加政治效能，使政治实际的民主化，中央政治机关应加民选分子，政府和人民共同担任建立宪政之目的等。不过，孙科只是要求用分权代替集权，并未提出结束训政和党治，实施宪法的政治主张。

不久，孙科的看法骤然转变。同年 12 月，国民党在南京召开四届一中全会。与绝大部分反对立即实施宪政的国民党人相反，孙科在会上第一次提出"速开党禁，实行民治之主张"。接着，他又在闭幕式上正式提出，在政改方案的基础上提前结束训政，筹备制宪。

孙科适时提出实施宪政的主张绝非偶然，一方面是由于他在四届一中全会后出任行政院长一职，自以为大权在握，可以实施这一工作；另一方面与民族资产阶级反对党治、要求实现民主政治的思潮有极大关系。

1927 年后，民族资产阶级是支持南京国民政府的重要政治力量，然而在蒋介石"攘外必先安内"的思想指导下，国民党大打内战，使他们失去信心，不得不重新审视国民党。1932 年 1 月 13 日，章太炎等六十余人以中国国难救济会的名义通电全国，谓之日寇长驱直入，而守土军不战自退。事至今日，党则显然已破产，亦应即日归政于全民，召集国民会议，产生救国政府。民族资产阶级还尖锐批评国民党党治的弊端，指出"党治"已成为人民最痛恨的制度。"独裁统治一日不改变，政治即一日不得清明，人民即一日不得解救其困危，国难一日不得打破。"

同样，在国民党党内，要求实施民主的呼声也已出现。何香凝在国民党四届一中全会上就提出了"释放政治犯,集合全国人民力量一致抗日案"和"政治公开由人民组织监政委员会使三民主义中民权主义之原则案",要求立即实行政治公开原则。一时,"结束训政、实施宪政",成了使用频率最高的八个字,它成了特定阶层和民主分子共同的政治目标。正是在这样一种情势下,孙科形成了他对宪法的基本看法。

孙科认为,"今日最重要解决之问题,莫过于抗日救亡","团结御侮"乃"全国四万万人,人同此心","促成宪政,也就是御侮的方法之一",他把实施宪法视为争取抗日救国的一个重要条件。同时又指出,"训政不过是一种革命手段,宪政才是革命的目的",进而他强调,"为了挽回人心",国民党必须"进行政治党务改革"。党治之弊,使"国力无由集中,外侮不可抗御",唯一的"补救之方"就是促成宪政,否则"本党难辞误国之咎"。孙科尽管反对"党治",但不反对"党统"。所以,他把促成宪政看成是加强国民党自我调节的一种重要手段。

在民族危机日甚的形势下,孙科已认识到加强国内各党派和人民团结对抵御外侮是不可或缺的。尽管他仍把遵从"三民主义"作为开放政治的一个条件,但在人们眼中,三民主义并非是国民党的专利,它不仅具有教化国人的功效,对制约国民党自身也提供了理论依据。

二 遭之责难

由于孙科的身份特殊,其结束训政、加速实施宪政的主张一经问世,在社会上引起强烈反响。因为它并非出自一般人之口,而是来自国民党内高层人士的心声,这表示在国民党内也并非众口一词,多少让人感到有点兴奋和看到了一线希望。

孙科的宪政主张得到了民族资产阶级和胡适等自由派知识分子的热烈欢迎,舆论界对孙之主张多给予"同情的批评"。但是,在国民党内,反对议论始终占据多数,主要代表是汪精卫和蒋介石。前者直言不讳,公开表示反对,声称"无党则无国",放弃训政,必然危及党国。"国民党的政权是多年革命流血所取得的,绝不轻易示人。"后者则多少有点顾忌，表现得较为隐晦。

尽管如此，孙科"结束训政，实施宪政"这一提案还是与其他几个性质相似的提案合并，经中央整理归纳后，决定召开"国难会议"以图商讨。但一经"归纳"，"老母鸡变成鸭"，结束训政、实施宪政的重要内容不见了。

1932 年 4 月在洛阳召开的"国难会议"上，作为行政院院长的汪精卫避而不谈关于结束"党治"这一紧迫问题，宣布会议只讨论三个议题，即"御侮"、"剿匪"、"救灾"，有意将宪政问题撇开。这表明，以蒋介石为代表的国民党主流派无意变革。对此，在会议期间，各地代表提出要求实施宪政、保障人民自由的提案仍有 13 个之多。另有 100 名代表因此而拒绝出席"国难会议"。孙科也及时回应了汪精卫的谬论，他强调一部宪法对于现代国家政治稳定的重要意义，批评国民党内攻击实施宪法是得了"因噎废食之病"。

此前，孙科在担任行政院院长后，对国民党的历史进行了总结，认为不能在短期内完成训政，是国民党的过失，今后的工作应是拯救国民党和救国，以党救国。但"以党救国"并非"以党专政来支配国家，使中华民族永远在党的训政下过生活，是要实现宪政，使人民能够运用直接民权，完成民主政治"。因此，宪政的重要性非同一般。

从上所述可以看出，孙科醉心于民主治政，这一点应给予充分的肯定。他关心国民党的成败，但更关注国家的命运和社会的民治，这应是国民党存在的根基。惜乎，他在行政院院长任上很短，无法实施。在迅即辞去行政院院长后旋即被任命为立法院院长，但他坚辞不就。原因很简单，独裁专制体制，使立法院院长根本无权立"法"。

尽管如此，孙科一直关注着局势的发展。国难会议之后，他发表了《抗日救国纲领》，认为国难当头，"中国欲求出路，惟在集中全国力量，一致长期抗日"，而欲达到这一目的，国民党首先要"促进宪政，建立真正民主政治"。孙科提出要从速立宪，并主张立即由立法院起草宪法。至于如何实施，孙科认为，国民党必要开放党禁，"进行党务改革"，"恢复民众立场"，承认党外有党、党内有派的事实，容许各党派在法律许可的范围内从事政治活动，等等。

孙科深知，如果不借助某一特定条件，想促成宪政之事非常之难。而当前，只有通过全民御敌所形成的强大推动力量，才有可能加快对宪政的实施。

尽管孙科身处国民党高层，但他对国民党内的某些积弊、对蒋介石的独裁做法非常不满，深感这不仅对国家无益，对国民党自身也没有好处，后来的事实证明正是如此，国民党是自己打败了自己。蒋介石逃到台湾后才逐渐明白政治昌明这个道理，可为时已晚。

蒋介石死后，国际舆论曾这样评价他说："最宽大地说，蒋介石是一位从来未曾追上时代的领袖，他直到末了仍然是一个懂得权力比懂得基本改革更多的人。"因此，具有革新意识的孙科与保守专制的蒋介石同为一个时代，不能不说是他的一大不幸。

孙科的这些言论，遭到蒋介石的公开指责，他授意一批御用文人连篇累牍，批驳"宪政救国论"，鼓吹只有"剿共"才是"救国的唯一途径"。行政院院长汪精卫和监察院院长于右任也极力反对孙科的主张，认为结束训政，就是放弃国民党政权，硬要说"无党就无国"。

与蒋汪的看法截然相反，孙科对实行宪政后国民党的前途表示乐观，充满信心，认为实施宪政对国民党不是威胁，而是提供了一个发展的契机。他确信只要真正实施宪政，"国民党必能受到全国人民的拥戴，国民党的政权，一定可以更加巩固的"。

天真的孙科，正憧憬着实施宪政后的国民党有一个美好的未来。如果能得以实现，作为孙中山的哲嗣，他将不辱父辈遗志和赋予他的使命。然而，现实是残酷的，感性和激情，只能充当政治的美丽花边，煞是好看，但只为从属的配角。殊不知，孙科完全忽略了实施宪政中的两大难点：

一、蒋介石绝难让孙科有关革新的主张在宪法中得以充分展开，换句话说，宪法内容必须符合他蒋介石的意旨，其作用就是为蒋介石、为国民党贴金。鉴此，"宪草"的颁行，仅仅成为一次革新主张的尝试，并无太多实际意义；

二、即便宪法得以通过，亦很难确保对其有效的执行。如果有法不依，我行我素，使宪法成为一纸空文，又能奈何？毕竟法是要靠人来执行的。因此,孙科把振兴国民党的希望,全都押在宪政改革之上,显然是如梦呓语。没有合适的政治环境,没有一定的社会基础,欲速则不达。国民党非但不能通过革新而强大自我,相反则可能变本加厉,走向另一个极端。

孙科的革新思想,主旨为党,但因国民党为执政党,所以又作用于国家;反过来,国家与国民党之间又有一种连带作用:其一,从当时的情势看,国民党的一党专制,不利于国家的政治发展,极大地影响了国家的民主进程。而实行宪政,将会给政局带来一些新的气象和变化。其二,假设国民党真的因为实行宪政而出现孙科所说的那种局面,给国民党增添了活力,促进了国民党的强大,其后的发展形势又如何?但历史不能假设,它注定了当时国民党不可能有所为,它排斥异党、大搞专制独裁,最终为民主潮流所荡涤,在 1949 年被取而代之。

鉴于外部的巨大舆论压力,以及孙科的宪法主张具有明显地维护国民党色彩,作为最高统治者的蒋介石,虽然从内心里并不赞成结束党治,但又不得不就抵抗外侮与筹备宪政问题于 1932 年 12 月召开四届三中全会。会上,孙科联合 20 多个中央执、监委员提出了《集中国力挽救危亡案》,主张迅速起草宪法,定期召开国民大会,集中民族力量,抵抗外侮。他是这样解释的:

> 欲救危亡,对症下药,则关于内政方面,第一当使政权日渐公开,俾国民有参与国事,行使政权之权力,将以和平合法方式,尽量发挥政见主张,日进于宪政民治之轨道。夫然后今日各派用不正当之手段之攻击,可以消除。第二,当使各方军事力量咸能相安,而听令中央公正之处置。夫然后今日各方军事当局之疑诈猜忌,至相牵制之现象,可以根除。

幸运的是,该提案得以顺利获得通过,决定"由立法院起草宪法并发表之,以备国民之研讨"。对此,孙科甚为高兴,他在上海发表谈话说:"蒋在大会态度诚恳,亦重视民意机关,拟积极进行。"此时,孙科对蒋的态度已不同以前了,他的言行开始与蒋介石趋同。

三 "宪草"出台

鉴于政治形势有所变化,孙科似乎又看到一丝希望,于是他在1933年1月以国民党四届三中全会已接受其实施宪政的主张为由,出任立法院院长。就职伊始,即罗致法学家40人,随后成立"宪法起草委员会",孙任委员长,张知本任副委员长,着手制定宪法。先由张氏遵照总理遗教起草宪法,内容分:一、基本原则;二、民族;三、民权;四、民生;五、附则;共171条,于1933年8月16日脱稿。其后,张知本因故辞职,接任的吴经熊就张

傅秉常

所拟宪法条款斟酌,成5篇240条,仍以吴氏名义发表,征求各方意见。为时3个月,经修正后为11章166条。翌年2月,"宪草"初稿既成,起草委员会解散。6月,孙科请傅秉常等36人审查各方所提意见,编成"宪法草案初稿意见书汇编",并附"国父"有关宪法之遗教,由审查委员开会9次,完成"宪法草案初稿",为12章188条,印行并送达各方,征求意见。从1934年9月开始,孙科先后开会8次,至10月完成三读程序,是为《立法院第一次宪法草案》,凡12章178条,呈送国民政府转送国民党中央审核。此后,为立法院与中央同志研究时期。至1936年5

月 1 日第四届第五十九次院会三读修正通过，凡 8 章 148 条，是为《立法院第三次宪法草案》，国民政府于同月 5 日公布，定名为《中华民国宪法草案》，亦名《五五宪草》。

1937 年 4 月 22 日，中央第四十二次常会决议于国民大会组织法内，规定国民大会制定宪法，并决定其施行日期，删去宪草第一百四十六条"第一届国民大会之职权，由制定宪法之国民大会行使之"。事后，立法院遵照通过，呈请国民政府于同年 5 月 18 日公布，是为"宪草公布后重加修正"。

前已言之，定稿后的"宪草"分八章，原来还有关于"国防"等规定，中央以过于硬性，决定取消。

从宪法草拟，到宪法出台，倾注了孙科的大量心血，他多次主持会议，讨论宪法起草的有关问题。对于宪法的体制、章节乃至条款的制订，无不悉心推敲，同时又广泛征求国内外人士的意见，妥为斟酌。他还发表大量言论，说明实施宪政的意义与国民对此应有的认识，为促成宪政作舆论宣传。

尽管国难当头，但孙科认识到制定宪法，可以说是"救亡图存的必要工作"，"没有宪法，国家即不能长治久安"。但他也深知，"宪政的实施，其艰巨尤较军政、训政为甚"。因而告诫国民，对实行宪政要有充分的认识，如果说训政时期工作之良否，尚可推诿为国民党之责任，而宪政成绩之好坏，则全国国民共负其责。国民必须提起全副精神注意政治问题，同时，通过正当的方式，充分表现其意志，从而督促政府进行建设。

如何制定一部宪法，才能保障国家的长治久安？孙科一直以为，国民党的"政治背景"和"革命历史"就是中国的"国情"。根据这一国情所制定的宪法，必定是以三民主义为依归的"五权宪法"。其要点是主权在民，权能分立。人民有权，政府有能，政权与治权相辅相成，才是最完美的政治制度。

孙科主观上是希望通过制宪确立某些资产阶级民主政治原则，企图以分权制取代集权制，以内阁制代替总统制，防止个人权力过度集中，具有一定的民主主义色彩。

但是，在宪法草案初稿完成公布后，立即引起国民党内保守派的激烈反对，于是在统治集团权势的一再施压下，只好又逐条修改。整个宪法的制定过程是十分繁缛而费尽周折，更令人感到不安的是一次次的审查、修订。宪法草案是几易其稿，最终在 1936 年 5 月 5 日，一部定名为《中华民国宪法草案》正式公布。

经过一番变动，孙科的初衷在宪法中已不复存在，不唯如此，反倒更加突出了总统权力。这样，经过"整容"后的《五五宪草》已是面目全非，充满着浓厚的专制主义色彩，其集权达到了前所未有的高度。

尽管《五五宪草》是孙科就任立法院院长后所做的第一项最重要的工作，也是遵循孙中山的三民主义和"五权宪法"理论而制定的。就其本身内容而论，它比辛亥革命后任何一部约法都有意义。它规定了国民大会的职权，承认了人民的权利和义务，是一部体现了民族资产阶级利益的宪法草案。但它制定了国民党一党专政、总统独裁的条款，又限制剥夺了人民的权益。因此，从根本上讲，它还是一部为巩固国民党为代表的权势集团而制定的"宪草"，是总统有权，百姓无权。如果说 1933 年宪法草案初稿还具有相对的"自由"色彩，那么到了 1936 年《五五宪草》出台，其民主内容已荡然无存。

法律只是权力的奴婢，作为宪政倡导者的孙科，最终敌不过蒋介石，"宪草"也在权力斗争之下，成为一颗畸形"硕果"。难怪有人评论国民党统治时就提出，"法治伴随蒋公而运行"，可谓一语中的。

中国两千多年的封建统治，所有法律主要是为当权者做嫁妆，为他们涂脂抹粉，粉饰太平，而不可能为老百姓化妆扮相。相比较而言，中华民国的《五五宪草》在这方面还是有所"突破"，至少在形式上表现在主权在民，而政府只是职能部门的这一思想。

当然，"宪草"的出台，既不代表民意，又不是专家之言，更多的是体现了长官意志。立法院搞出的草案，必须得到当权者的认可，否则，它就无法"出笼"。故最终的草案，令孙科始料不及。虽说他有家学渊源，又是留美硕士，且从政多年，但"官场之学"，他的悟性不高，揣摩不深，未能及格。所以，他虽身居高官，但并不得志。加之他的个性使然，优柔寡断，左顾右盼，同时过于自信和天真，是诚实有余而精明不足。面对奸猾而又擅长权术的蒋介石，他是无力回天。

其实，孙科只要在脑海里稍微过一过，对这"事与愿违"的"宪草"，是可以理解的。他不是掌门人，而只是一个设计者；他有权起草宪法，却无权拍板定案。因此，"宪草"的命运，注定是这样的结局。当然，我们也必须看到，孙科所处的地位和他的身份，使他无法摆脱在制定"宪草"过程中所表现出的倾向和立场，这极大地影响了他思想的发挥。

孙科提出《集中国力挽救危亡案》，主张结束训政，实施宪政，固然反映了他在国难当头希望改革内政、图强抗日的愿望。但就实质而言，它与广大民众所要求的民主相去甚远。作为国民党和国民政府领导人之一，他的出发点和着眼点就是如何更好地巩固国民党政权。换言之，孙科既把从速制宪、实施宪政当作抗日救国的重要条件，同时也把促成宪政看成是对国民党进行改造的一个重要手段。蒋介石最终同意制宪，也正是看中了这一点。

我们还应看到，孙科自身陷于重重的矛盾之中。国民党制宪是在"九一八"事变后的特定环境下进行的，孙科曾反复强调制宪"要结合国情和时代的需要"。他所指的中国"国情"是什么？那就是国民党的"政治背景和革命历史"，实际上就是指不要忘记国民党是执政党。虽然制宪是国家行为，但离不开党统，党国党国，无党则无国。由于孙科过多从国民党的利益去考虑，因此，制宪与"国情"是紧密结合了，却与时代的需要和发展相背离。在中华民族危亡之际，停止内战，一致对外才是最为紧迫的事。各阶层人士纷纷行动起来，要求制订共同的爱国纲领，建立统一的抗日政权。从国家宪政的角度来看，《五五宪草》的制定固然有一定意义，但皮之不存，毛将焉附？如何遏止日本进一步侵华，才是当务之急。《五五宪草》出台的当月，宋庆龄等与进步人士就在上海发起组织全国各界救国联合会，他们要求团结合作，一致御外。而《五五宪草》中体现的一党专政和领袖独裁，显然不合时宜，它非但不能促进联合，反而破坏了合作的基础。

四　面目全非

尽管孙科制宪的初衷，有所谓顺应潮流的民主成分，但不可否认，这是在不动摇国民党统治根基的前提下有限的"民主"。

孙科在制宪前多次强调要扩大政治参与，提出"除现役军人外，全国人民在不违反三民主义的原则下，皆得自由组织政治团体，参与政治"等。但在实际制定"宪草"的过程中，孙科遇到了来自外界很大的压力，主要是国民党高层中的部分人，也就是以蒋介石为首的最大利益集团。虽然同为国民党人，但党内派系林立，山头众多。以蒋氏为代表的政治集团，在与各派的争斗中，取得了优势和主导地位。蒋介石的意志，就是国民党的意志，就是政府的意志。尽管你可以表示出不满，甚至与之理论，但最终你还得要执行。谁要违背这个原则，他就无法在国民党中立足。

孙科在制定"宪草"初稿时，主观上是希望确立某些民主的原则，但由于一味为维护国民党利益而强调中国的"国情"，使他的民主思想表现出明显的不彻底性。加之孙科在党内没有形成自己的势力集团，个性又相对温和，这决定了他根本难以对当政的蒋汪之流施加多大的影响。因而其主张往往多遭到限制，甚至被改头换面，被当作利用的工具。比如在制宪过程中，戴季陶写信给孙科，告诫他要考虑中国"国情"。这里所指，无非就是中国乃人治社会，法是要靠人去执行。没有强有力的人，何以能执法？而蒋介石就是这个执法者，迫使孙科在"宪草"中减少对总统权力的限制。在蒋介石亲信的不断施压下，孙科只能步步退让，结果草案每修改一次，总统的权力就扩大一步。

孙科一次次向现实妥协，一次次改变初衷，表明了他内心的种种矛盾和无奈。而制定出的宪草，也只是徒有其表，虽具法律形式却无民主内容，不过是给党治披上了合法的法律外衣。修宪之事，孙科虽然费尽心力，但是，"宪草"的有关内容所达到的目的与高度，则与他的付出不相称。

对实施宪政的失败，我们不能怪罪于孙科，看看 30 年代初、中期国民党内浓厚的法西斯独裁气氛，就完全能够理解了。当时，一批蒋介石的亲信学生，打着"复兴民族"的幌子，在蒋校长的支持下，散布"在中国实行民主还不成熟"的论调，从各个方面去论证独裁的作用和必要，并制造对蒋的个人崇拜。此时的孙科，虽然比之 1927 年提倡宪政时，思想更完整、理念更成熟，但他身为立法院院长，属于国民党高层统治集团中的一员，这对其立场必然产生影响。他既迫于蒋介石的压力，无法"随心所欲"，又有自身的既得利益在作祟，远未达到一心为公的思想境界。

孙科在制宪过程中态度起伏变化，不仅与当时国民党的独裁氛围、孙中山"五权说"中某些消极因素有关，也和他本人政治地位的改变有一定关联。在特定的时期，孙科是可以做出某些充满激情之举，以赢得"开明派"的赞誉；但在另外一个阶段，他也会为了维护国民党统治集团的利益，防止党外知识分子借呼吁民主，要求与国民党分权，而又从民主主义的立场倒退，甚至完全改变自己的观点。于是，以孙科为代表的国民党内的"自由"分子，最终就和蒋介石走到了一起。

从制宪的过程中来看，孙科制宪有一个很重要目的，就是力保国民党大权不能旁落；同时，因受到蒋介石的制约，又使他无法将烂熟于胸的宪政思想化为激扬文字，于是，宪草的命运就在这"充分和必要"的条件下决定了。这既是孙科个人的不幸遭遇，也是一个时代的悲剧。

对于中国的宪政，有人这样评论说："我们的民主宪政，好像是一个十八世纪的乡下姑娘，硬要穿戴起二十世纪最新的服饰，远看很摩登，近看四不像，处处学洋化，可举手抬足就会露出破绽来。结果是既没有学到摩登，也失去了朴实的本色。"这个比喻，一语中的，恰如其分。因此，这不是孙科个人的错，而只能归咎于那个时代。

国民党不仅高居政府之上，也视法律为掌上玩物，把所有法律制定、行使和解释权都集中在自己的手中，使其一党专政得以假民主共和的旗号顺利行使，用"党统"解释法律，导致法制遭到严重破坏。而脱离社会现实的宪政，与理念和认知有很大差异的宪政，特别是与"党统"相违的宪政，何以能立足？

古代中国是一个封建的专制国家，集权是统治者的法宝，即便是现代中国的蒋介石，也概莫能外。他生长在东方专制的土壤中，接受的是这种传统思想，奢望他能一改前朝旧制，一定要结出西方民主之硕果，焉有可能？时代的发展，必须与那个时代同步，包括国家的、社会的、民众的、政治的、思想的、行为的，等等，不一而足。脱离了时代背景，想超前运作，多是功败垂成。因此，宪法的制定，既有大环境，又有小氛围；既有主观愿望，又有客观条件；既有政府行为，又有民众意识。不具备这样的条件，制宪肯定就难以达到想要企及的高度。

此外，宪法不能单是看它形式是否完备，内容是否全面，更应看它植入人心的程度，即心中有法，崇尚民主，法制立国。

从制度本身而言，一个政府总是希望能够长治久安。为此，南京政府本身，也期望通过竭力强化各种规范模式和行为模式，把各种政治组织及其权力系统纳入政治制度的框架之内行使，由此来约束、规范、监督、调剂和指导其使用。为此，"五院"制度的确立，就是对国民政府和行政院的权力予以立法限制、司法追究、人事考核和行政监督。然而事实上，"不是法令有没有的问题，而是能否表现法治精神的问题"。所谓法治精神，乃"负责守纪的精神之谓，如果执行的政府官吏，没有这样的精神，怎能让法律执行得好？"如果人民没有这样的"精神"，怎能让法律收到"普遍的实效"？

国民党所谓的"万能政府"，其独大的权力，又必然排斥法律的约束。政治制度不是约束蒋介石政府这一特权阶层，而是为其服务的，这就为南京政府的惰性扩张和政治腐败大开方便之门。

从南京政府政制实践来看，无力解决当时社会存在的各种矛盾和问题，诸如民族革命的矛盾、经济革命的矛盾和政治革命的矛盾，这也是导致南京政府政治制度崩溃的外部因素。

第五章　正气：顺应时代的心声

"九一八"事变后,孙科是国民党高层中最早力主对日抵抗的代表人物之一,继之在"一二八"事变后,孙科等20余人请求政府增兵,派飞机前往援助,并打电报给何应钦,斥其抵抗不力,乃"甘心亡国"之举。

孙科虽然渴望和平,但他认为,民族之生存,领土之完整,主权之独立,更为重要。既然和平不可得,只有奋起抗日,方能救亡。

一　挽救危亡

1932年,是孙科政治态度发生重大转变的一年。年初,他在反蒋的"非常会议"之后出面组阁,不足一月即告夭折,而国民党又再度回到蒋汪合作、蒋握实权的局面。因此,孙科一系列要求抵抗侵略、改革内政的主张,一方面表现出对蒋介石内外政策的不满,是国民党内部权力斗争的反映;另一方面,"九一八"事变后,民族矛盾日重,停止内争、一致对外成为中国社会压倒一切的主题。他的主张客观上顺应了这一时代要求,把握时局变化的脉搏,做出比较迅速和正确的反应。

是年3月6日,在国民党四届二中全会上,孙科等22人提出了《确定长期抗日方针案》。这是最早提出对日的长期抗战方案。4月27日,孙科又在上海《时事新报》上发表《抗日救国纲领草案》,认为国难当头,中国"唯有抵抗,才能开辟外交上敏活之途径",提出了"为集中民族力量，贯彻抗日救国之使命"而对内政、外交、党务进行一系列重大调整的主张，包括筹备宪政、召开国民代表大会、允许其他抗日党派合法存在、恢复国民党的民众立场、以彻底抗日为目前外交之主要方针等内容。12月15日，在国民党四届三中全会上，孙科等27人又提出《集中国力挽救危亡案》，指出"今日最重要而待之问题，莫过于抗日救亡；然欲彻底抗日，必须内部一致"。这里有两点需要特别说明。

第一，在确定抗日方针案中，孙科强调"长期"二字，他的见解是：

因为敌之谋我，已非一日，虽军备充实，但潜力不厚，因此利在速战速决。我国抗日初起，虽军力欠充沛，然地大物博，人口众多，利在持久，所以宜于在战术上退却。战略上进攻，诱使敌人深入内地，使其补给线拉长，占领空间扩大，地多力分，便于各个击破，使敌人的后方成为我们的前方，组织民众，从事游击战，于是前后夹击，敌人必首尾受困。

孙科深恐一般民众未能深切了解这一构想，所以特别提出"长期抗战"这一口号。他虽不是军事家，但这一真知灼见，具有战略远见。事实证明，我们正是采取"以空间换取时间"，在持久战中消耗日军，最终战胜顽敌。

第二，大敌当前，而国内因主张不同，各方意见多有分歧，不仅未能团结御侮，反而使力量相互抵消，亲痛仇快。对此，他深以为忧，所以特别强调"集中国力"这一观念。在整个抗战中，他个人始终强调这一点，并期盼所有国人能够深切体会时事之艰难，与政府保持一致。12月20日，孙科又在"总理纪念周"以"如何集中国力挽救危亡"为题发表演讲，指出中国国民党要顺应"全国人民的心理和要求"，停止内争，积极抵抗日本侵略，以挽救国家危亡。

在一致对外这一问题上，孙科看到了全民御敌的力量，所以他观点鲜明。同时作为一介文人，他能够洞若观火，特别是知己知彼，提出高见。尽管在国民党军队中，有才学的军事家不少，但能从战略高度去认识中日交战双方的并不多。作为一位政治家，孙科视野开阔，具有很强的大局观，他正是分析和研究了中日双方力量对比以及中国客观条件的基础之上，紧紧把握了战局发展的态势和走向。并预言中国只要采取"以空间换时间"与"持久消耗敌人"的抗日战略，终将战胜日寇，赢得胜利。

中国历来是一个爱好和平的民族，它的统一强大，对世界的安全与和平具有重要作用，这是任何一个真正了解中国文化特质的人所不能否认的。但帝国主义者从清政府那里获得了许多不法利益，它们极不情愿看见一个统一而强大的中国出现，这正是当年孙中山革命所承受的巨大压力。他们利用军阀同室操戈来蚕食中国，并阻挠北伐的事实表明，他们更看重权益。而日本直接出兵侵略，欲征服中国，更使得这种行径无可辩驳。

北伐完成后，全国归于统一，这时朝野上下，亟欲从事建设。所以对于日本的无理要求，总是多方容忍，而日本竟把中国谋取和平亲善的诚意，看作是软弱无能，喊出了"24小时即可征服中国"的狂妄口号。

老子云："兵者不祥之器，非君子之器，不得已而用之。"孙科自认为是一个和平主义者，深切了解战争所造成的痛苦，但就目前中国的局面，是非抗战而不足以排除和平建国的障碍，非建国不足以充实抗战的力量。抗战和建国是相辅相成的，必须同时并进，诚如他所言："抗战不是为了抗战而抗战，抗战只是手段，并不是目的，我们的目的，乃在建设一个三民主义的新中国。"

战争在继续，生活亦在继续，正是基于上述想法，孙科在这非常时刻，一方面积极参与抗战，另一方面亦为国家建设和发展谋划。

二　关注国是

抗战时期，由于战争的破坏及战争带来的巨额财政开支，使得基础本来就十分薄弱的中国经济面临严重的困境，国民政府同时面临抗战救国与建设国家、恢复发展经济的紧迫任务。时任立法院院长兼全国经济委员会常委的孙科，对解决中国经济问题表示出了极大的关注，发表了大量言论,尤其是对国家经济建设、经济发展等问题,提出了一些颇有见地和价值的主张。

中国是一个农业国度,农村的经济问题,历来是人们所关注的一个焦点。其时,农村社会矛盾十分突出,直接引发了社会政治危机和经济危机。于是,"救济农村,复兴农村"的呼声日盛。政府从时局出发,为稳定农村,尤其是为解决农村的经济问题,对此比较重视。

作为政府高层领导,孙科积极筹划救济农村、发展农村经济的办法。他首先从立国基础和国家复兴这一高度,对农民与农村问题的重要性作了充分的论述。他强调指出,"我国农民占全国人口百分之七十五以上,所以我国立国的基础,可以说在农民身上。然而,近几年来,我国农民受内力外力的压迫,已陷于破产之境,立国的基础已动摇,所以整个的国家,竟如于震荡的状态中"。因此,他认为要复兴整个国家,就不能不从改进农民生活这一关键问题着手。

孙科认为复兴国家的条件,首先要使全国人民能够自治,然而自治必须自立。但当时中国农民的状况堪忧。苛捐杂税的勒索,兵燹灾祸的袭扰,水旱灾荒的破坏,土豪劣绅的盘剥,农民终年是劳而无获,挣扎在生死线上,这显然缺乏自治的能力。农民不能实现自给,所以不能自立,也就更谈不上自治了。

为此,首先要实现农民自给,条件有三:一是须有土地,以资耕种;二是有良好的工具和技术,以资应用;三是须有相当的资金,以资周转。可当时农民中大部分为佃农,虽有地可耕,但绝大多数收入为坐享其成的地主所拥有,倾年付出,为人嫁衣,这是减低农民自养能力的主要原因。不唯如此,中国农民平均耕地少,收入亦相应少,而每户人口又多,农民何以能够自养。此外,传统的耕作方式,落后的生产工具,地不能尽其利,收获自然无法增收。

对此,孙科认为,要解决农村危机,必须先让农民有饭吃,乃至解决温饱问题。寻求的方法之一,是开垦荒地,增加田亩,以解决农民缺地的实际问题,有地种,收入自然增加。但这需要有一个过程,一时难见实效。至于工具和技术改进方面,需要改变传统观念和投入资金,也非一蹴而就。唯有减轻农民身上的负担,并予以救济,使农民不受高利贷的盘剥，这才是最重要的，它是恢复农民最低限度自治生活最直接的方式。

孙科提议，要解决全国农民的穷困问题，必须以政府出面，权力运行，统筹各种农民合作社，使农民得到普遍的救济。具体办法包括发行代价券以做短期救济，期满即行收回，使农民有机会得到低息资金的补充；政府与农民产销合作，以政府的信用，通过合作的方式，从而避免或减少农民在出售这一环节中的损失；政府与农民的消费合作，既可免除商人居间渔利，亦可使农民减少支出，培植和提高农民的自养力。

孙科清醒地认识到并高度重视中国的农村问题，亦提出了一些经验之谈与解决之法，期望有补于世，这难能可贵。其实在 1936 年，他就注意并重视农村的阶级矛盾，提出了《改革租佃制度以实施耕者有其田案》，期望通过立法来达此目的。孙科这样的认识和作为，在国民党中央大员中实不多见。但囿于时局，处在这样一个特殊的历史节点上，他所提主张显然不易做到。孙科更多的是强调政府的作为，认为这是不可推卸的责任。这当然不错，然而在战时，政府根本无暇亦无力顾及农村，所以农民的现状一时难以改变。

孙科颇具理想主义的"农业救国"思想，主要表现在解决农村问题的方法，但这绝非是他想象中的那么简单，而且未能认识到造成农民贫困落后的本质。因此，孙科的这一主张，不外乎是 20 世纪中国出现的众多各色农村改良主义思潮中的一种。当然，孙科是从全局而观，而其他一些则是具体所为；孙科推行的是一种思想，而他人则是践行。

1940 年后，抗战进入到相持的拉锯阶段，军费开支甚巨，政府在财政上遭遇到空前的困难。发行公债，在这动荡之年，收效甚微；而交通的阻断又使得外援的希望落空，政府只好靠增发纸币以填补巨额的财政赤字。问题在于大量发行纸币，必将引起通货膨胀和物价暴涨。如何解决困扰中国的这一问题，孙科努力去探求，希冀能规避矛盾，寻找出一条适合之路。

战时经济的特殊情形和困境，是必然存在，孙科既不回避，也不讳言。如何解决？他主张推行孙中山的民生主义经济政策，而粮食国营就是其中重要的一环。其作用在于，粮食专卖可以平抑物价；可以减少通货量,政府可以迅速收回资金,防止在流通过程中的通货日益膨胀;增加政府财政收入,政府收购粮食,再卖出,保证合理价格售出后还有盈余。至于采取什么样的方式去购粮,孙科也做了详细的研究。

孙科对粮食国营这一方法充满期望的同时,还认为它是达成平均地权的一个步骤。更有甚者,他对其意义和功用的认识极具高度,认为可以达到分配社会化、减轻农民负担等诸多利好因素。前者主要体现在通过国家的运作来发展生产,最终归全体人民共享,使之达到民生主义分配社会化的目的。而后者通过国家来保证农民的稳定收益,大大提高了农民的生产积极性。

孙科极力主张粮食国营,是源于其父的民生主义思想。但不同的时代,有着不同的认知,孙科独辟蹊径,在这方面有所创新。当年孙中山提出的"三民主义",显然与时代还有一定差距,因而其"平均地权"、"节制治本"的民生主义政策,是偏重于消极和预防方面。而孙科则是从积极方面入手,对发展国营事业极为重视,强调现代国家之兴衰强弱,大半是以国营事业是否发展为衡量标尺。国营事业愈发展,国必富强,反之,国必贫弱。他还从战时这一特殊国情考虑,认为中国建设需要短时间内筹集巨额资金,必须仿效苏联,集中全国人力与财力,大力发展国营事业,才能实现抗战建国之目标。

孙科继承了孙中山的民生主义思想,但相较而言,更反映出了孙科谋求中国经济发达、国家富强的理想,更重视国家的主体地位和指导作用,举国之力,其力断金。

抗战这一特殊时期,中国确实经历了亘古未有的困难。由于时代背景的特殊性,以及孙科本人特殊的身份与地位,他对中国经济问题给予充分的关注,并就一些问题提出了自己的主张和建议。孙科身居要职,他的出发点主要是从政府的角度去考虑,但从另一侧面也反映出,他关心百姓的疾苦和实际利益,希望能通过一些举措来帮助占中国人口主体的农民弟兄。也许是血脉相承之因,孙科对经济问题的关注和主张,比较接近孙中山的三民主义,具有进步的倾向。

孙科的这种倾向在东北善后和重建之问题上,表现得最为明显。

1942 年 9 月 17 日,孙科在东北四省抗敌协会纪念"九一八"11 周年大会上，作了《战后东北的展望》之专题演讲，提出了一些前瞻性的独到见解和计划，令人颇受鼓舞。

对于未来克复东北之善后的首要问题，是如何彻底清除日本殖民者在东北遗留下来的政治机构、敌伪组织、文化教育、公私财产等各种影响。他从九个方面加以阐述，包括从政治、经济、文化等角度考虑，细致、周全而可行。至于战后新东北的恢复，主要是在经济建设方面，他提出不少见解，包括实行土地国有，推行集体合作的大农场制，实行农业机械化，由国家大量投资，发展工矿业等重工业和具有地域特色和长处的民生工业，以加强东北的工业化，由国家奖助内地贫困人口大量向东北移民等。

孙科对地大物博的东北黑土地充满信心，直言"前途实在十分光明"，未来之东北，"必将成为我国经济财富的重心；民族文化复兴的策源地"。

作为立法院院长，孙科至为关心的还是宪政问题。尽管身处抗战这一特殊时期，但他还是不失时机，在提倡民主的同时，更注重制度建设，为推动宪政而疾呼。

在宪政方面，孙科自有独到的见解。在他看来，宪政就是国家政治建设的基础，他引用了蒋介石的一段话加以说明："建国的工作，千头万绪，事项很多，但第一要紧的，就是先要确立我们的政治建设，而政治建设的基础，就是宪政的实施。"可见，制度建设的重要性，是点睛之笔，起到纲举目张之效。宪政的作用，还在于培养公民责任感、消除腐败和监督政府之功。这是因为，还政于民后，"宪法成绩之好坏，则全国国民共负其责"，"同时以正当方式，充分表现其意志"。换言之，宪政使民权置于百姓之手，将得到充分的行使，对自己是一种责任，对政府则是一种督促。所以，实施宪政，就是实行民权主义，如果宪政得不到推行，则民权便无从落实，政治建设也就成为一句空话。实施宪政的前提，当然少不了地方自治这一组织形式。诚如孙科所言，要使公民能够过上幸福而有尊严的生活，公民权利和自由得到保障，宪政得以实现，其根基在于地方而不在中央。他指出，"要养成人民能够自动出来参加地方上的事情，使地方上众人的事，都由地方人民共同来解决，来负责处理"，这是纠正中国传统官制,以达民治的最好途径。地方自治,可以促进国民政治参与的积极性,"民主宪政的标准,最要紧的,就是看人民有没有参与国家的政事"。孙科受西方民主思想影响甚深,他的许多想法都源于此。惜乎,民主的土壤,需要时间来耕耘与培植,需要积淀,非一日之功。

孙科还在宪政座谈会上演讲三种自由,即民族自由、政治自由与经济自由。他强调这是三民主义的目的,并勉励大家为争取这三种自由而奋斗。

全中国广大军民都为争取民族自由而奋起抗日,大家都认识到争取抗战的胜利是最主要的任务,诚如孙科所言:这是政治自由与经济自由的大前提。人民能有这样的认识,是基于在七年抗战中流血流汗,历尽艰辛困苦,总是极尽忍受之能事。许多国际盟友,只要来华考察过的,莫不为中国军民这种牺牲精神所感动,这最好地证明了,中国人民将民族自由、民族利害,放在一切之上的。

但是民族自由与政治自由、经济自由,是分不开的。孙科又说:"要使人民力量动员起来,必须给人民以政治自由","人民有了政治自由就能促进国家民族的自由"。尽管这被有些人所讨厌,认为是"尾巴主义",但孙科认为真理总是真理,全国大多数人都会举双手赞成的。

以上是从三种自由互相的关联和作用来阐发的,说明它们之间的不可分割性。孙科同时还从时间上分析,指出政治和经济自由并非一定要推移到战后去处理。言下之意,虽在战时也不能以此为由,推诿应该做的事。其次,从战后环境说,大战一旦结束,百废待兴,要做的事太多,尤其不能到那时再谈论这些问题。这样的说法,正反映了现实之需。

对于孙科在宪政座谈会的演讲,《新华日报》专门配发了一篇社论,说孙哲生先生的演说词,语语切合今天中国的实际需要。文中指出:

> 今天全中国广大军民都为争取民族的自由而在对日抗战,大家都认识争取抗战的胜利是最主要的任务,也诚如孙哲生先生所说的:"这是政治自由与经济自由的大前提"。

三种自由在今天，从其重要性说当然是民族自由为主；可是没有政治经济自由的配合，民族国家的自由是不可能的。这种血肉相联的作用，本来是一个很简单的道理。抗战七年的今天，还待孙哲生先生来阐扬其重要，真是不胜感慨系之了。

孙哲生先生这些意见，在这国际民主潮流和国内人民民主运动日益高涨的时候提出，是有益于国家、有益于人民的。他给每一个民主主义者指出了获取自由目标的方法和道路。

孙科所提上述各案以及他所阐述的思想，或纯粹就军事立论，或以经济为着眼点，兼及内政、外交、国防军事，乃至军事结束后之宪政设施诸问题。这表明，尽管日本侵华战争给中国人民带来了巨大灾难，但仍阻止不了中国向前的步伐。战争在继续，国家建设和发展浴火重生。孙科对农村经济、对宪政的思想，就是其中的一个缩影。

前方将士浴血奋战，而孙科在后方同样心系国家，竭力做好自己的工作。前方将士杀敌是抗战，后方人士建国亦是抗战，很显然，在这国难当头之日，抗日是中国各党派、各团体、各界人士的主流。消极抗日、甘心做亡国奴，甚至投敌叛国的汉奸败类，毕竟是极少数。

实事求是地说，孙科在事关民族危亡、国家成败的抗战期间，其表现可圈可点。他不失时机地利用自己合法身份和特殊地位，或提案，或讲演，或发表文章，积极为抗日力尽能事。这在一定程度上，对促成国民党抗战和全民御敌，起到了有效的作用。

三　公道自在

孙科长期受到蒋介石的排斥，对蒋介石不满，特别是对他的独裁专制，更是极力反对。因而他时常能"拍案而起"，在国民党中，是为数不多的敢于向"最高权威"挑战的人。尤其是关系到国家危亡的中日对峙，他更是不遗余力地振臂高呼，发出振聋发聩的时代之音，实属功不可没。

1936 年夏天,潘汉年由共产国际经香港转赴上海,后回延安向中共中央汇报情况。9 月,他受中共中央和毛泽东的委托,携带着《中国共产党致中国国民党书》、毛泽东致宋庆龄等人的信返回上海,并利用宋庆龄的特殊身份,做国民党上层吴稚晖、孔祥熙、宋子文、孙科等人的工作,促使其联共抗日。

孙科既不掌握兵权,又无深厚的政治资本,但他毕竟是孙中山之子,担任过国民政府行政院院长、立法院院长等要职,有相当的政治影响。

鉴于当时国内国际形势,共产党竭力希望扩大影响,而促成联共抗日,实为最佳方式。中共展开积极的统战政策,把触角伸向国民党高层,通过一些被认为是可资利用、并在一定程度上同情和认可共产党的人士,从而在国民党内形成影响和导向,以便共产党能够赢得一席之地。

是年 12 月 5 日,毛泽东致信孙科,说:"今日天下之人莫不属望国民抗日,然国民党中如不战胜其降日派与妥协派则抗日不可能,因此天下之人莫不属望于国民党中之抗日派能有计划地有步骤地向着降日妥协之辈进行坚决之斗争。进行此种斗争,非有组织的政治力量不可,非有领袖不可,因此天下之人又莫不属望于哲生(指孙科)先生。"[①]

也许是因为受到中共的影响,西安事变和平解决后,宋庆龄、孙科等人在国民党五届三中全会上要求联共抗日,果然有不俗的表现。1937 年 2 月 15 日至 22 日,国民党在南京召开五届三中全会。会上,由宋庆龄和何香凝领衔,联络冯玉祥、孙科、李烈钧等 14 名中央执、监委,联名向大会提出了《恢复孙中山先生手订联俄、联共、扶助农工三大政策案》,力促国民党立即改变立场,和中国共产党携手合作,以团结抗日,挽救民族危亡。

在国民党亲日派和顽固派的极力阻挠下,这个提案未获通过。但是,停止内战、共同抗日已成不可逆转之势。经过各派政治力量的激烈斗争,国民党内部的英美派逐渐占据上风,中共提出的抗日民族统一战线的政策,终为大会原则上接受。

————————

① 《毛泽东年谱(1893—1949)》上卷,中央文献出版社 2013 年版,第 618 页。

抗战时期的孙科

会议通过了同共产党关系的四项原则，决定在统一军队编制和政权形式等条件下，可以与共产党合作，从而使国民党由内战独裁和不抵抗政策开始向"停止内战，一致抗日"的方向转变。这次大会后，国内和平局面初步出现，第二次国共合作的大门被打开了。

在整个全民抗战时期，孙科的表现有目共睹，从促成国共合作，到坚持持久抗战，再到战后要求严惩日本战犯，极力维护了国家和民族的主权和利益。

1939年10月，毛泽东在延安高级干部会议上作《反投降提纲》的报告，明确将孙科列为"九一八"后不甘屈服、反对投降的一类人，给予了相当的肯定。

中共中央在1940年9月10日《关于时局趋向的指示》中再次指出，"中国民族资产阶级以孙科、冯玉祥、李济深、于右任、陈嘉庚、陈光甫、黄炎培……为代表，这个阶层至今基本上还没有政权，还是我党较好的同盟者"，是"要求亲苏和共与政治改良"的一派。应该说，这个评价是比较恰当的。

抗战后期，大后方民主运动日甚，孙科也积极投身其间，一方面与民主人士多有来往，另一方面又言辞犀利地要求当局开放民主，其政治态度表现出十足的开明与进步，被誉为国民党内的民主派。孙科激进的言论，赢得了民主人士的一片喝彩，但令蒋介石不悦，指责他"诬蔑政府，与中共合作，以俄人为后盾，意图夺取国府主席"。其实，孙科绝无此心，只能说明他当时立场和感情的偏好。

孙科的政治态度发生质的转变，始于1943年底他发表的一篇文章。在12月5日《中央日报》上，刊载了他《实施宪政的几个问题》一文，他表示，全力争取抗战胜利是为首要，而当"民族主义完成后就须加速实行民权主义"，因此必须把宪政提上日程。他提醒当权者，"如果我们把宪政实施一天天耽搁下来"，"是很危险的一件事"。针对国民党顽固派坚持一党专政，他直言，"一党多党问题，就是民主政治问题"，言外之意，必须速开党禁，"应该有旁的政党参与国家政事"。

1944年元旦，孙科在电台发表《认识宪政与研究宪草》的广播讲话，希望全国同胞协助宪政的推行。这之后，孙科在不同场合，或演讲，或撰文,呼吁实行宪政。2月23日,孙科发表了《政治民主化、经济计划化》的演讲,认为"抗战结束以后,我们努力的方向,就是怎样来实现民权主义和民生主义","建立真正主权在民的民主国家"。强调政治作风"必须民主化,国家前途才有办法"。4月4日,孙科在家主持宪政促进会,讨论关于知识分子对国民党政府不满、要求广开言路以及出版自由问题。4月22日,孙科在重庆保险学会上发表《自由组织》的演讲,对国家组织、言论自由和经济管制提出了批评:"我们许多应该统制的不统制,或统制得一塌糊涂,不应该统制的却统制了,而且很有效果,一如言论统治。"5月14日,孙科在宪政座谈会上再次发表讲话,表示"政治自由与经济自由的获得,人民若不去要求,若不能用和平方式去争取,一味坐在房子里等人家给你,是一辈子也得不到的"。7月7日,孙科在《大公报》撰文,呼吁尽快实际施行民主政治。9月18日,孙科在中山学社第四届年会上发表《世界潮流和我们的作风》的演讲,表示"国家的事实要国民大家来负担,不是以少数人来独揽,就是要实行民主政治"。10月,为庆祝"双十节",他又发表了《民主世界中的民主中国》一文,主张"提早结束训政,召开国会大会,制颁宪法,改组政府,实施宪政"。

是年,当中共提出联合政府的主张后,孙科在民主的道路上更进一步,公开表示支持中共的这一主张。1945年4月3日,孙科在重庆基督教青年会发表《怎样促进民主》的演讲,表示,国内团结统一问题,"只有民主方式才能解决",直言"民主政治一定要允许反对意见的存在",并强调"促进民主是不能靠官僚来做,要靠人民的力量"。

身为国民政府立法院院长的孙科,醉心于民主,他不附和蒋介石一党独裁的论调,赞成组织联合政府参政,各党各派都有发言权,这在国民党高层人物中实属少见。对孙科所表现出的这种民主政治态度,中共给予了肯定,并且十分重视。中共南方局在向中央汇报同国民党谈判的情况时就曾专门谈道:孙科等同我们看法一致,认为蒋介石无谈判诚意。中央在回电中要求南方局继续推动国民党民主派。

中共为了争取孙科,希望他能在国民党内推进民主,多次派人就一些重要问题与他会商,征求意见。1945年1月26日,周恩来造访孙科,双方继续就党派会议问题进行了长时间的接洽。两日后,孙科宴请周恩来等人,并商谈国共关系问题。2 月 24 日,周恩来又回请孙科等人,并通报了最近国共谈判经过及前一天同蒋介石会晤的情况。这一切,都表示出中共对孙科足够的尊重。

对于孙科在抗战中以及抗战后期倾向民主的表现,中共表示欢迎和支持,并为此专门制订了一个推动其更进一步的工作方针,取得了一定的实效。

抗战胜利后的 8 月 28 日,毛泽东应蒋介石之邀,飞抵重庆谈判。经过 43 天的激烈交锋,于 10 月 10 日签署了《政府与中共代表会谈纪要》即《双十协定》。国共两党确认"坚决避免内战","以和平、民主、团结、统一为基础,建设独立、自由和富强的新中国"。双方商定召开政治协商会议,要求各党派代表及社会贤达与会共商国是。孙科对此结果深表满意,他在 11 月 12 日纪念孙中山诞辰大会上发表《和平统一和平建国》的演讲,呼吁各党派"相忍相谅,相恕相让",从而达成和平统一和平建国的目的。他告诫国共,"不要因争小我一时的得失,而危及国家民族久远的前途"。

1946 年 1 月 10 日,政治协商会议在重庆召开,孙科作为国民党代表团的首席代表参加会议。在讨论宪法草案时,孙科作为具体主持人作了说明。由于《五五宪草》由国民党一手包办,充满专制主义色彩,因而遭到各方面的强烈抨击。崇拜英美式民

罗隆基

主的民盟代表罗隆基、张君劢等人利用这一机会，提出"调和中山先生五权宪法与世界民主国家之宪法之根本原则"，据此思路，综合各党派的意见，最后形成"宪草"修改原则十二条。孙科作为国民党的代表，又是制定《五五宪草》的负责人，也欣然表示完全同意。究其原因，孙科对蒋介石独裁不满，若联合政府成立，总统一职非蒋莫属。他只有在宪法上做文章，缩小总统在宪法上的职权，实行责任内阁制，即使蒋身居总统，但位高而无权。这表明，孙科还是趋向于民主的。1月31日，政协会议闭幕，相继通过了一系列法案。对于政协会议所取得的成果，孙科表示满意，在2月8日张治中主持的庆祝政协会议成功的联欢会上，孙科应邀讲话，他批评了政协会议是"中共的成功"以及"是国民党的失败"这一论调，指出，"让出一半给国民党外人士换得了中国的和平统一、民主建设回来，这是国民党几十年奋斗要达到的目的，这是在五十年来各方面大失败中求得的。今天起才算是成功，是胜利。这种成功和胜利，不但是党派的成功，而是全国人民的成功，大家的胜利"。不能不说，当时的孙科，表现出明显的进步倾向。

政协决议遭到国民党强硬派的反对，蒋介石于2月10日约集国民党军政负责人谈话，对政协通过的宪法草案发表了十二项意见，要求按照孙中山的五权宪法原则修改政协宪草修正原则。对此，孙科坚决不同意，认为政协决议"彼此曾郑重起立表决"，不能单方面撕毁，表示出坚决维护政协决议的态度。

针对国民党右派反对政协决议，孙科发表了《建国时期的中国国民党》一文，再次肯定政协会议的积极意义，在于"政治上踏上新阶段的问题，也是中国'建国必成'的保证"。认为这次决议"是国民党的成功，同时也是国民党的光荣"，"国民党是一无所失！"

在国民党六届二中全会前夕，在"三民主义同志会"王昆仑等人的策动下，由孙科、李济深、冯玉祥等国民党民主派出面，邀约国民党上层人士在重庆秘密聚会，一致批评蒋介石的独裁统治，对其破坏团结表示极大的愤慨。会上，提出"党务改革方案"，设想以孙科为首，争取同意该方案的国民党中央委员和高层领导的多数，共同签名向国民党六届二中全会提出，选举孙科为国民党领袖，罢免蒋介石，以达到改造国民党之目的。

3月1日,国民党六届二中全会开幕,7日,孙科作关于政协协商会议的报告。在他看来,会议完全达成了预定的任务。但在全会讨论时,与会代表对政协决议多持异议,而政协"宪草"尤为攻击的焦点。党内强硬派还对孙科等人进行了猛烈攻击。孙科等人则多次发表谈话和文章,肯定政协会议"成就很大",并告诫国民党强硬派:"凡属协商会议所协议的条款,至少在各党派间,是彼此都应该互信其能履行,绝对避免彼此作恶意的推测",力图维护政协决议。然而,事出意料,全会于3月16日通过了《对于政治协商会议之决议案》,从根本上推翻了"决议"所形成的民主原则,孙科争取国民党走向民主的努力化为泡影。

总的说来,重庆谈判、政治协商会议前后,孙科致力于和平运动,不顾国民党强硬派的反对,仍争取国民党走向民主,有着积极的意义。其作为可圈可点。

四 卓有见地

抗战后期,日本法西斯已现颓败之势,关于战后安排的问题日渐重要,特别是战后对日处置问题,与中国关系尤为密切。孙科作为国民党中抗日派的重要代表人物,这一时期的主要精力是密切关注着战局演变和国际战略问题,从1941年9月至1943年10月,他以国民政府立法院院长的身份,先后在美国、香港地区、国内或公开讲演,或发表《彻底毁灭日本寇国》《消灭日本天皇》等文章,明确地提出了彻底清算日本军国主义的主张。指出对于日本军国主义,必须"断然予以破坏,永使绝迹",并对同盟国内一些人在这类问题上的各种错误主张如"中国威胁论"、保留部分日本实力的"国际均势论"、阻碍中国收复台湾的"台湾国际共管论"等进行了批驳,表明了中国方面的基本立场。由于孙科在国民政府身居要职,这些言论在某种程度上代表了中国的立场,因而在当时产生了较好的影响,中共《新华日报》曾几次转载了他的有关文章。他的主要观点如下:

一、中国应该收复自甲午战争以来被日本掠夺的所有失地。1942年7月7日，孙科在《我们的最后胜利就在眼前》一文中指出，日寇的最后覆灭，只待时日，到时候，中国不但要恢复"九一八"以来之失地，而且要恢复至甲午战争之前。就是说"甲午之战所失去的台湾及澎湖列岛，日俄战争被掠夺的旅顺、大连与南满铁路。'九一八'被侵占的东北四省，'七七'后被敌寇一时所蹂躏之沦陷地区，都一起归还中国"。

对于收复失地的范围，当时出现异议而有损中国主权的主要是两个地区。一是东北。美国有人在报纸上公然主张战后东北应划归苏联版图。对此，孙科驳斥道：中国所以最早起来抵抗，单独进行反法西斯侵略的战争，其起因即为"九一八"事变日本侵占中国东北。东北数省是中国领土，日寇侵占以后，更以之作为威胁中国的根据地，"若反侵略同盟国共同击溃日寇，获得最后胜利以后，中国而仍不能收复东北失地，则中国抗战究竟尚有何意义？"他主张中国在克服一切困难、彻底击败日本之后，一定要收复东北。从后来《雅尔塔协定》的有关条款来看，同盟国国内关于苏联的东北特殊权益之议，并非是空穴来风，孙科的担忧不无道理。

另一地区则是台湾。还是美国人，出版了一本题为《太平洋关系》的小册子，公然提出战后"台湾国际共管论"，台湾"不宜划为中国领土之一部，台湾居民亦不得投票，要求归回中国"。

尽管国民党长期依赖于美国，可以说"相交甚欢"，但有一点，国民党还是保住了最后的底线，这就是主权的统一和领土的完整。

偌大一个中国是块肥肉，诸强谁不觊觎？美国也不例外，它妄图分离和享有我国宝岛台湾的图谋由来已久，早在19世纪60年代第二次鸦片战争时期就已暴露出来，只是由于种种原因，使日本捷足先登。第二次世界大战结束后，中国政府根据《开罗宣言》和《波茨坦公告》，于1945年从日本手中接收了台湾和澎湖列岛。但随着国民党政府对台湾统治的危机、中国国内人民解放战争的胜利发展及新中国的建立，美国适应冷战的需要，也为了保持其在台湾及整个亚洲的利益，即有意把台湾从中国分离出去，并为此炮制出一个又一个分离台湾的论调。

对此，孙科更是明确表示反对，11月13日，他在《中央日报》、《扫荡报》联合版发表《关于战后世界改造之危险思想》一文,对其加以痛斥,并要求收复台湾,这是中国批"共管论"的首篇重要文章,中共《新华日报》曾全文予以转载。由于中国人民的强烈反对,经过国民政府的外交努力,苏美英等国均接受了中方的这一要求。

国民党虽然依靠美国打内战,并依赖于美国的援助治理台湾,但是对美国分离台湾的言行保持着高度的警惕。从 20 世纪 40 年代中期到 50 年代末的 10 多年里,先后五次反对、抵制了美国的这种企图,坚守了一个中国的立场和原则。

其后在 1948 年 3 月,孙科作为国民政府特派人员,专门到台湾调查有关"托管运动"。说到"托管运动",需先交代一下它的来龙去脉。国民党政府接收台湾不久,由于在岛内施行强权,镇压民主,结果导致 1947 年台湾爆发"二二八"起义。美国借口台湾局势不稳,为防止共产党控制台湾,再次提出台湾由"联合国托管",并进行了具体策划。

这年 3 月,美国驻台北"总领事馆"的官员就向华盛顿建议,称目前台湾在"法律上"还是日本的一部分,用联合国名义进行直接干涉,直至有一个"负责的中国政府",根据有关文件正式接收台湾这一事实,这是为"联合国托管论"的先声。5 月,刚卸任的美国驻台湾"副领事"柯乔治为了阻止台湾可能向共产党控制的情况方面发展,提出台湾必须置于联合国监督之下。当时,有许多美国驻华机构参与策划和鼓噪"托管运动"。

美国此举不仅招致旅居上海、南京、北平及香港各地台胞的一致谴责,更引起国民党蒋介石的高度警觉。当时,上海《新民晚报》刊载文章,抨击"托管"论调,指出美国一部分别有用心之人,利用目前中国的危机,积极争取台湾上层人士,推动台湾"托管"。文章揭露了美国在台湾建立空军基地的情况以及美国某些人士有关"托管"的言行。是年 12 月,台湾省主席魏道明陈述,说台湾脱离祖国而愿受外国的统治这一说法,是对台湾人民的侮辱。并指出,台湾问题早已决定,《开罗宣言》已明确指出台湾应归还中国。最后他表示,坚决反对在对日和会上讨论台湾问题,如果发生这种情况,台湾人民和全体中国人民将不惜为之流血斗争。

孙科一到台湾就举行记者招待会，公开点名谴责美国领事馆及美国新闻处。与此同时，国民党的情报机构也查出"托管运动"的底细及美国插手的事实。美国某些人策划的"托管运动"，最终未能得逞。

二、彻底消灭日本的陆海空军，解散其军事教育机关，以褫夺日本法西斯赖以发动战争的资本。孙科对这一主张，做了极为具体的阐述。

孙科指出，"敌人的陆军，我们虽有力量来应付它，但是今后要使日本不能再有侵略中国的力量和野心，必须……解散其全部的陆军……兵工厂全数拆毁，五十年内不许他有一个兵，只许以警察来维持治安，因为日本是一个侵略成性的国家，他的武装不是拿来自卫的"。对敌海军的处置。孙科认为，彻底摧毁日本的海军对中国有着特殊的重要意义。因为我们没有海军，敌人残余的海军船只，在英美用不着，我们却用得着，应该全部送给中国，免其死灰复燃。同时为防止敌人在战后重建海军，"日本国内所有的海军要港，军事设备，须全部撤废，海军教育，须完全停办，五十年内，不许他再建海军"。而"日本空军须全部解除武装，所存残余军用飞机须全部拆毁，日本国内飞机制造厂完全拆卸，航空学校须全部解散，五十年内禁止日本制造一切航空器材"。还有一点至关重要，那就是必须使日本的"军事教育完全停办"，"使他的国民不受军事教育"。因为"日本人民给予世界的印象是一个好战的民族，但好战心理并不是日本人民的天性，而是黩武主义教育的结果，……从这种教育熏陶出来的人民，显然会成为世界和平的阻碍"。同时，日本应对其战争罪行进行深刻反省。

三、惩办日本战争罪犯，解除其工业武装，根绝日本法西斯对世界和平构成的威胁。孙科在1943年7月7日《彻底毁灭日本寇国》一文中指出，反法西斯国家应当吸取上次大战的两个教训，一是战胜国虽然限制了德国的军备，但却没有彻底摧毁德国的军事机构，二是虽然削弱了德国的经济力量，却没有解除德国的工业武装。因此，为了将来在战胜日本后不重蹈覆辙，一定要做到这样两条：

从惩办发动侵略战争的日本军事干部着手，警惕日本少壮军人的重新崛起。"对于那些发动战争的祸首，应执行惩罚，使他们的党徒永不敢再作侵略邻国的梦想。"尤其是一批沉醉于战争冒险、作恶多端的少壮军人,更是不可令其逍遥法外,"现在日本的军事干部,年龄高的虽已不少,可是还有一批少壮军人,具有军事的智能和侵略的野心,将来虽然失败,过了相当时间,可能像过去的德国一样,能够恢复过来,为我们心腹之患。所以我们在以后必须设法消灭他们的力量,使他们不能有所作为,无法组织强大的军队"。

孙科甚至还建议,将日本将级军官全部杀死。据当年美国驻华大使高思1943年在重庆呈给美国国务卿的一项报告称,"孙博士建议粉碎日本军事组织,包括准将以上军官全部处死,少尉以上军官全部监禁,士官予以放逐,将日本解除工业武装,包括铲除全部重工业"。他的这项建议,是写在"中山文化教育研究会战后世界建设研究社"的一篇报告中,他当时是这一机构的主持人。孙科这项粉碎日本军事组织的建议,完全符合抗战时代的士气民心。当年外交部情报司司长邵毓麟也曾写有一篇文章,题为"如何清算日本",登在重庆的《大公报》上,他曾主张,除非彻底消灭日本陆军,不足以赢得战争。但在战后,这种士气民情,为最高当局的"以德报怨"所抵消。这使孙科感慨不已,世人亦多有同感。

在孙科看来,必须解除日本的工业武装,这是恢复日本军事发展的关键一环。包括(1)摧毁日本残余的军事工业、重工业和机械工业,或则加以销毁,或则输出国外,"以抵偿日寇所破坏的同盟国家的工业的损失"。"在我们战胜以后,把他们的工厂接收过来。……在日本境内凡与国防军备有关系的工业,在战后必须完全由我们控制。……使日本军阀,在战争失败以后,再无法利用这些工厂来重整军备,重新破坏东亚乃至全世界的和平。"(2)限制日本的轻工业。"使日本的工业只能从事日用必需品的制造,而且生产的规模要有一定的限制。这种处理的目的在使日本没有重整军备的机会,也不能在民生工业的装饰之下复兴军事工业的基础。"

与上述主张相关联,孙科对美国某些人主张战后仍需扶植日本、恢复其军力,以牵制中国的"国际均势论"进行了驳斥。战争还在激烈地进行之中,美国学者就著述说:从现实主义的立场考虑,"一个强盛的日本和一个强盛的中国,对于美国都是有威胁性的,所以此次于击溃日本后，还须与日本提携，以恢复它的军事力量。这一来可以使将来中国和日本互相牵制，才能够维持远东的和平"。对此种论调，孙科极为反感，他认为："所谓新的均势实在是陈旧的滥调，无异于纳粹德国地理政治学派理论的重唱。"这种主张，"一切都以自己的利害得失来权衡"，今日联甲制乙，明日联乙制甲，是一种对世界和平十分有害的帝国主义思想。

四、关于日本必须对发动侵略战争造成的损失做出赔偿。关于战后赔偿问题，孙科提出了 4 点要求，除了从中国掠夺去的以外，主要是以部分实物赔偿。这与日本近 50 年来对中国的掠夺和战争破坏、与日本从中国榨取的巨额战争赔款比较，实是微不足道。而且也未提及战后赔款的问题。尽管如此，日本在战后连这一最基本的要求，也没有做到。

五、为保证上述条件之实施，中国必须拥有对重建战后世界秩序特别是对日处置的发言权，中美等国对日本实施军事和行政的监督，使军阀统治下的日本由此走上民主化的道路。

针对同盟国内某些人在关于战后世界问题的议论中，散布所谓"中国威胁论"这一危言耸听的论调，宣称中国强盛后将会对世界和平构成威胁。对此，孙科在不同场合多次予以抨击："若就战后世界建设的理想来说，我们还是不免孤立之感。这是因为有些盟邦人士，有如我最近讲演中所提过的，幻想中国强盛后会给世界威胁。说到这里，不由人想起被蛇咬过的，见了绳子也害怕的谚语来。实则，绳子绝不会咬人，害怕只是神经过敏的结果。"孙科强调，"世界最爱好和平的民族，要推中华民族"。中国自古以来就不是一个对外侵略扩张的国家，中华民族向来以和平亲善态度与其他民族友好相处，中国强大之后不仅不会对世界和平构成威胁，而且必将成为维护世界安全的重要力量。倘若因为担心中国强大而排斥中国对于战后世界问题的发言权，是极不明智的。"如果战后的和平事业，不尊重拥有世界人口五分之一的中国的意见，或者不让中国有绝对平等的机会致力于这一事业，那么这一事业的基础就一定不会十分稳固。"这"并不是单纯出于为中国着想，而是纯粹出于为全世界的永久和平着想的"。

　　孙科提出中国参与战后国际事务的权利，其中一项重要内容就是参与对日处置。就中国而言，在当时是至关重要又亟须解决的问题，中国是遭受侵略最为惨烈、损失最为严重的国家，因而也最有发言权："亚洲方面解除武装的侵略国，当然只有日本，而有充分的权力与力量，来提出很有效的彻底解决日本武装方案的，当然是中国。因为中国受日本的侵略最久，而抵抗侵略也最烈，知道日本的野心最深。"对此，孙科指出，战后要从军事和行政两方面对日本加以必要的制约：

　　在军事方面，中、美等联合国家，为保证日本对于各条件之忠实履行，必须派遣联军，驻扎东京等日本大城市。联军驻日给养费用，由日本政府负担。

　　在行政方面，联合国家，尤其中、美两国，在占领日本后，"必须建立管理与指导之机构，以助日人树立其民主制度并助其发展"，由四强协力把军阀统治下的日本改造为民主的日本，"非但是要铲除他们穷兵黩武的思想，并且要根除他们的独裁主义。就是要把他们过去政府的组织和作风改变过来，成立民主的新政府，使他们的人民有权，能过问政治"。

　　对富于侵略扩张的日本，在其从根本上改弦更张之前，急于让它复苏的主张，孙科不予赞同，认为这将成为和平的隐患。他指出："有人以为我们不应使日本在战后过于穷困，甚至慷慨建议应让日本在中国获得一部分市场——这实在是有碍将来和平的思想。我们对于日本人民没有仇恨，我们决不愿使他们受冻。然而为了远东的永久和平，我们一时却不得不使日本国家尝尝穷困的滋味。"因为"在传统的侵略政策未彻底肃清以前，富裕的日本必将促使日寇侵略野心的复活"。孙科指出，这一问题如果不作彻底的解决，"日本将来还是要发动侵略战争，那时我们所遇到的困难，恐怕比这次抗战中所遇到的还要重大"。孙科对日本军国主义复活的担忧，很有前瞻性，未雨绸缪，它提醒人们对此保持高度警惕，这是非常必要的。

　　孙科提出上述关于战胜日本军国主义并防止其复活的主张，不仅细致入微、内容全面，而且很有见地，显现了他深厚的学养和敏锐的洞察力。从其个人主观因素看，这绝非偶然，它与抗战中孙科一贯坚持抗日爱国的立场，坚持对苏友好，与中共较能协调关系是分不开的。同时，这也与他注意研究国际局势和国际战略问题，对国际风云和国际舆论有较为准确的把握和了解分不开的。在民族危亡以及战后对日处理的关键时刻，孙科极具爱国情结。

五　亲苏和共

在亲苏友好合作方面，孙科也积极主张"以彻底抗日为目前外交上主要方针……积极进行中苏邦交之恢复"。中苏邦交自1927年国民党"清党"以后，早已断绝。1931年"九一八"事变爆发，中日关系恶化，客观上推动了中苏关系的改善。政府为争取别国的支持和帮助，有意恢复中苏邦交。在恢复中苏关系问题上，孙科是积极的倡导者。

30年代初，权衡国际局势，孙科就充分认识到对苏联外交的重要性。从联合苏联钳制日本的角度出发，希望蒋介石能早日促成中苏复交。这样，对日在华势力能起到一定的遏制作用，并由此可能引发苏日间的冲突，以减轻日本对华的压力。蒋介石正是从孙科等人的这一考虑出发，同时，也是迫于国内外舆论的强大压力，才在1932年12月12日与苏联重续旧缘，恢复大使级外交关系。

复交后的中苏关系，主要是围绕着中苏条约的签订问题而展开。缔结《中苏互不侵犯条约》最早是由中方提出，但后来蒋介石、国民党却蓄意拖延关于缔结协定问题的谈判，这主要担心会影响到中日关系。他们既想同苏联结盟，以抗衡日本；又不想立即正式缔约，导致日本与苏联两国关系恶化，刺激日本，反倒加深中日矛盾。因此，国民政府如同走钢丝，搞起了平衡外交，在与苏联改善关系的同时，也同日本进行谈判。这既暴露出国民党对苏联的不相信，又表现出对日本所抱有的幻想。在这个问题上，孙科的看法颇有见地，他在回顾"九一八"这段不幸历史时，深感"假使当时中苏关系不恶化，1927年没有反共绝共的事件，两国维持友好的革命外交关系，以苏联为与国，也许敌人对我不敢发动侵略。因为敌人知道已与其革命过程中的唯一与国断绝关系，乃胆敢施其侵略野心"。应该说,孙科的这一分析很有道理。在中日关系问题上,苏联是一个权重砝码,当初蒋介石忙于内战,根本考虑不到远虑,而急于顾及近忧,因为这直接关系到他的权力和地位。但是,日本侵略之心不死,发动侵华战争,则是历史的必然,最终它还是要危及国民党政权的存在。因此,蒋介石还算不上是一位高瞻的政治家,至多是一个枭雄。其国际政治远见有所欠缺。

"七七事变"的爆发,打破了国民党的这种平衡策略,也给蒋介石一记响亮的耳光。而英美又推行绥靖政策,在中日关系问题上态度暧昧,无奈之下,蒋介石、国民党只有转向与苏联交好。孙科抓住这个机会,力劝蒋介石放弃对日幻想,尽快与苏联缔约,而他本人也多次代表国民政府,与苏联驻华大使商谈缔约事宜,表明了中国政府的态度。

在民族危机空前严重和孙科等国府要员积极推进的双重因素下,蒋介石终于同意,并于1937年8月21日签订了《中苏互不侵犯条约》。从中苏复交到签约,孙科为促使蒋介石放弃幻想改变政策做了大量工作,为中苏关系的彻底改善付出了艰辛的努力。

抗战期间,孙科不仅作为蒋介石的特使直接参与对苏外交,还间接从事中苏间的交流活动,他担任"中苏文化协会"会长,就是其中之一。

1935年10月25日,"中苏文化协会"在南京华侨招待所召开成立大会,出席会议的要员有250多人,苏联驻华大使鲍格莫洛夫等都应邀参加。蔡元培、于右任、陈立夫、颜惠庆、苏联科学院院长卡尔品斯基为名誉会长;苏联对外文化联合会会长阿洛雪夫及该会代理会长车尔尼雪夫斯基,著名政治家、前中山大学校长拉狄克,苏联戏剧家、北京大学教授特列恰可夫为名誉会员。理事由中、苏两国著名人士担任,孙科出任会长。

协会的宗旨一是"把中国固有文化,以及新兴的抗战艺术作品,整理搜集起来,介绍到苏联去,使苏联友人时时明了中国固有文化之价值,及如何在艰苦奋斗中尚能支持文化工作";二是"把苏联方面的文化动态及文集成绩,介绍到中国来,使中国同胞更可以认清苏联"。协会机关刊物为《中苏文化》,孙科为其题写了刊名。

苏联方面显然把孙科担任会长视为协会工作的一个重要标志,诚如苏联对外文化联络委员会会长车尔尼亚夫斯基给他的信中所说："复以阁下勋望崇隆，群伦领导，把握中国文化界之权威，与举国仰戴之领袖，出面任此使命。"而事实正是如此，有孙科担纲，协会活动得以顺利展开。

中苏文化协会得到两国政府的支持和认可，其活动多具官方色彩。自协会成立以来，为增进中苏文化的交流和了解，做了一系列推广工作。首先从故宫博物院挑选了一部分珍贵文物，并从各地征集了反映中国人民英勇抗战的艺术作品，于1939年在苏联举办了一个大型的中国文艺展览会。1940年又举办了两次中国艺术展览。其次，通过举行联谊会、展览会、放映苏联影片、组织社会力量译介苏俄文学作品等，介绍苏联的情况。

中苏文化协会因只言抗日和中苏友好，规避了国共意识形态上的分歧，且国共两党以抗日为主旋律共同营造这块园地，故其工作开展得有声有色，起到了一个平稳社会情绪、营造团结抗日气氛的作用。会刊《中苏文化》所载文章，覆盖了苏联军事、政治、经济、科学研究、文学艺术等各个领域的内容，其办刊方针，与孙科在抗战中对苏联的态度有直接关系，它及时传达苏联人民的真挚情感，不言对苏不利之词。

孙科努力利用《中苏文化》杂志和中苏文化协会这个窗口，配合国民政府的对苏外交，将它们作为传达中苏关系动态的一个重要阵地。协会活动和杂志载文都以从抗战大局出发，围绕维护中苏关系这一中心为出发点而展开。协会是孙科经常发表讲演的地方，而会刊则及时予以报道，以孙科的身份与地位发表友好言论，无疑有利于维系两国的正常关系。

宣传中苏共同抵御法西斯，是孙科这一时期有关活动的主旋律。他尽可能以自己的言行，去消除人们对苏联的非议。其后，他也一度以世界民主潮流的广阔视野，希望改善与中共的关系。这些，对于动员舆论和维护抗战大局起到了积极作用。

在日本发动全面侵华战争的危急关头，孙科从战略高度审视中苏关系，认为加速与苏联结盟的步伐刻不容缓，他及时向蒋介石提出建议，争取尽早与苏联缔约。由于孙科身兼"中苏文化协会"会长，苏联方面反应甚佳。因此，当局认为以孙科从事中苏之间的外交活动最适当，先后三次任命孙科为特使出访莫斯科。在争取苏联对华军援的谈判中，他起到了至关重要的作用。

缔约后，为了争取更多的苏援，蒋介石决定派孙科率团访苏，这是蒋介石展开高层外交活动的一个组成部分。旨在通过中苏间的高级会晤，增进和加强两国关系，得到援助，甚至还希望孙科说服苏联参加对日作战。

1937年12月27日，孙科第一次访苏。他从重庆乘飞机，然后取道荷兰、柏林、华沙，于次年1月17日抵达莫斯科。

21日，在与苏联副外交人民委员斯托莫尼亚科夫的会谈中，孙科表示，他始终认为，中苏两国应保持密切关系，这将有助于远东和平，使日本望而生畏。孙科还说，中国人民在抗击侵略者时，得到了苏联的同情和支持。如果这一援助将持续的话，中国很快就会取得抗战的胜利。孙科告知此行访苏的目的，就是探讨与苏联进一步合作的可能性，它不仅针对现在，而且旨在未来稳定远东和平的共同基础。显然，孙科不仅考虑到战时，更是从战后长远的意义上去发展中苏关系。为了巩固中苏关系，苏联方面主张先签订一个互不侵犯条约。孙科及时将苏联的意旨呈国民政府，并在得到指示后不久便履行。

2月初，苏联党政军首脑斯大林、莫洛托夫、伏罗希洛夫等人会见了孙科。斯大林对中国抗战的决心和勇气推崇备至，并对中国将士和民众表示崇高敬意。他表示，"只要中国坚持抗战到底，并且不为暂时的挫折和敌人占领领土而泄气，那么，最后胜利就一定是中国的"。这次会见，虽然没有解决实质性问题，但加强了中苏间的友情，极大地有利于争取苏援。

孙科于2月下旬离开莫斯科赴巴黎，在法国展开抗战外交活动。不意，因为苏联给中国的第一笔贷款已用完，受政府之命，孙科于5月16日再次返回莫斯科，与苏方商谈第二笔贷款事宜。孙科立即晤见斯大林，他表示，中国借款已超过中国法币1亿元，可将第一笔贷款改作5000万美元，相当于2亿元法币，同时再给予第二笔借款5000万美元。斯大林慷慨解囊，及时帮助中国解决购买军火的问题。

1939 年 4 月，孙科第三次访苏，主要目的还是商谈苏联援华贷款。孙科于 4 月 7 日抵达莫斯科。此行的时机非同寻常，当时欧洲局势日趋紧张，苏联政府的主要精力全都聚焦于此，对远东和中国事务的关注开始减弱，同时英、法两国代表团为能与苏联缔结军事协定也在莫斯科频繁活动，因而这次出访不甚顺利，孙科一直未能与苏联最高领导人会晤。孙科有些焦急，遂电告国内。蒋介石回电，劝他"忍耐进行，继续交涉，以期有成"。

数周以后，孙科得以与斯大林会晤，尽管苏联外交政策的中心已转向欧洲，但援华政策并未改变。斯大林在询问了中国抗战情形后，欣然同意向中国提供第三笔 1.5 亿美元的贷款，并当即嘱咐苏联对外贸易委员米高扬与孙科签订合同。

会晤中，孙科还提出了签订中苏商约。有关这一问题，在中苏复交后，苏方首先提出，由于蒋介石在发展中苏关系上过于滞后，而亲日派汪精卫等人又从中作梗，所以迟迟未能缔结。全面抗战爆发后，苏联大力援华，中国需偿还贷款，双方经贸往来频繁，迫切需要有一个商业性条约，为其活动提供保障。斯大林听完了孙科的陈述后，指示米高扬具体负责此事，希望中苏两国能早日缔结商约。

孙科与米高扬就中方拟就的商约草案进行了充分讨论、修正，6 月 17 日，孙科代表中国政府与苏联正式签字。孙科第三次访苏，虽费时多日，但还是成功缔约。在日本封锁海岸线的不利情势下，这份商约使中国保持对外贸易渠道的畅通，这对中国政府的抗战多有裨益。

由于中苏关系的发展和苏联向中国提供贷款，使得中国政府能够向苏联购买大批武器弹药用于抗战。据统计，从 1937 年 10 月到 1941 年，中国向苏联购买的飞机共 1235 架，各种口径的大炮 1.6 万门，汽车和拖拉机 1850 辆，各种型号的机枪 1.8 万多挺，子弹 1.8 亿发，飞机炮弹 3.16 万枚，普通炮弹 200 万枚以及其他装备和器材。孙科造访苏联，并经他的努力，使中苏友谊更进一步，由贷款而武器，中国军队得以有精良武装，这对坚守国土和抗击日军，贡献良多。

7 月，孙科离开莫斯科到法国，不久，苏德签订互不侵犯条约，这令蒋介石大为不安，孙科奉命四度赶到莫斯科。8 月 27 日，他会见苏联副外交人民委员洛佐夫斯基，探寻苏联对远东形势的看法。在苏方看来，苏德条约暂时缓和了国际紧张局势。孙科则表明中国所关心的两件大事：一是有传闻苏日将要签订互不侵犯条约；二是日英有可能签约妥协。无论任一情况出现，对中国都不利。他再三强调，中国不希望看到任何伤及中国利益的情况出现。国家利益至上，苏联也概莫能外，面对于此，孙科也无能为力。

抗战爆发后，鉴于中国军队的实力，恐难对付日军，蒋介石曾迫切希望苏联能直接出兵参加对日作战，并把苏军参战与否看作是中国抗战成败的一个关键因素。对此，孙科一方面积极努力，同时，他又理智而客观地分析了国际形势，深感国际援助当然非常必要，但取得胜利的关键，还得依靠自己。

对苏军是否参战问题，1936年底，时任中国驻苏大使蒋廷黻在了解了苏方意图后，就曾预见苏军不会介入。但这一观点非但没有引起蒋介石的重视，还被他认为是"误解苏联的意图"。蒋介石显然对全面抗战并无把握，急盼苏军能出兵参战。其后，蒋廷黻解职回国，继任大使杨杰曾多次向苏方领导人提出苏联参战的请求，均遭拒绝。一来苏联自身所处的局势不容乐观，它在欧洲战场的压力非常之大，如果与日本发生冲突，势必会分散它有限的兵力，二是远东危机尚未直接影响到苏联的利益，一言以蔽之，苏联不愿两线作战，这样代价太大。

对于苏联参战问题，孙科最初也极力主张。他在与苏联驻中国大使的会谈时就提出，如果目前的危机持续增长，中国政府是否可以期待苏联政府会将军队自满洲边境进行某种调动。言下之意，苏军会不会对日参战。1938年，孙科首次访苏，通过与苏方领导人的会谈，了解到第一手情况，他的看法随之改变。站在中国的立场上，他当然希望苏军参战，以助中方一臂之力，共同抗击日军。而从苏方的角度看，苏联也愿意始终相助，促我胜利。问题是现在的时机尚不成熟，若单独出兵参战，反倒促成日本上下同心，促使德意法西斯加紧与日本之间的勾结，分裂国际社会对中国的同情，引起"苏联助我赤化"之误会，对中国抗战反倒不利。如果经过国联决议制裁，同时得到英、法、美诸国一致意见，始能动兵。应该说，孙科的分析合乎情理，他的看法最终为蒋介石所接受，在促成其进行积极有效的抗战的思想转变上，起到了一定的作用。

孙科认为，就目前的局势，争取更多的苏援，比苏联出兵更为现实和急需，不能指望将中日战争转变为苏日战争。发生在中国大地上的中日战争，中国人还是要唱主角，完全依靠别人绝对不行。孙科考虑更多的是从现实出发，因而能够理智地面对。

孙科访苏，不辱使命，圆满完成任务。他先后争取到苏联2.5亿美元的贷款和军事上的大量援助，缔结了中苏商约，促进了中苏经贸往来。孙科在处理对苏联外交中的技巧和高超的驾驭能力，得到充分的展示，贡献巨大，这不仅对中国抗战有极大的帮助，更坚定了孙科积极抗日的信念，成为国民党中的"亲苏派"。

但在与苏联关系问题上，蒋介石除了希望与苏联重归于好、得到有力的襄助外，还另有所图，这就是"联苏反共"。对于这一隐秘，孙科并不知情。蒋介石是反苏反共老手，说他"联苏反共"，世人多有不信。可实际上，在1935年以后的很长一段时期内，蒋介石确实运用过这个策略。在他看来，只要有助于抑制、消灭共产党，无论是联合苏联也好，反对苏联也罢，都是可行的。

从当时的局势来看，希特勒咄咄逼人，剑拔弩张，苏联担心自己会面临德国和日本东西两面夹击，为摆脱腹背受敌之困，苏联也希望与国民党政府联合，牵制日本，缓解自身的压力。苏联在处理国家利益和意识形态分野的政党利益上，首先考虑的是国家利益。而苏联一旦倚重国民党，就不能不与中共保持距离。而对蒋介石来说，既反共又反苏，必然强化苏联对中共的支持。基于这一点，蒋介石才同意与苏联复交，并以此为筹码，以争取得到苏联的支持。后来的结果表明，在对华援助上，斯大林怕给中共以援助，会开罪蒋介石，造成中苏关系紧张，妨碍联合制日的策略，因此大力支援蒋介石政府，飞机、大炮等军事物资源源不断输入中国，仅1937—1942年间，就向蒋介石提供贷款3.638亿美元，而中共却没有得到苏联的物资帮助。诚如苏联驻华军事武官崔可夫在《在华使命》一书中所言，抗战时期，延安方面得到的只是苏联的"精神鼓励"和马列著作。从这一意义上讲，这也是蒋介石"联苏反共"或"联苏抑共"策略的成功。

在与中共关系问题上,孙科 1932 年 4 月在上海发表的《抗日救国纲领草案》中,已含有只要共产党遵守法律,可允许其存在的表述。1935 年中共提出建立抗日民族统一战线的主张后,孙科立即做出积极响应。根据"一·二八"之后孙科的表现,在西安事变爆发的次日,周恩来在政治局会议上的发言中,分析了南京政府各种力量之间的矛盾,提出要努力争取冯玉祥及孙科等,孤立何应钦等亲日派。1940 年 7 月,孙科在报刊上公开赞扬中共对团结抗战的贡献,指出保持团结统一,实现民主宪政,是争取抗战最后胜利的首要条件,而"首先促成这个统一的是中国共产党。所以一般人谈起统一,便联想到共产党。这是因为共产党对统一有很大的贡献的缘故"。

抗战后期,针对国民党内存在的"反共"、"防共"心理,孙科提出对中共问题不能反潮流,今后,"首先要扫除反共的心理。我认为今天要解决中国共产党问题,绝不可也绝不能用武力",而只能"以政治方法求解决",要允许中共合法存在。1944 年,中国共产党提出"联合政府"的主张,并在重庆秘密征求部分人士意见。孙科等人建议,不妨提议扩大国防最高委员会,并通过联合的国防委员会来改造政府,筹备选举,制定宪法。

对此,蒋介石十分恼火,他在日记中甚至指责孙科污蔑政府,与中共合作,以俄人为盾。不可否认,孙科确实与在重庆的中共人士接触较多,也是中共重点关注、团结的对象之一。毛泽东在同年 7 月 15 日给党内《关于时局近况的通知》中提到,"孙科、宋子文、于右任及许多国民党党员均不满蒋及其集团的死硬政策"。1945 年 2 月,周恩来在重庆与国民党谈判期间,与各方面人士广泛接触,阐明中共方面的立场,其中就包括孙科,同时他还宴请孙科等人。9 月 8 日,孙科任会长的中苏文化协会举行鸡尾酒会,欢迎毛泽东莅临重庆并庆祝《中苏友好同盟条约》签订,孙科主持会议,并发表了热情洋溢的讲话。

在国难当头,民族矛盾高于阶级矛盾的历史时期,孙科基本上维持了与中共接近的立场,是较为坚决的抗战派、亲苏派、和共派。他以其特殊的身份和地位,在推动团结抗日方面,发挥了一定作用。作为一个国民党的高层人物,他将国家民族的根本利益摆在重要位置,不管他出于何种考虑,都有一定的实效,其历史作用不容抹杀。

孙科在抗战中,发表了大量言论,为鼓励国人坚持抗日,起到了很好的作用。1939年1月1日,他发表《完成我们的神圣使命》一文,提出今后国人应着力四点,完成抗战建国任务:一、要具有民族自尊心和自信心的坚强信念;二、要具有对目前军事、政治有彻底了解和乐观的心情;三、要有刻苦自励、咬定牙根的吃苦精神和奋斗意志;四、要以《抗战建国纲领》作为我们刻苦奋斗的唯一目标。

1940年9月1日,孙科还在香港《大公报》发表《论国际反侵略战争的新形势》一文,呼吁反侵略的一切国家,应有感于利害一致,捐除成见,密切合作,迅速建立一个国际反侵略者的世界战略,用以扑灭人类的共同敌人,贯彻民族自决的原则。

我们当然不信"宿命论",然而一个人的遭际,有时难以预测,所谓"死生由命"即是如此,个人意志无法左右。抗战中,孙科曾经历过两个小小的插曲,他两次遭遇危难,但都命大福大,逢凶化吉。

一是1938年9月,孙科出使苏联。谈判结束后,他由欧洲返回香港,梁寒操专程赴港接他。当时武汉尚未沦陷,住在香港半岛酒店的孙科,决定搭乘飞机去汉口。那时日军正密切注意他的行踪,谋划暗害,派了不少密探在香港刺探情报。当决定行期后,梁寒操与孙科相约一定要绝对保密。他们在孙科的亲戚戴得抚家中吃晚饭,戴也不知道他们的行期,还问梁住在哪家旅馆,说明天要去看他。梁则说,明天不要来,他有事要外出。这次飞机的机票及一应事务都交由在香港的空军宿将陈庆云办理。第二天清晨6时半,距飞机起飞时间一小时前,梁寒操和陈应云先到机场,由梁和机场人员交涉,孙科和他的行李不必过磅。另告知孙科别在机场的休息厅候机,于是他便坐着汽车在外面兜圈子,后又回到半岛酒店吃早餐,餐毕后于7时半才赶到机场。此前,陈庆云与飞行员说好,一定要等孙科上飞机后才起飞,梁寒操已先上飞机不敢露面,只听到外籍乘客因时间已到仍不起飞而纷纷抱怨,也不敢出声,等孙科上飞机时已迟了20分钟。这一天早上原有两架客机起飞,除了他们搭乘的这一架外,另一架是在8时由香港飞往重庆。大约日军密探看到孙科在7时还在半岛酒店,并知他的行李已搬走,便误判他必定搭乘飞往重庆的班机,日本海军飞机便在广东中山县将其击落,机上乘客除一人生还外全部罹难。孙科侥幸,安抵汉口。后来得知,日本人原本准备迫降孙科所乘飞机,生擒孙科。

另一次是 1939 年 10 月,因夫人患病居住香港疗养,孙科前往探视。后因立法院电促返院,故提前离港。不意抵达重庆不足 10 日,日军就突袭香港,港岛沦陷。如果他仍逗留未归,不免沦为日军俘虏,将受凌辱。

六　政协会议

抗战结束后,因政权组成的问题,国共斗争进入到一个新的阶段。根据国共双方代表 1945 年 10 月 10 日在重庆签订的《双十协定》的规定,国共双方一致同意"由国民政府召开政治协商会议,邀集各党代表及社会贤达协商国是,讨论和平建国方案及召国民大会各项工作"。次年 1 月 10 日,政治协商会议在重庆开幕,出席会议的各党派代表和社会贤达共 38 人。其中国民党代表 8 人,中共代表 7 人,民主同盟代表 9 人,社会贤达 9 人。孙科作为国民党内开明派人士,被蒋介石挑选作为国民党的首席代表,是各方瞩目的重量级人物。

对于国共两党谈判,达成国内和平,孙科持相当积极的态度,他期望能通过政协会议,将国内和平局面巩固下来,为民主建国奠定基础。但他的这种立场却与国民党主流派的思路,有较大距离。

对于政协的召开,国共两党都抱有不同的理念。国民党方面是希望通过政协会议向中共施压,迫使中共交权,归国民党领导,以实现所谓"军令和政令的统一"。中共方面则一再重申加快国家"政治民主化",即"结束训政,改组政府"。希望通过政协,表达自己的和平意愿,并意在争取和平时间,以积蓄力量。

很显然,国共双方的立场相距甚远,分歧有二:一是军队国家化问题。中共经过多年的经验和教训,绝不会放下枪杆子;二是政治民主问题,国民党一党专政多年,如今,共产党已具备一定实力,在政治上应占有一席之地。

蒋介石知道，中共绝不会轻易就范。他一方面私下加紧对各方面的部署，同时又故作姿态，表示对政协会议的重视。特别是挑选孙科作为国民党出席政协会议的首席代表，意在先声夺人。孙科与中共领导都很熟悉，大革命时期与周恩来相识于黄埔，与毛泽东熟知则在广州。1945年重庆谈判期间，孙科曾在家中设宴款待过毛泽东，两人并就国内和平的前途做过交谈。蒋介石知道孙科"开明"的形象，对自己将是一笔重要的可用资源，他既加强了与美国之间的联系，又为国民党造势，及时向美国传达蒋介石有意改革政治的信息。

孙科在政协会议期间的主要活动，集中在"政府组织"和"宪法草案"的讨论和修改方面。

1946年1月14日，政协会议举行第四次大会，孙科代表国民党在会上提出扩大国民政府方案。他主张在国民大会未举行之前，先行修改国民政府组织法，以充实国民政府委员会。对于这份方案，国民党参加会议的代表王世杰作口头声明予以解释。即政府组织形式应适应国内政治发展的变化，使之容纳党外人士；但目前是到宪政的过渡阶段，任何变动都不应动摇法律系统，现有的变化与未来的宪政制度应相衔接。

对于孙科所提扩大国民政府案，民盟代表张东荪表示异议。他提出仅仅讨论政府组织是不够的，必以先实施保障人民自由法令为条件，应先把给关押的政治犯放出来。他说，"我是坐过牢的，饱人不知饿人饥，在监牢中的人是没有一点钟不想早出来，千万不能慢"。民盟的另一代表梁漱溟也发言支持张东荪，他说如果这事不先做到，我们不愿再讨论其他问题。

中共方面也就"人民自由权利"发表重要意见。首席代表周恩来非常支持张、梁的提议，呼吁国民党政府立即释放张学良和杨虎城。他指出，张、杨兵谏，"为民族产生了惊天动地的团结抗战"，"要是张、杨两先生释放了，西北与东北父老乃至全国人民，谁不欢欣，何必不做！"

对于孙科有关改组国民政府问题的意见，董必武代表中共表示，中共的基本态度是在现政府的基础上来改组。尽管中共承认蒋介石的领导,承认国民党是第一大党,不寻求变动政府的各院部会组织机构,但是,在改组政府的具体办法方面,中共与国民党持有不同意见。问题的焦点是国府委员的名额分配,国民党方面提出二分之一,中共则提出三三制。后中共做出让步,同意国民党在国府委员中的二分之一的名额。

接下来的 1 月 19 日,政协会议举行第四次大会,讨论《五五宪草》问题。孙科以 10 年前主持"宪草"制定的当事人身份,在会上就宪法的修改问题阐述了国民党的立场,他鼓吹"人民有权,政府有能",为大权独揽的总统制辩护,提出国民大会不宜常开,为在特殊情况下停止宪法有关人民权利的条款埋下伏笔。孙科对《五五宪草》的说明引起中共、民盟和青年党的不满,他们相继阐述了自己的观点,并主张另行"宪草"。

在中共、民盟和青年党的要求下,经过宪草分组委员会 4 次讨论后,国民党在几个引起争议的问题上作了让步,而这与孙科的努力是分不开的。如张君劢等拟订的宪法修改 12 条原则,其中心意思就是削弱总统实权,将大权集中于行政院等。这一思路与孙科的理念十分接近,孙科期望通过一部具有民主精神的宪法,限制蒋介石的独裁,因而秉持接受和肯定的态度,后来也顺利通过了。原来蒋介石对政协会议并不重视,没有仔细阅看孙科的呈文,而当发现"问题"时为时已晚,不及修正。但蒋介石毕竟老道,纸上的东西既然可以写上去,也可以拿下来,他表示,"宪草只是党派协议,我们大家不能包办民意,还需取决于国民大会将来再斟酌吧",这就为今后推翻"宪草"的修改原则埋下了伏笔。

应该说,蒋介石对于"宪草"的修改虽然心存不满,但在当时的情况下,又不便于表露出过激倾向,这就在客观上为孙科提供了一个活动空间,使他的作用部分得到了发挥。

1946 年初的政协会议在各方的努力下,就会议的五个重要议题都达成了协议。孙科作为国民党首席代表参加了会议的全过程。在讨论过程中,孙科的立场较为弹性,一般多能考虑吸取其他党派的意见主张。同时作为会议临时主席,孙科在安排会谈、协调等方面,也做了大量工作。对此,延安《解放日报》刊登了一篇《延安权威人士评称政协会议获重大成果》的文章,对政协会议所获成果给予高度评价。其中特别提到，孙科作为国民党内开明派的形象，得到社会公众的一致肯定。

然而，纸上的东西要真正落实到行动上，非常之难。国民党内的反共强硬派对政协所通过的各项协议就非常不满，他们一方面攻击中共对政协会议抱有阴谋，利用政协会议拖延时间，积极备战；另一方面将矛头指向国民党内的开明派，指责他们对中共妥协退让。面临党内强硬派的巨大压力，孙科是左右为难。或许是他对民主失去信心，不再奢望了，其政治立场再度发生变化，逐渐显露出向右转的端倪。

第六章　争斗：惜败竞选的遗憾

1946 年 11 月 15 日，由国民党一手包办的"国民大会"在南京召开。这次大会的中心任务是制定和通过《中华民国宪法》，因此被称为"制宪国大"。12 月 25 日，大会通过了《中华民国宪法》，完成了所谓的"制宪"任务，随即宣告大会闭幕。

《中华民国宪法》从字面上看比 10 年前的《五五宪草》似乎有所改变和进步，但其实违背了政协协议《宪法草案》所规定的民主原则，违背了政协的联合政府责任内阁制的原则。它只不过是以民主的外衣，掩饰其反民主的实质。对此，中共表示坚决不承认这个"国大"。民主党派、人民团体和很多海外华侨，也明确表示反对国民党一手包办的"国民大会"和"宪法"。

历史的逻辑，终与国民党的愿望相违，国民党召开"国大"，制定"宪法"，非但没有达到它的预期结果，反倒"搬起石头砸自己的脚"，使自己愈加孤立。"制宪国大"以后，随着内战的不断扩大，国民党的经济危机日显。为了摆脱困境，国民党中央于 1947 年 3 月 15 日举行了还都南京后的第一次中央全会，即六届三中全会。会议的中心议题是所谓研讨如何尽快结束训政，改组政府，为"行宪"准备，借以给全党鼓气。4 月 17 日，蒋介石召集国防最高委员会、中央常务委员会联席会议，决定修改《国民政府组织法》，以国民政府委员会为最高国务机关，通过了国民政府改组名单。

此时孙科官运亨通，既担任国民政府副主席，又兼立法院院长，可

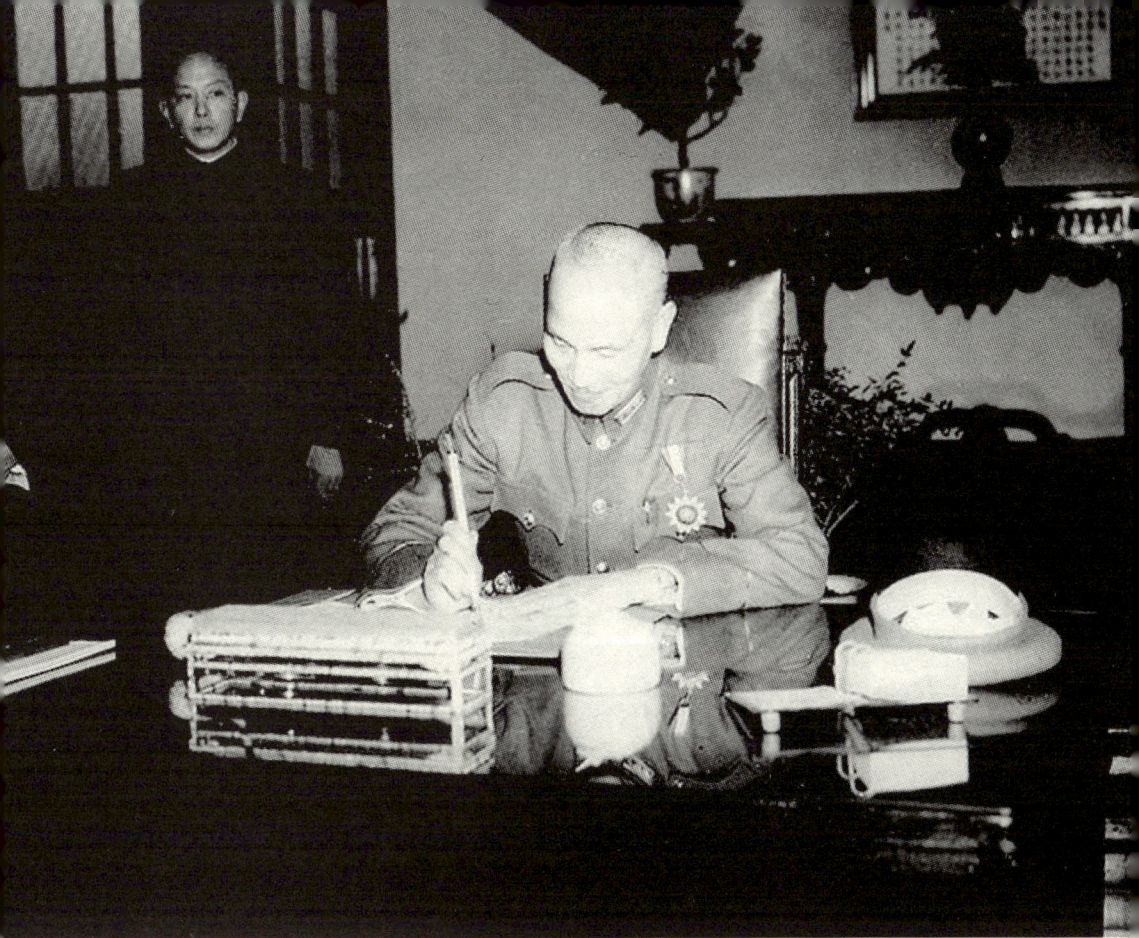

1946年12月31日,蒋介石于南京签署"宪法"颁布令,宣布进入"宪政"时期

谓"权倾一时"。有人猜测,此举乃是当局有意推戴孙科为"行宪"后出任副总统埋下伏笔。这话颇有先见,上海市市长吴铁城曾在一次私下谈话中就说:"蒋一向自认是继承中山先生的,现在确定孙科继承蒋,将来又盼望孙哲生栽培蒋经国为后继人。为此,则由孙蒋而蒋孙,又回复孙蒋,继续三朝,岂不是好事吗?"惜乎,事与愿违,是有心栽花花不开,历史的轨迹,划出的是另一条弧线。

年中,国民党在内战中逐渐失利,尤其是东北的军事形势,令蒋介石焦急万分。一天,他把孙科找去,难得对其说了一番知心话。其大意是现在东北形势堪忧,如果美国已答应的几亿美援迟迟再不兑现,则将更为不利。蒋介石引出这段话,是希望孙科能公开发表谈话,向美国呼吁美援及早兑现。蒋介石把东北失利归罪于苏联援助中共,如果以一向亲苏的孙科出来呼吁,是很容易令美国人心动。不知何因,孙科很轻易地就被蒋介石说动,他心领神会,即对美国记者一番"信口雌黄",一

1947 年 4 月 17 日,
孙科就任国民政府副主席兼立法院院长

方面以东北问题为由指责苏联,一方面向美国要求从速帮助国民政府,并说如果美国再不买账,则中国只有进一步向苏靠拢云云。当时美国舆论对孙的这番讲话很反感,认为此言像是无赖敲竹杠,美国不可能因这种讹诈而改变政策。这次谈话,是孙科在情绪冲动下的一次政治失态,完全缺乏理智,不符合他一贯的做人准则。但蒋介石甚为满意,表示孙科已"百分之百地"成为铁杆的拥蒋分子。

一 "国大"选举

有"制宪国大",必有"行宪国大"。转眼到了 1948 年 3 月,虽说南京的天气春寒料峭,但人气甚高。国民政府"行宪"后的第一届国民大会于 29 日正式开幕,会议的主要内容是尽快选出总统、副总统。

此前的 1946 年 11 月,在"制宪国大"上通过了《中华民国宪法》,并于次年元旦之日公布实施。当局声称,要"从速召集行宪国大,选举正副总统,好让国民党还政于民"。

作为国民党总裁,蒋介石之所以匆忙召开"国大","实施宪政",是想尽快通过国大选出总统、副总统,使自己的统治合法化。内政部长张

吴铁城

厉生的一席话可谓直言不讳,他在先期进行的国大代表选举中说得很直白:"本党在此次选举中,必须争取选举之胜利,俾以民主方式,取得民主之信托,掌握政权,实行本党主义,贯彻本党之政纲政策。"为此,国民党于 1947 年 6 月 13 日,专门成立了以张厉生为主席的"选举总事务所",为"行宪国大"的召开做准备。

　　尽管如此,各界对此反映不一,即便在国民党统治集团内部,一些人对匆忙召开"行宪国大"也持有异议,认为依当时的情势和时间,不宜即刻颁布宪法和遴选总统、副总统。8 月 15 日,广州行辕主任张发奎、广东省主席罗卓英等 43 人联名上书蒋介石,提出值此"内乱外患交相煎迫之际,普选能否顺利进行,诚属疑问",倘"草率从事,违反民意,开选政恶例,影响宪政前途至大"。他们更反对"以党派分赃"的方式分配代表名额。而于右任、邵力子等在国民党中常会第97次会议上则说:"以政府现在'戡乱剿匪',全国实行总动员之际,理应集中全民力量以灭'共匪',各地秩序未复,选举不能普及实施,纷纷电请缓办选举。"

其实,蒋介石更想置共产党于死地,毕竟这时的中共已愈加强大,对国民党的统治形成了巨大冲击。但同时"国大"也不能不开,这涉及"法统"问题。因为他迫切地感到,必须依靠某种形式来加强自己的权威和合法性,否则政权难以维系。

蒋介石一意孤行,这事就不可更改。11月12日,成立了以国民政府副主席孙科为主任的"国民大会筹备委员会",洪兰友为秘书长。国民党中央还专门成立了选举指导委员会,负责筹办"国大"一切事宜。蒋介石还通令各地于11月21日至23日选出"国大代表",并定于12月25日召开"国大"。但由于国民党内部派系重重,国民党与民社党、青年党之间斗争激烈,致使"国大代表"迟迟未能选出。

"国大代表"这块"金字"招牌,具有相当的诱惑力,可谓名利双收,一些官僚、政客、豪绅梦寐以求,不惜采取种种舞弊行为。国民党为了标榜实行所谓的民主和多党政治,使其他党派在这场权利分赃中也分得一杯羹,让出一些代表名额给民社党、青年党及社会贤达。可是,民、青两党却不识相,趁机提出条件,而且狮子大开口。其实,国民党此举不过是装点门面,做做样子而已,岂能真的让权?他们提出的"国大代表"分配名额为:国民党两千名,其他党派及社会贤达五百名,这样国民党仍然占有绝对多数,既体现了"民主",又不至于动摇国民党执政掌权的根基,可谓一箭双雕。民、青两党对此甚为不满,各省参议会与"国大代表"也反对按比例选举。直到12月,才选出应选"国大代表"总额的三分之二。无奈,国民政府只好宣布"国民大会"推迟到翌年3月29日举行。

自由竞选,缺失在所难免,但总的看来,出席"国大"之代表系由全国各省县市民众以自由方式、自由意旨,就各地"素负声望"或"有地位"之人士所选出,用以代表全国之民意,直接参与国家之大政,因而仍不失为自民国开国以来,最冠冕堂皇的一次。

自 3 月 1 日起,南京街头便热闹非凡,一派繁忙景象。从全国各地前往南京出席第一届"国大"的代表们陆续到达,一时间,所有大小宾馆旅社,被代表们住得满满的。

令人捧腹的是,那些被蒋介石要求退让的代表,竟也如期到会报到,大会则拒绝给他们登记。这些人便相互联络,分赴国民党中央党部、"国大"选举的总事务处请愿、抗议,并组织绝食请愿团,大闹"国大"会场。另一当选代表赵遂初则更为过激,买了一具棺材,抬着到国民大会堂门前示威。蒋介石当然不会容忍这些人闹事,派宪兵将他们骗回驻地,由警察宪兵软禁起来。这些人便以绝食抗议。这场纷扰持续了20 多天,给这届"国大"蒙上了一层阴影。

3 月 29 日,"国大"正式开幕,蒋介石致辞,声言这次大会使命,一是通过宪法,二是行使选举权,以完成中华民国之组织。

关于通过宪法与选举总统两端,皆能顺利,并无任何争执。一是盖因宪法业经多次修订,早为人所公认,自然"众口一词";二是总统人选,唱的是"独角戏",演员只有蒋介石一人,所以非他莫属。无论是国民党、在野党还是民意,莫不如此,可谓"全国上下同心",选举不过是履行程序而已。虽然蒋介石在选举前曾先后数次表示"希望另选贤能,以任元首,本人愿以行政院长职权,负建设国家责任……"等语,但这显然是谦恭之词,除非有人异想天开,不然谁人敢与他叫板?只是选举总统,总不能只有蒋介石一个候选人,于是国民党元老居正被拉郎配,充当陪衬。4 月 19 日,"国民大会"选举总统,蒋介石顺利当选。

对于总统一职,蒋介石自不用过多考虑,但他心里另有盘算,就是副总统的人选问题。谁来当?这对蒋介石来说至关重要,因为他需要的是一个言听计从的副总统。然而,世事难料,事与愿违,他最为忌讳的李宗仁跳了出来,决定参加竞选。

二 骁将参选

时任北平行辕主任的广西派实力人物李宗仁,一时萌发了参加竞选副总统之心。1947年夏秋之交,国民党军队在东北败迹已露。李宗仁认为,东北一旦失守,华北便首当其冲,到那时,他不是无官一身轻而是一身烦,恐怕连个安身立命之地都没有,他不能不为个人的前途思量。摆在面前的只有两条路:或作积极打算,争取加入中央政府,以期实现自己的民主改革之愿望;或作消极处理,摆脱政治生涯,解甲归田。如果参加竞选副总统,就可解决出路问题,幸而获选的话,便作积极打算,不幸失败,就此告老还乡,安度晚年。思来想去,他决定冲击一下。

10月12日,李宗仁召其心腹程思远专程到北平,面授机宜,部署翌年竞选副总统事宜。程思远回南京时带去了李宗仁写的两封信函,一封交蒋介石,表示他有意参加副总统竞选,一封交给侍从室主任吴忠信,请他在蒋介石面前为之疏通。另外,李宗仁还写了一封用红火漆密封的英文信,交美国驻华大使司徒雷登的私人秘书傅泾波,他是积极支持李宗仁竞选副总统的,在他背后,有着美国驻华大使司氏的身影。1947年以后,人民解放军开始转守为攻,南京政府前景黯淡,不仅党内开始对蒋介石有所不满,连后台老板美国人也怒而斥之。1947年魏德迈在蒋介石官邸举行的茶话会上,宣读了一篇访华声明,指责国民党政府"麻木不仁"、"贪污无能","中国的复兴,惟有待于富于感召力的领袖"。与此同时,司氏到北平作了一次调查,指出蒋介石的"资望已日趋式微","李宗仁将军之资望日高"。李宗仁也是摸准了美国人的脉搏,才不失时机地决定参加副总统竞选。

对于竞选副总统,李宗仁不敢说志在必得,但还是踌躇满志。可他的老搭档白崇禧和黄绍竑却一致反对,因为他们太了解蒋介石的为人,他对地方军阀一直心存不满,此举必然会引起他的不快,加剧蒋介石与桂系之间的矛盾,迁怒众人。他们希望李宗仁竞争位尊事少的监察院院长一职,既做官又闲来无事,不触动蒋介石敏感的神经,落得清闲和与世无争的美名,岂不是一个完满的结局?

可李宗仁心里窝火,宦海游历半辈子,总该有个出头之日吧!要么就居庙堂之高,当副总统;要么处江湖之远,什么也不做。弄个有职无权的闲官,还不如在家落得一身轻。他坚持己见,决定一试。

当然,李宗仁不无顾忌,他担心蒋介石这一关不好过,"蒋家天下陈

1948年，蒋介石、李宗仁和司徒雷登

家党"的局面，不是一天形成的，根基太厚，势力太大，蒋能左右政局，还不能把一个"国大"摆平？因此，他要白崇禧私下打探一下蒋介石对其参选的态度。

果不其然，蒋介石当即训示：北平行辕任务重要，不可轻离；此次大选，实为创举，本人恐怕无法回避，我为军人，李为军人，如总统、副总统皆为军人，易遭人滋议，最好副总统一席由文人出任。实际上，蒋介石就是不想让李宗仁参加竞选，但又无特别的理由，只好以此为托词。

李宗仁认为，关于竞选事宜，承蒙各方人士之热情，筹备已久，在此紧锣密鼓之际，一旦放弃不干，不免令众人失望，自己亦无颜。何况自由竞选，未必就一定成功，既然党内外人士皆可竞选，我不妨一试。

白崇禧深知，若是蒋介石不点头，这事准没戏，他让李三思而后行。但李宗仁有点不信邪：不是你蒋介石口口声声说，国民党员可以自由竞选吗？怎么出尔反尔呢？不管怎样，我已抱定决心参加。于是他在北平搭起了竞选班子，又令程思远在上海组建竞选机构。

李宗仁竞选副总统的消息传出后，北京大学校长胡适当即表示支持，问题是一流学者未必是一流政治家，他还是缺乏政治判断力。责任内阁制下的总统，作为国家元首，只是一种象征，按理，这本不是政治竞争的重要目标，更何况区区副总统。而胡适对蒋介石将预定为一个实权总统，而不是一个象征性的国家元首，竟也茫然不知。不过，胡适毕竟是一个很有影响力的学者型政治人物，他的鼓励，无疑极大地刺激了李宗仁的神经，对他积极参加竞选，起到了一个助推器的作用。

嗣后，各报又登出程潜、于右任、莫德惠等人参加竞选的消息。但李宗仁认为孙科才是自己的劲敌，他既是孙中山的公子，又长期在国民政府中担任要职，无论从哪方面，都具备冲击副总统一职的实力。一次他碰见孙科，便说："这次竞选副总统，哲生兄为何不参加，大家热闹热闹？"孙科听后，摇了摇头说："我绝无此意……"他向李宗仁解释说，根据"宪法"，副总统只是一个"闲职"，他既是现任立法院院长，"行宪"后竞选此职当是毫不费力。立法院院长既比副总统有实权，又何必去竞选副总统呢？听了孙科这番话，当时李宗仁就放下心来。孙科的表态并非虚晃一枪，阳奉阴违，所以当时郑重否认有意参选，乃是事实。及至 3 月 14 日，孙科还对记者说："直至今天，没有决定参加竞选，也没有决定放弃竞选，因为在党对这个问题还没有决定办法以前，我个人未便有什么表示。"

可是，仅仅过了 2 天，即 3 月 16 日，蒋介石召见孙科"耳提面命"，并允诺全力支持他。孙科部属甚为兴奋，认定有"蒋介石这一票"，孙科可以高枕无忧，副总统一职"非他莫属"。孙科随即公开表态，宣布参加竞选副总统，他慷慨陈词："去年国民政府设副主席，蒋主席命本人担任，迄今足以证明主席对本人之信任，蒋主席将荣任大总统，本人自当竞选副总统，决不负主席重望，故本人决心竞选，即在说明本人有自信。"

显然，孙科踏上副总统的竞选之路，是蒋介石一手谋划。李宗仁竞选的处境，瞬间就变得微妙起来：第一，孙科是中山先生哲嗣，又是现任

竞选副总统的李宗仁

国民政府副主席，占尽地利、人和之势；第二，总统一职非蒋莫属，而蒋与李宗仁同为军人，当然以孙科同蒋联袂，一文一武的搭配更为适宜；第三，孙为粤人，广东当会极力支持他，若李宗仁失去粤方援助，难成气候。

3月11日，李宗仁在北平中南海正式向中外记者宣布参加竞选。

22 日他抵达上海,当日即在国际饭店举行记者招待会,发表演说。他反复陈述自己参选的意旨:目的在于倡导民主政治的作风,如能当选,必以三十多年来从政治军的经验,辅佐未来的大总统,一定对戡乱刷新政治有很大帮助。并表示"行宪"后的政府,应以人才主义代替党派关系。23 日,他来到南京,准备参加"国大"。25 日,面见蒋介石,他振振有词,直言选举正、副总统是民主政治的开端,声称党内外人士都可以自由竞选。蒋介石最不愿意看到李宗仁当选副总统,害怕他的政治声望日隆,而目前正式提出竞选副总统的几位,估计都不是他的对手。尽管鹿死谁手未见分晓,但李宗仁就是一匹黑马,成功的可能性极大。为了打压李宗仁,他不得不另谋应对之策,力推孙科参选。

同日,孙科正式招待记者,宣布参加副总统竞选。身为国民政府副主席,为蒋之副手,竞选副总统又系蒋介石授意,等于以现任国民政府的班子参加竞选。所以,孙科则公开宣称:"我要是放弃副总统的竞选,就对不起蒋主席了。"

3 月 29 日,第一届"国民大会"开幕,蒋介石致辞,他强调:"今天国家和人民,戡乱与行宪应该同等重视。"对于大会本身的任务,他作了限制:"这次国民大会是行宪的第一届大会,宪法甫告施行,利弊得失之所在,还没有具体的经验可供修改的参考。因之,大会的使命,只是行使选举权,以完成中华民国政府的组织。"

蒋介石的主张一出,即遭到反对,认为现行宪法绝对有修改之必要,费了九牛二虎之力,选举和召集"国大"代表前来参会,只是为了选举一个虚权的总统和副总统,实在是劳民伤财,多此一举。

"国大"召开之后,关于蒋介石是当总统还是当行政院院长,总统人选是如何产生,如何赋予它新的权力,蒋介石又是如何装模作样,在竞选总统上真真假假,这里就不多言,只深究副总统竞选一事。谁也不曾料到,副总统竞选,竟上演如火如荼的热闹场面,是非之多,至今给人留下一页滑稽的回忆和沉思。

三 蒋介石助阵

副总统竞选的白热化，似乎让人难以置信。本来，这只是一个储备位置，竞争不应如此激烈。但情势有变，一则，国民党统治危机日甚，蒋介石的地位已发生动摇，因此，替补者的地位明显增值。二则，国民党内外对于蒋介石和国民党中央党部的统制政策已十分厌恶，许多人希望利用副总统选举来冲击一下。

蒋介石不想让李宗仁竞选副总统，但何以能做到？在周围一批策士的密议下，他想出了以党提名候选人的方法，试图将李从候选人的名单中剔除。第六届中央执、监委临时联席会议"适时"召开，就是为了迫使李宗仁就范，接受"由党提名"这一主张。会中，张群站起来说，奉总裁之嘱，特请诸位先生来谈话。他推吴稚晖说明其中原委，吴氏倚老卖老，他没有谦辞，直言本党一向是以党治国，目前虽已准备实行宪政，不过国民党本身须要意志统一，才能团结。这是本党内部的事，与实行宪政、还政于民不可混为一谈，故蒋主席认为本党同志参加正副总统的竞选，应尊重本党意旨，由党提名。这办法极为公允，应该照办。他又根据这一原则，说了一套似是而非的大道理，一时令在场的其他人不耐烦。张群见状，立马出来打圆场，他以一副谦卑的口吻解释蒋介石的苦衷：总裁深恐由于副总统竞选引起党内摩擦，为防患于未然，所以有意使总统和副总统候选人由党提名。如果大家同意，我即去报告总裁。吴忠信随即征询孙科意见，他表示绝对服从。吴又问李宗仁之意，他听出这"话中有话"和"弦外之音"，甚为不满，乃据理力争，申明不赞成，主张一切应遵循"宪法"常规办理，任何其他办法，他本人都将反对到底。众人见李宗仁辞意坚决，立论又无懈可击，遂不再多言，会议不欢而散。

李宗仁知道蒋介石不会善罢甘休！果不其然，4 月 3 日，他被请到蒋介石官邸。没有太多的寒暄，蒋介石就直入正题。他正色道，总统、副总统的候选人均由中央提名，现副总统候选已内定孙科，希望你能顾全"大局"，放弃竞选，以免党内分裂。这里他说的大局，当然是指"蒋

张群

天下"，而所谓的避免分裂，就是要全党与他保持一致。李宗仁再次领教了蒋介石的霸道，但他不甘示弱，表示曾"向你请示过，你说是自由竞选。如果当初你不赞成我参加，我是可以不发动竞选的。可是我现在就难以从命了"。李宗仁说，现在"我在华北、南京都已组织了竞选事务所，何能无故撤销呢?"蒋介石接着问道："为什么呢?你说给我听听。"李宗仁说："正像个唱戏的，在我上台之前要我不唱是很容易的。如今已经粉墨登场，打锣鼓的、拉琴弦的都叮叮咚咚打了起来，马上就要开口而唱，台下观众正准备喝彩，你叫我如何能在锣鼓热闹声中忽而掉头逃到后台去呢?"

蒋介石蛮横地说："你还是自动放弃的好，你必须放弃!"李宗仁沉默了片刻，耐着性子说："委员长，这事很难办呀!"蒋介石再也按捺不住了，他提高嗓门说："我是不支持你的。我不支持你，你还能选得到?"

此话一出，激怒了李宗仁，他反唇相讥："这倒很难说!""你一定选不上。"蒋介石也动了气。"你看吧!"李宗仁也不依不饶，他不客气地反驳说："我可能选得到!"蒋李之间的谈话，伴随着这不谐之音，在尴尬的气氛中结束。

如果按照蒋介石拨打的如意算盘，就可轻易去除李宗仁参选的资格。可政治上的事错综复杂，不仅李宗仁本人及桂系不同意，就连程潜、于右任等人也极力反对。一时反对之声喧嚣，加之广西、安徽省"国大代表"声称将全体退出"国大"会议、不惜闹翻的态度，迫使蒋介石只得放弃预定计划。

想用"党选"方式来限制李宗仁参加选举已无可能，无奈，蒋介石决定全力支持孙科，击败李宗仁。他召集了"黄埔系"和"CC系"要人参加心腹会议，声称，李宗仁参加竞选副总统，犹如一把匕首插入他的心中，诸位若是真的效忠领袖，就应该将其拔掉。既然老板发话，他手下的一帮人便紧锣密鼓地行动起来。

原本无意竞选副总统的孙科，就是在这样一种情势下，毫无准备地踏上竞选跑道。此前，蒋介石最先派宋美龄赴孙科宅邸，劝其参加竞选。孙科推托说，他宁愿做有实权的立法院院长，而不愿做空头的副总统。同时竞选需要一大笔费用，他也无力筹措。其后，宋美龄乃衔蒋之命再访孙科，明确表示：当选副总统后，仍可兼任立法院院长；如无钱竞选，则全部费用由蒋介石拨付。言下之意，蒋介石全力襄助，只要能击败李宗仁。但孙科未做明确表态，并推托道，有人说，按宪法规定，副总统不能兼任立法院院长呀！其实他知道这副总统不好当，故内心极不情愿干这苦差事。

蒋介石见宋美龄无法说动孙科，便亲自出马劝驾。他极力鼓动说：纵使按照宪法副总统不能兼掌立法院院长，但如果我要你兼，谁还敢说不字。他登门造访，意味着参选之事几成定局。面对人情与权势的双重压力，孙科就不再坚持，遂改变初衷，加入到角逐副总统的行列之中。

孙科约邓公玄相助，担任其竞选总部的宣传部长。邓公玄认为此事值得考虑，因为事前并无心理和实际运作的准备，恐怕要费一番大的气力，而李宗仁早已招兵买马，跃跃欲试。孙科并不介意，声称"没关系，我们还来得及"。邓则认为其欲获胜，必须具备两个条件：其一，由中央党部正式提名；其二，必须与程潜合作。孙科表示："中央一定会提名的，但是为何要与程潜合作呢？"邓说："因为照目前的形势看，李宗仁比较强，程与于亦不弱，但他们的胜算不确定，将来恐怕就是院长与李宗仁一决胜负。所以如果院长马上和程先生联络，采取美国人所谓滚木头的方式,那么,一旦到了最后决选时,就可以得到他所拥有的票了。"孙科闻之,点头称道。

不过,邓公玄所提出的两项条件后来均告落空:其一,由党提名一事,孙科事前很有把握,想必中央属意他出面竞选,唯其后来遭到党内其他竞选人的反对,一致以脱党为要挟,故而作罢。其二,负责与程潜联合一事,未能积极进行,待到准备接洽的关键时刻,程潜因票数不足而依法退选,所拥有的票子均被李宗仁捷足先登。

按照"宪法"规定,副总统一席原为最高"闲曹",并不负有国家行政之责,仅为总统如因故不能执行职务之承乏者,所谓备而不用,其地位远不及"五院"院长重要,故这项竞选应不致造成重大分歧,危及大政。岂知中国政情之复杂,深不可测,乃有大谬不然者耶!

4月19日,"国大"公告第一届副总统候选人名单:国民政府副主席兼立法院院长孙科,监察院院长于右任,国民政府军事委员会委员长、北平行辕主任李宗仁,武汉行辕主任程潜,社会名流、东北耆宿莫德惠,民社党总裁徐傅霖,以上是以提名签署多少为序。这几位候选人是各具优势:

孙科,"国父"哲嗣,与党的关系最深,在国民党内有实力,此次参加竞选,原系国民党中常会通过提名,决以全党力量支持之。在当时"国大代表"中,约有百分之七十属于国民党员,孙氏既由中央党部提出作为副总统候选人,且经过党部训令各位党员代表遵照,其声势之浩大,选票之有把握,实非他人可与匹敌。故就孙科而言,此番竞选,可谓胜券在握。而且,大部分广东代表、华侨等都支持他,更有蒋介石为其后盾,砥柱中流。

李宗仁,军中骁将,在北伐、抗战诸战役中,对国家均有较大贡献。抗战胜利后,政府鉴于华北收复,人心初定,特任命李氏为北平行辕主任,处理华北一切军政要务。李宗仁莅任后,颇能以宽济严,以简驭繁,一时颇得人心。当中央准备大选后,北方人士多鼓励李氏参加竞选副总统,并有人以"为国得人、义不容辞"以示支持他。同时,他还得到了广西及安徽等省代表的支持,以及美国的认可。

程潜,以党中元老资格参选,且得到两湖人士的支持,而湖南人服务于军界中甚多，故军队代表多拥护程。程潜之票数，虽不及孙李二人，但仍有一搏。

于右任，其资本则是他的地位、声望与资格。他是国民党元老之一，因为籍隶陕西，故在西北地区声望甚高，位处西北的陕、晋、宁、青、新疆等地人士，多认为于氏足可代表西北民族，一致表示拥护。此种地域观念乃自然所形成，无人能左右。于氏以监察院院长资格出马竞选，声势亦自不弱。当时在南京，曾有人特地为于老安排汽车多辆，上悬巨幅于氏画像，并出动中小学生随车歌唱，记得歌词有"于右任，于右任，他是一个老革命"之句，热闹非常。

莫德惠，以社会贤达姿态出现，并代表东北同胞，又有华北一部分人士之拥戴。虽无党团之助力，但握有东北代表票数，亦可以周旋一番。唯莫氏始终以顺其自然之态应对，因而不像其他各竞选者如此热衷。

徐傅霖，为民社党之巨头，此次以在野党身份参加竞选，别有一派风光。就民、青两党而言，固有自知之明，绝难与国民党争短长；但就国民党而言，是极力盼望徐氏出马，以免给人以国民党"一党垄断"之口实。故徐傅霖参加竞选，甚受国民党欢迎，虽无法获选，但国民党之"国大代表"不惜分一些票给他，以为竞争资本。

蒋介石支持孙科竞选副总统，官方媒介积极配合，大造舆论。《中国新闻》于"国大"开幕前一天即 3 月 28 日发表长篇评论文章，对五位副总统候选人"说长道短"。因内容过长，这里不赘述，但前面的引语值得玩味，其导向不言自明。

评论之一——论于右任：他是一个相当理想的名誉上的元首，但却不适宜做一个事实上即是明日的大总统，而今天却是副总统的领袖！

评论之二——论李宗仁：他是一个卓越的军事家，但却未必是一个最理想的副总统，我们希望他学一学艾森豪威尔将军的作风。

评论之三——论孙科：他虽不是一个最适当的人选，但确实是一个相当理想的副总统，站在文人主政的立场，我们很希望文人能当选！

评论之四——论程潜：……他只适宜做一个军事方面的高级的幕僚，而不适宜做未来总统府中的副元首！

评论之五——论莫德惠:他是一个好好先生,虽然是一个很合适的副总统人选,但在中国这样重视权力的环境下,他无法挑起那一副沉重的担子!

评论文章对孙科赞赏有加,极尽歌功颂德之能事,诸如"孙科在国民党内,是一个多面形特殊的人物,他不像邵力子,那样炉火纯青,始终以'和平老人'自居;也不像张治中,那样八面玲珑,迄今依然保持着谦逊的'君子风度';他更不像莫德惠,那样老成持重,永远以超然的态度,周旋于各大派系之间,做一个好好先生。他有时沉默,有时咆哮,沉默时像一泓秋水,咆哮时便像一头雄狮……"一言以蔽之,孙科是最合适的副总统人选。

无独有偶,《北平日报》为这次竞选辟了一个民意测验的专栏,每日摘登一篇读者来函,对几位副总统候选人评头论足。北平是李宗仁的地盘,投他票的人一定多。不出所料,约半月有余,登出预测结果,果然如此。此次民意测验共有 28868 位读者投票,其中,李宗仁得票 26563 张,程潜 1163 张,于右任 1125 张。

从上可以看出,对于副总统候选人,官方和民意的分野所在,它可以说明一些问题。不过,毕竟竞选尚未开始,谁能当选,还是一个未知数。

由党提名的方案,既不能成立,党内反对派就有了活动的空间,这使得国民党危机进一步加深。一场竞选副总统大戏的帷幕,就这样徐徐拉开,但其幕后的争斗,则早已开始,而且更为激烈、有趣,甚至有点滑稽。

四　幕后争斗

这本来只是一次正常的"国大"选举,却掺杂了诸多其他因素,诸如地域观念、政治关系等,使原本就错综复杂的头绪,更加扑朔迷离。当时,"国大代表"济济一堂,却出现一种极自然的趋势,除了党能控制"国大"之选票外,代表们大都存有地域观念,如广东代表之拥戴孙科,广西代表之拥戴李宗仁,两湖代表之拥护程潜,西北代表之拥护于右任,东北代表之拥护莫德惠,至于民、青两党代表拥护徐傅霖,自不在话下。此外,政治关系也极大地左右选举,诸如华北各省(河北、河南、热河、察哈尔)以及广西、安徽、四川、贵州皆拥戴李宗仁;而江苏、浙江、江西、福建等省则因为党的关系则拥戴孙科。情况之复杂微妙,可谓一言难尽。加之各竞选班子自立门户,各不相让,不惜发挥拉票之手段,如请客,送相片,发小册子、机船票招待费……至于酒食征逐,尤其厉害。当时南京市的上等酒楼,几乎全为各竞选班子所包下,人力、物力之浪费,无可数计。有的餐馆因此而大发横财,如当时南京有一家麦利西餐厅,就靠李宗仁竞选请客而发财,后来发展到台湾开店。因为竞选太激烈,神经过敏,不免有损及人格之事时而发生,所幸,各竞选班子尚未到彼此互相对骂的地步。但竞选者也是身心疲惫,在短兵相接之数日中,是神形俱瘁,有时甚至搞得语无伦次!而在一日之中需与数千人握手,以致手臂肿痛,至晚都不能入睡。

6个候选人各有助选团,李宗仁的助选团由黄绍竑主持;孙科的助选团则由钟天心负责;程潜的助选团由何成濬、贺耀祖担纲。从20日开始,李宗仁、孙科分别包下安乐园和龙门酒家,大摆筵席,宴请各省"国大代表",以拉选票。但凡胸佩"国民大会出席证"的人,一律免费招待。

程潜、于右任、莫得惠与徐傅霖,虽然没有李、孙的排场大,但对各省的头面人物也都一一请到,几位竞选代表是"八仙过海,各显神通"。于右任是书法大家,其字价格不菲,他连夜赶写了近千幅"为万世开太平"的条幅,准备分送各位"国大"代表,以示亲切和拉近感情。有位记者坦率地问:"于院长参加竞选有何做后盾?"他诙谐作答:"我有条子。"记者听后大吃一惊,于院长清风坦荡,何来金条?原来于右任指的是他赶写的条幅。

孙科自正式宣布参加竞选后,声势也颇浩大。"CC系"控制的各级党部以及蒋介石手下的"黄埔系",利用党部、黄埔同学会以及其他党政各机关为基础,对"国大代表"是威胁利诱并重。他们派人直接或间接与各个代表分头接洽,凡投票给孙科的,要钱给钱,要官有官,而不愿合作的,其前途必受影响。

在竞选总部宣传部长邓公玄的精心策划下,孙科的竞选工作,虽起步较晚,却有条不紊,后来居上。在每日安排分批邀请"国大代表"的节目中,先由孙科演说,以国内外大事作为陈述政见的基础。孙科的学养深厚,对问题观察深刻,若就政见而论,各位竞选者无出其右。听后,深得各代表赞许,不少人确信,有蒋介石"钦定",亦能得到知识分子的青睐,在国内外享有声誉及功绩的孙科,是当选副总统最适合的人选。

为了拉到选票,每位候选人、候选人的竞选班子,乃至候选人的夫人都一齐上阵,紧张而又忙碌地展开攻坚。竞选期间,李宗仁仅招待费一项,就用去一千多根金条,折合黄金 1 万多两。孙科的费用也不相上下,他送交各报的巨幅广告,广告费就达 3000 万元。在精心为"国大代表"请客送礼的同时,无形中也把代表们手中一张副总统的选票给预定下来。

当初,黄绍竑曾反对李宗仁竞选副总统,但一旦既成事实便全力襄助,出任李宗仁竞选班子的头子。面对蒋介石咄咄逼人的拉票态势,则采取剑走偏锋、迂回作战的方式,他出面与另两位候选人程潜、于右任订立攻守同盟,相约无论谁在初选中失利,都将把投给自己的那部分选票去支持得票较多的人,以形成三对一的绝对优势。这样,不管蒋介石如何擅权,都难以让孙科登顶。

意想不到的是,此举得到复兴系、三青团地方干部的广泛支持。他们原本都是蒋介石手中的一粒重要棋子,为维护其统治立下大功,可如今却反戈相向,原因何在?

抗战胜利后,陈氏的"CC 系"声势日隆,与蒋、宋、孔并驾齐驱,成为"四大家族"之一。1947 年 9 月 12 日,国民党六届四中全会通过《统一党团组织案》(三民主义青年团并入中国国民党)。这样一来,各、市县的国民党主委,皆由"CC 系"分子出任,而副职则为三青团(大部分是复兴系)分子担纲。由于权益关系,"CC 系"与三青团分子相互斗法,矛盾日尖。

在"国大"第一次大会前夕,三青团的地方干部大部分得以"国大代表"身份来到南京。他们得知蒋介石以中央组织部长陈立夫为主组成党团成员,支持孙科竞选。如果后者胜利,则蒋介石将更加信赖陈立夫，而"CC系"得势，自然对他们不利。为了对付陈立夫的"CC系"，他们中的一帮骨干分子转而支持李宗仁竞选，虽然贺衷寒、袁守谦一再劝阻，却充耳不闻，我行我素。

按说，有蒋介石撑腰，无论是金钱还是实力，李宗仁都处在下风。然而，事与愿违，他们忽略了一个主要因素，那就是当时人们对现状的不满和反对"CC系"这两股主流。你要选孙科当副总统，我偏偏不投他的票，这令蒋介石始料不及。

4月23日上午，"国民大会"投票选举副总统，两千多名"国大代表"行使自己的权利。第一轮投票结果，李宗仁为745票、孙科为559票、程潜为522票、于右任为493票、莫德惠为218票、徐傅霖为214票，无一人超过半数。依照选举法规定，对得票较多的前三名重新投票，后三名被淘汰。

也许是因为投票的气氛过于紧张，需要用一点花边新闻来调节一下，当日中午，竟发生了捣毁《救国日报》一事。起因是因为该报在头版刊登了一则题为"敝眷蓝妮颜料案"的文章，披露孙科与其情妇蓝妮的风流韵事。

其实，孙科与蓝妮的关系人所皆知，关键是文中还提到另外一件事。抗战中，蓝妮潜回上海、南京等敌占城市，同陈公博、周佛海这两个大汉奸有过来往。抗战胜利后，中央信托局在上海没收了一批德国进口的颜料，作为敌伪财产处理。孙科却函电国民大会秘书长洪兰友，说这批颜料为"敝眷"蓝妮所有，要求发还。于是洪兰友写信给中央信托局局长吴任沧，要他看在孙院长的面子上，物归原主。这秘密不知怎么让《救国日报》社长兼主笔、素有"大炮"之称的龚德柏捕捉到，立马撰文，大肆诋毁，借攻击孙科之虚，行支持李宗仁之实。

远在抗战之前，南京较小的报社中，有三家销路较广的报纸，即成舍我的《民生报》，张友鹤的《南京晚报》以及龚德柏的《救国日报》。

龚曾留学日本，以"日本通"自居，自办《救国日报》后，日写社论一篇，对当时国民党的首脑，一无例外地恣意抨击，甚至谩骂一通，于是"龚大炮"之名不胫而走，《救国日报》的销路也日增。

《救国日报》日出对开，不讲版面编排，印刷也很粗劣，且国内外新闻与社会新闻多是采用通讯社稿,本身绝少专访,因而并无引人入胜的特别消息,而副刊亦枯燥无味,凡此种种,都难与别的报纸竞争。唯有它的社论与众不同,言人之所不敢言,令朝野侧目,读者是先睹为快。这令当局甚为关注和不满,据云龚氏曾多次受到警告与恫吓,但毫不介意,谩骂如故,颇有点赵子龙浑身是胆的气势。

对于龚氏的社论,誉之谓笔锋锐利,毁之谓哗众取宠。平心而论,所谓社论,应准确分析事实,提出合理建议,或是中肯的批评、谴责与表扬,而其社论,常是通篇谩骂。不过,在那样一个失去理性的年代,骂人有时比讲理说教更有效果,能起到敲山镇虎、打草惊蛇之功。例如他认为当时监察院是尸位素餐,不起作用,应予裁撤;又抨击考试院院长戴传贤,只知阿弥陀佛,不理政事;讽刺当时任行政院秘书长、后为汉奸的褚民谊,是"一笔颜字,两脚花键,三出昆腔,四路查拳,五体投地,六神无主",寥寥数语,勾勒出褚民谊的全貌。凡此种种,不能不说是言之有物而切中时弊。

特别是龚氏自命精通日本国情,力主抗战,鼓吹抗战必胜,敦促国民党奋起抗战,针对当时外交上害怕日本、步步退让的情形,颇能尽到舆论之责。

抗战胜利后,《救国日报》复刊,其社论继续发挥固有作风,锋芒直指国民党最高当局,在社论中公然表示不怕上雨花台。龚氏秉性倔强而怪僻,常于盛夏之中,坐在冷水缸里与客长谈,旁若无人,窥斑见豹,其特立独行的性格跃然纸上。

现在我们再把镜头推到《救国日报》刊登"孙科与蓝妮颜料案"一事上来,如果仅此登报,大家看看而已,虽有不满,还不至于引起群情激愤。问题是不知何人故意使坏,居然在会场中每位"国大代表"的座位上都放了一份。这一招既毒又损,让支持孙科派的人大为恼火。毕竟在这关键时刻,哪怕出一丁点小事,都有可能导致孙科名落孙山。于是,在张发奎、薛岳、余汉谋等几位国军上将的支持下,一百多位"国大代表"涌向《救国日报》社,"乒乒乓乓"一顿,是砸了机器毁了家私,把该报社部分捣毁了。幸好该社编辑部在楼上,"龚大炮"闻声后拔出自卫手枪,是"一夫当关",守在楼梯口上,声称如有人胆敢上楼,他必开枪无疑。张发奎等人只想出出气，于是和"龚大炮"隔着楼梯对骂了一阵，便愤然离去。

"颜料案"发生后，孙科沉默不语，他知道越辩越黑，不如三缄其口，这样反倒令外界肃然，以为有宰相之腹。不过，为了洗刷自己，他私下还是支持蓝妮申述案子经过，有一番辩白。

说起来，自打孙科决定参选副总统那日起，不仅得到二夫人蓝妮的赞成，而且她充分施展超凡的交际才能，为孙科四处拉选票。她甚至第一次以孙夫人的身份，连日盛装出入"国大"会堂，在公开场合为夫君摇旗呐喊，出力颇多。

竞选中，孙科看似"无懈可击"，对手只有寻找其他的突破口。一则过时的"颜料案"却大有文章可做，不啻为一柄致命武器，于是旧事重提，这让蓝妮不幸中枪，一时令她处在风口浪尖。

蓝妮为孙科竞选副总统费了很大气力，她对《救国日报》刊登有关她和孙科的隐私用来攻击孙科、为李宗仁助选的卑劣手法甚为愤慨，但面对所带来的负面效应却有口难辩。

然而，在面对政敌利用《救国日报》大肆诋毁自己的关键时刻，孙科非但没有公开回应外界的指责，甚至还有意避嫌，这令蓝妮痛心不已，遂负气出国，从此两人恩断义绝。

本来，这事与李宗仁绝无干系，但"龚大炮"旁敲侧击，等于帮了他的大忙。据说，他后来有点过意不去，给了龚德柏4根金条，借以弥补该报损失。

第一轮投票下来，李宗仁先声夺人。蒋介石遂于23日下午召见他的心腹干将贺衷寒、袁守谦，转而要他们帮助程潜竞选，以分散李宗仁的选票，并拨给活动经费100亿元。贺、袁本与程氏并无深交，只因同为湖南老乡，又受蒋介石之命，遂又转移目标。

4月24日，第二轮投票选举副总统，李宗仁得了1163票，孙科得了945票，程潜得了616票，仍未有人得票过半。

二轮过后，蒋介石见情势不妙，若再不采取过激之举，恐怕孙科就难与李宗仁匹敌，于是下令不择手段紧急"抢救"。据《李宗仁回忆录》所言：

"国民大会"投票现场

　　凡可动员活动的机关，如党部、同学会、政府机关、宪兵、警察、中统、军统等一齐出动，威胁、利诱、劝告更变本加厉。甚至半夜三更还到各代表住处去敲门访问，申明总裁之意，从者有官有钱，违者自毁前程。国大代表不堪其扰，怨声四起。

　　也就在这一日下午，蒋介石突然又召见程潜、贺衷寒、袁守谦。他再次改变主意，劝说程潜退出竞选，所有损失由他补偿，而命贺、袁二人把所有准备投程潜的选票全部转投孙科。程潜也是老资格的国民党人，对蒋介石这种独断专行的做法深表不满，当晚，即声言放弃竞选，以示对蒋介石的抗议。

　　与此同时，拥戴孙科一派在大街上散发传单，大肆造谣，攻击李宗仁的竞选另有政治图谋，桂系有意在李宗仁当选三月之后，要逼"领袖"

出国；李宗仁的竞选费用出自安徽省政府主席李品仙以保安经费为名搜刮上来的；李夫人郭德洁飞香港来回贩卖黄金；李宗仁在北平利用职权，高价批售运煤执照，等等。

一时风生水起，令李宗仁备感压力。但这一次他已抱定志在必得之心，把竞选作为多年来桂系与蒋氏集团争雄，改武斗为文攻的一次短兵相接的政治交手，以桂系的全部本钱，誓与蒋介石一决高下。

24 日晚，李宗仁召集白崇禧、黄绍竑、程思远等人在白公馆开会研究对策。有人提出以退为进，要李宗仁以幕后压力太大为辞，宣布放弃竞选，使蒋介石在"国大代表"和美国人面前无法交代，尔后再组织力量反击。此计甚得白、黄二人赞许。李宗仁则认为一旦放弃，恰好正中下怀，搞不好弄巧成拙，人财两空。当然，李宗仁也深为自己的未来担忧，毕竟出现这样的局面，是他当初参选未曾料到的。他是个军人，舞枪杆子是他的长处，当年台儿庄一战，痛击日军，是名声大噪；但玩政治手腕，他不擅长，只会直来直去。

在白、黄的极力怂恿下，李宗仁最后还是决定放弃竞选，不与蒋介石玩"猫捉老鼠的游戏"。他以候选人的名义给大会主席团写了一封信，意为以党之名压迫统制，使代表无法行使自由选举之权，以此情形选举，已失去意义，特此正式声明放弃竞选。这封信还分送到南京各报登出。李的竞选班底也刊登声明称：外界公开攻击李宗仁，是极尽污蔑、侮辱之能事，其司马昭之心路人皆知。现在，李先生为了表明其光明磊落的态度，已向"国大"主席声明放弃副总统竞选，深恐社会不明真相，特为郑重声明。

李宗仁放弃竞选的消息，翌日晨首都各报皆以特大字号的头条新闻刊载，并发出号外，沿街高呼。一时闹得满城风雨，"国大"会场里，更是嘈杂不堪，大会亦无法继续下去。支持李宗仁的代表们是义愤填膺，声言最高当局幕后操纵，破坏民主，即便孙科当选也无颜面。

李宗仁这一招，果然产生轰动效应。到会代表，尤其是李、程的支持者是愤愤然，声称："此种选举还不如曹锟的贿选，曹锟至少还是出了钱的。"一方面代表们纷纷罢选抗议，令蒋介石不堪重负，另一方面也使李宗仁得到更多反蒋派的同情和支持。

　　孙科一时尴尬，没想到手下一帮人所为，竟闹出这等大事。虽然不是自己直接指使，但在外人看来，必定是他在幕后操纵。他不得已也发表了一个声明，表示没有竞选对手参加竞选是不民主的，不符合选举程序，因而他也放弃竞选。"行宪国大"的第一次副总统选举就大出洋相，原定 25 日第三轮副总统选举无法进行，大会只得宣布暂行休会，延期再选。

　　此事与蒋介石似无多大干系，但这种尴尬的局面，则直接影响到他的形象，他急忙于 26 日发表声明，强调绝无控制选举之意。其后，国民党中常会和"国大"主席团亦先后派员分别拜访了 3 位候选人，以示安抚调解。蒋介石又专门召见白崇禧，要他力促李宗仁重新参加竞选，并说："你去劝劝德邻，我一定支持他。"李宗仁退出竞选，其实就是白崇禧出的点子，如今让他去做工作，也算是"解铃还须系铃人"。但他深知，蒋这样做，不过是要李宗仁加入到竞选行列中，以便顺利完成竞选，并非出自公心。

　　僵局延至数日后，"国大"主席团派出于斌总主教等亲赴南京大方巷李宗仁公馆，敦请李氏撤回放弃竞选申请书，继续参选。李氏当面对主教说："此次竞选，原非出于本意，但既经各方友好敦促鼓励，且已筹备甚久，又为吾国民主政治之创举，始敢置身一试，如因此而造成许多纠纷，则不如放弃。今承主教及各代表先生见爱，枉顾相劝，但哲生先生亦应请其恢复竞选，彼此均属至好，谁得谁失，都是宪政时代的佳话，决无稍存芥蒂之必要，敢请诸位转达哲生先生，弟当敬陪其后也。"眼见以退为进的目的基本达到，李宗仁也就顺水推舟，答应取消放弃竞选。至于能否成功，就要看他的造化了，所谓"谋事在人，成事在天"，毕竟变数太大，他无法左右。见李氏已答应再度参选，于斌便将放弃书当面交还，随后又满心欢喜地跑到孙科公馆劝其收回成命。

　　为了抬高李宗仁的地位，有"小诸葛"之称的白崇禧，专门又向"国大"代表作了一番宣传，并透露是蒋介石劝慰李宗仁继续参加竞选的。其弦外之音，就是让大家明了，蒋介石支持李宗仁竞选副总统。假作真来真亦假，如此一来，竞选副总统的天平，便向李宗仁倾斜。

　　28 日，"国大"复会，进行第三轮投票。李宗仁得 1156 票、孙科得

国民大会堂——"行宪国民大会"会场(1948 年)

1040 票、程潜得 515 票,各人所得票数仍不足法定人数,将依法继续投票选举得票较多的前两位候选人。这样,只剩下李、孙二人,他们的争斗进入白热化。在这最后关头,双方是短兵相接,各自出动大批人员,到处鼓吹游说。黄绍竑先后做了陕西、山东代表的工作,对浙江省的代表也是大挖墙脚。蒋介石命令蒋经国在南京中央饭店设置机关,为孙科呐喊助威。孙科的夫人陈淑英亲自带上女将,前往程潜的助选代表处游说。

五 功亏一篑

在这决战的当口,孙科在他富丽堂皇的院长官邸宴请两湖全体"国大代表"。孙科致辞，大意是说：明天两广决战，取决于两湖，我竭诚希望在座的诸位代表给我大力支持，投我最后一票！并频频举杯向代表们祝酒，他那"精炼"的词句，博得代表们的热烈掌声。席间，宾主谈笑风生，热情洋溢，直至深夜才散。不过，这时两湖代表的选票多数已为李宗仁提前订购。孙科在这短兵相接的关键时刻，试图力挽颓势，但为时已晚。

最后一轮投票，竞选者只有李宗仁、孙科两人。依选举法规定，以得票多数当选，即使一票之差，也可决定成败。当日夜间是蒋李争斗的最后关头，蒋介石在黄埔路官邸亲自发号施令，蒋经国在南京中央饭店设置机关，为孙科的最后一搏部署相关事宜。即便如此，也无补孙科所处的劣势，蒋介石虽然大权在握，但他已无法主宰民意。

29日上午举行第四轮投票。这是"国大"开会以来气氛最为紧张的一天。一早，李、孙及其夫人就来到长江路的国民大会堂。李氏夫妇站在大门前左方，而孙氏夫妇则站在大门内侧右边，迎接进入会场投票的代表。他们和每一位代表握手时，都轻言"拜托拜托了"。

40年代末，国民党的腐败，蒋介石的集权已无以复加，即便如此，副总统一职也还是要通过竞选产生。而候选人则亲自站在门口笑脸相迎，恭候每一位投票的代表。不论他们是出于真心还是假意，是必须使然还是走走形式，至少也得做出一副"公仆"的样子。见到代表，不说是低三下四，也是谦恭有加。哪怕是装，也要"潇洒走一回"。作为党国高官，能放下架子以示亲和，也绝非易事。

决定命运的时刻终于到了。当日，被称之为"国大之喇叭"的某君于唱票时，以洪亮之嗓音，频呼"李宗仁"、"孙科"两人的名字，其声震屋宇，再夹杂着代表们的掌声，由电台转播出去，一声一句，是扣人心弦，为中华民国"行宪"前的一次高潮。随着唱票人的逐票高喊，李、孙二人是交替上升，不相上下。当唱到孙科的票时，孙派的代表是一阵掌声；而唱到李宗仁的票时，同样李派也击掌欢呼。此起彼伏，会场好不热闹。

由于此前李宗仁抢先一步，以退为进，放弃竞选，无形中博得多数代表的同情，同时拥程、于、徐的选票，也都集中投给了李。起初，彼此票数相差不多,但逐渐差距拉大,当李宗仁的票唱到 1400 张时,孙科及拥护他的代表知道大势已去,黯然神伤,相继离开会场。这时,李宗仁及拥护他的代表则更加活跃,直到将选票唱完为止。

结果终于出来:李宗仁 1438 票,而孙科为 1295 票,李宗仁终以微弱优势,当选为"行宪"后第一届副总统。

当蒋介石在官邸得知这一消息后,竟气愤地一脚踢翻收音机,他最不愿看到的事情还是发生了。诚如司徒雷登所言,这"对于公开决意支持孙科的蒋介石是一个严重挫折",这是"国民党内反对分子,对以'CC系'和'黄埔系'为中心的政党机器的独裁进行挑战的胜利"。

选举结束后,李宗仁、孙科各自发表讲话表露心迹。孙科不失君子风度,给李宗仁发去贺电。第二天,李宗仁夫妇到蒋介石官邸作礼节性的拜访,竟然被晾在一边,在客厅中坐等了 30 分钟后,蒋介石夫妇才姗姗而出。李对蒋总统的"异常关怀"表示感谢,蒋介石则一连说了三声"辛苦啦!"彼此相见,话中带刺,是不欢而散。

李宗仁如愿以偿,登上副总统宝座,但蒋介石大权独揽,完全无视他的存在,有关重要会议,不通知他到会,外事活动,也不邀请他出席。李宗仁费了好大周折,花了许多财力,到头来得到的仅是一个徒有虚名的闲职,他的最后"风光"仅此而已。

对于国民党而言,这场政治游戏不过是两败俱伤。《观察》杂志特约记者的评论,可谓一语道破:"在现在的世界上,有这么一个政党,全党的人不作他图,专门找自己的麻烦,无缘无故制造一些不可解决的纠纷,企图毁灭自己。真是不暇自哀而后人哀之。"

孙科竞选失败,有诸多原因。蒋介石鼎立助选,看似强大,实则害了他,导致许多对蒋介石不满的选举代表迁怒于孙科。同时,孙科及其竞选班子,心理上过分相信和依赖蒋介石的力量,以为程潜、于右任两人不是李宗仁的对手,但孙科对李宗仁绝对难分伯仲。如此一来,力捧孙科的人,首先就存在一个轻敌之心,结果大意失荆州。当然,在争取选票同各方面周旋、拉拢的风度上,孙科远不如李宗仁为甚。孙科只顾宣扬政见,高高在上,疏于和代表间的情感交流和接触。在他看来,政治是公事,何必用私心相待。孙科一贯书生作风,平素除了工作,就是

蒋介石、李宗仁出席正、副总统就职大典

读书,他最讨厌虚饰,把宝贵的时间掷于无谓的应酬上,在他看来这太无聊。竞选期间,他也未改变这种行事风格而到处活动拜托。即使许多"国大代表"屈尊枉驾,亲自到府上登门致意,他依然如故,甚至我行我素,不假辞色,一派君子之交,绝不虚与委蛇,应付人家。因此有人批评他架子太大,让代表们受不了。

而李宗仁与其妻郭德洁则在竞选上表现出十足的内行,倾其全力"攻关"。比如李氏夫妇每日分别亲往各代表寓所拜访,表现出一种谦虚、和善、恳求的态度,对于讲究人情味的国人来说,这一套很得人心,赢得别人的好感。况且以李宗仁为首的桂系,军政皆有深厚的渊源,每每独当一面,财力也很富有。相传于竞选期间,李宗仁在南京国民大会堂附近,包下三所饭店,供给"国大代表"免费用餐,连新闻记者也享有这一"特权"。并备有大批礼物赠送给代表,甚至以"银弹攻势"击中要害,使若干代表见利忘义,出卖票选。

对于孙科参加竞选副总统的经过,他的部下郑彦棻曾撰文记述:

> 先生受各方面之敦促,参加副总统竞选。事前一般人以先生既为"国父"之子,又复德高望重,功勋彪炳,而国民大会代表,大多数是国民党党员,认为先生的当选是毫无问题的。不料结果竟意外落选,事后有些人认为先生在竞选活动期间,不大活动,不热烈拜访代表,不免被视为态度骄傲而引起反感。而他认为孙科的落选,自有其他因素,但孙科的做法,却正是他的独特之点,因为他认为代表是明智的,何人该选,何人不该选,自各有适当的抉择,不必个别地去作过分的拜托,否则当选了,也会被别人讥讽所获的是人情票,甚至会被诬陷是用金钱活动换取,所以,先生虽然落选,但所做的完全符合他的为人,一个读书人的本性。

就选举说事,竞选人的实力固然重要,但更要会经营,耍手腕,打太极,"技在戏外"。孙科没有学会这套本领,也对此不屑一顾,所以,他的落选在情理之中。

当然,孙科也有缺憾,他是一个另类人物,有自己的个性,但却很难始终如一,不为人动,不被左右,表现出起伏不定,常常因此而失去自身的本色,让人难以置信和琢磨。而那失去的品质,才是他最值得骄傲之处。

在这场竞选中,孙科输掉的不仅是选票,还有他的个人形象也大打折扣。通过竞选,孙科拉近了同蒋介石之间的关系,一个倾心民主、追求自由、反对独裁的人,最终还是与蒋介石合流,多少让人感到不可思议。

第七章　痴情:被逼无奈的选择

1948 年的秋季是风雨萧瑟,接下来的冬季则是漫漫寒夜,这对蒋介石来说,是一个煎熬的多事之秋和冷月残冬。随着辽沈战役的结束、淮海战役的打响,国民党军队连遭败绩,蒋介石已回天乏术,穷途末路。大局急转直下,江南已呈朝不保夕之势。

是年 5 月成立的翁文灏内阁,面对日益恶化的国民党统治危机是一筹莫展,无法应付时局。11 月,学非所用的翁文灏,再也难以支撑,无奈之下坚辞行政院院长一职。在任不到半年,这位著名的地质学家,应对政治变化,显然不如应对科学技术那样来得得心应手,他可以解决亿年之前的地质问题,却无法面对现实的窘况。

翁文灏出任行政院院长,纯属偶然。蒋介石就任大总统后,召集军政要员开会,征求对行政院院长人选的意见。他先提名张群或何应钦出任院长,但胸有城府的张、何两人表示"有心无力",均告辞谢。为了显示"开明"形象,蒋介石又提名技术官僚出身的翁文灏为行政院院长。问题是蒋氏提名一个没有政治实力、没有施政准备的人出任行政院院长,而翁文灏则在毫无准备之下糊里糊涂地接受了这个任命,立法院又照章通过,新一届内阁就这样随心所欲却又"符合程序"地诞生了。按照"宪法",采取责任内阁制,行政实权应由内阁掌握,因此,选举行政院掌门人,不可谓不重要。但从这个内阁的产生过程中,不难看出其地位所在,不过是装点门面,实权仍掌握在蒋介石手中。

孙科与翁文灏两任院长交接

一　二度组阁

"你方唱罢我登台"，翁内阁下台后，该由谁来救场？众人都拭目以待。但大家都清楚，无论谁上台，恐怕都无力挽救国民党大势已去的命运。一日，孙科正在主持立法院院会，突然四处警戒森严，孙科遂请副手代为主持，自己退到办公室。原来是蒋介石驾到，两人谈了半小时。随后便传出蒋介石将返奉化，李宗仁代总统，而孙科组阁的消息，一时是群议纷传。

此前，蒋介石提出了内阁首脑的两套方案：一是由张治中组阁，但蒋氏认为，张的"主和"色彩太浓，"恐怕立法院通不过"；第二方案是让孙科组阁，由张做行政院副院长兼国防部部长，使成为一个"能战能和的内阁"。但张治中婉拒蒋介石的"好意"。蒋介石随即找到孙科，他同意组阁，但要求组成一个所谓的"巨头内阁"，即延揽各方重要代表入阁。孙科执意拉"主和派"张治中、邵力子参加，其主要目的还在向中共做出"和平"姿态，并希望由他二人出面，代表国民党与中共议和。当时孙科倾向于国共和谈，尽管此时国民党已处于劣势，与中共讨价还价的回旋余地不大，但他还是希望一试，死马当活马医。

立法委员段剑岷乃中原人士，古道热肠，心直口快，立即面陈孙科，极力谏阻：

> 翁文灏临难而去，张群、何应钦早有问鼎之意。一有政治力量，二有军事资历，目下尚不敢担任，公乃文人，毫无凭借，此不可一也。阅江南危急，富户商贾，主张和议，主和就是投降，此不可二也。传闻总统有李宗仁暂代之说，公与李竞选副总统结下深仇，李为军人，蛮不讲理，绝对不能合作，且恐又遭其暗算，此不可三也。立法院等于国会，国会与宪法存在，即国家存在。行政院长可随时易人。公在立法院久，与同志和谐，千万不可组阁。坐镇立法院可也，副总统选举之教训，不可忘也。

孙科被这番恳挚的言辞所打动，他沉思良久，最后沉痛地说：

> 兄所述爱我至深，我万分感激。且全是实情。我并不愿意做官，行政院长我也干过一次。不过国家到了这份田地，皮之不存，毛将焉附？到了万不得已之时，总统蒋公才亲往看我。论公论私，我不能推辞。现在既答应总统，我只有跳火坑了，万死不辞，我只有一句话答复你：我绝不投降。

翁文灏坚辞行政院院长后，当局曾会商许多人继任，无奈大势已去，谁都不愿意"跳火坑"。孙科是个读书明理的人，其中利害，他应了如指掌。知道此举将是代人受过，绝无好下场。但是，孙科既有传统士人的愚忠情结，又被所谓的情义所困，于是只有硬着头皮，背起这沉重的十字架。对于孙科这种勇挑重担的"高尚"之举，文人喜用"见危授命"这一类史传佳话，形容孙科当时的处境。实际上，为当时情势所迫，几乎等于蒋介石下死命令"非当不可"，近乎于"绑架"，孙科是被逼无奈。但孙科本不是一个有血性的人,他只有赌一把,故其走马上任,被看作是一场"救赎之战"。

在面临下野之际,孙科成为蒋介石以退为进的一粒重要棋子,他一心想让孙科出来"挽救危亡"。孙科再次被推到前台,自有蒋介石的意图:孙科自1932年国民党宁粤和议之后,一度曾出任行政院院长。不意为蒋介石暗中下套扼杀于襁褓之中,仅一月有余便走人,以后长期退居立法院院长,是心存不满。如今在这危急时刻,蒋介石手中已无牌可打,于是想到在世人面前形象尚可的孙科,便想利用他来顶一顶,此为其一;1947年副总统选举,蒋介石本想利用孙科挤掉李宗仁当副总统,而立法院院长则由陈立夫执掌,这样一举三得。孰料,这个美梦被桂系所击破,孙科仍居立法院。为了安抚孙科,蒋介石有意让孙科出任行政院院长,这样,即便自己下野,也可利用孙科来钳制李宗仁,此为其二。

当然,孙科内阁的成立,归根到底,还是蒋介石在国民党内部矛盾趋于白热化,为应付时局所做出的特别安排。所谓"特别",就是指已到了无路可走的地步,不得已而为之。

当时南京《益世报》的一位编辑写了一篇杂文,题目是"为孙内阁算命",文中他巧妙地将孙科的"科"子拆成"禾"与"斗"两个字,并断言"孙内阁的八字是'欲和无口(禾)、欲斗(斗的繁体字)无门'"。这当然是谈笑之言,但一针见血地指出当局"和无诚意、士无斗志、命不久长"。果不其然,"有其翁(文灏)必有其孙(科)"。他的话,不幸被言中,孙科上台仅不足3个月就辞职走人,是更加短命。

二 土崩瓦解

从1948年下半年开始,随着国民党连遭败绩,支持国民党打内战的美国对蒋介石越来越失望和不满。10月12日,美驻华大使司徒雷登在向华盛顿的报告中称:蒋介石已负众望,众叛亲离。23日,他向国务卿马歇尔正式提出了逐蒋下台的主张。其后,随着辽沈战役结束、淮海战役继起,美方感到依靠军事胜利来解决内战已无望,只有与共产党进行政治谈判,才是避免国民党政权覆亡的唯一途径,但蒋介石显然有碍这一步骤的进行。

蒋介石本想继续得到美国的支持,以挽救垮台的命运。但美国已心灰意懒,拒绝军事、经济援助,蒋氏的最后一线希望也成泡影。对此,他哀叹地写下了这样的句子:"冬天饮寒水,雪夜渡断桥。"

如果说"寒水"是来自美国,那"断桥"则是国民党内部所为。军政方面的接连失利,使蒋介石的威信和实力已严重削弱,在国民党内,要求和谈之声鹊起,而要求蒋介石下野的呼声日隆。12月初,在黄埔系、复兴社、三青团、国大代表、中央立监委中,有30多人主张"和平",秘密誓约"拥李主和"。

面对桂系军阀的步步进逼,蒋介石难有还手之力,继续恋栈不去,必成众矢之的。在重重压力下,蒋介石决定故伎重演下野之谋,给李宗仁一个机会,而自己退居幕后,以期卷土重来。

蒋介石于1927年在南京建立了蒋家王朝,但并不是事事皆顺,在群雄角逐中,他曾二度下野。第一次在"四一二"政变后,因为桂系"逼宫"所致;第二次在"九一八"事变后,由全国人民声讨和派系斗争所驱。但是,他每次以退为进,总能逢凶化吉,东山再起。从整个历史进程分析,蒋介石不愧是一个怪杰,但这一次,他还能有戏吗?

蒋介石集团在上世纪20年代排斥共产党之后,未能单独承担起领导中国前行的重任。而排斥共产党的结果,反倒为自己树立了一个强有力的对手。蒋介石政权所缺乏的或无法做到的,正是共产党人所擅长或拥有的。历史发展的进程,成为这一史实的最好注脚。

1949年,对中国人民来说,是一个十分重要的年份,它成为一个时代的分水岭。到此前的1948年底,被毛泽东称之为解放战争,而被蒋介石称之为"戡乱战争"的较量,仅仅进行了两年半,战局就发生了根本性逆转。用美式装备武装起来的数百万国民党精锐部队,被中共领导下的人民解放军一口一口吃掉。曾经耀武扬威、肩扛将星的国军将领们,以及百余万士兵,成了解放军的手下败将和俘虏。历史就是这样的无情,曾经不可一世的国民党,终于也露出了一副可怜的样子,开始乞求与中共和谈。

1949 年元旦，走投无路的蒋介石，不得不在这一天发表文告，声言"求和"。他表示愿意与共产党"商讨停止战事，恢复和平的具体方法"，但却提出要保留所谓的"宪法"，保留他所谓的"法统"，保留军队等，否则就要同共产党"周旋到底"。并假意表示："和平果能实现，则个人的进退出处，绝不萦怀，而一惟国民的公意是从。"尽管已处在火山口，但蒋介石一刻不忘维持国民党的统治权。

显然，蒋介石提出的不是和平条件，而是继续战争的条件，是缓兵之计，意在拖延时间，积蓄力量，卷土重来。

当时，是将革命进行到底，还是让革命半途而废？摆在了中国共产党、毛泽东的面前。

同月 14 日，毛泽东以中共中央主席的名义发表了《关于时局的声明》，针对蒋介石提出的所谓"和谈"严正指出："虽然中国人民解放军具有充足的力量和充足的理由，确有把握在不要很久的时间之内，全部消灭国民党反动政府的残余军事力量。但是，为了迅速结束战争，实现真正的和平，减少人民的痛苦，中国共产党愿意在惩办战争罪犯、废除伪宪法和伪法统、改编一切反动军队等 8 项条件的基础上，同南京国民党政府及国民党地方政府和军事集团进行和平谈判。"

毛泽东的声明使当时的国民党政权感到绝望，尤其中共电台播送的关于和谈的"八项条件"，指控蒋介石为"中国头号战犯"，随后，中共又于 12 月 25 日公布了 43 名"一级战犯"的名单，将国民党在内战中负有主要责任的重要人物都罗列其中，包括蒋介石、李宗仁、陈诚、白崇禧、何应钦、顾祝同、陈果夫、陈立夫、孔祥熙、宋子文、张群、翁文灏等，孙科则名列第 13 位。文告指出，上述人等，则是罪大恶极，国人皆曰可杀者。过去，是蒋介石下令要处罚毛泽东，并悬赏首级，现在，该轮到毛泽东惩办蒋介石了，这不啻为最后的通牒。

16 日，蒋介石邀约邵力子、张治中、张群、吴铁城和民社党头目张君劢、青年党负责人左舜生到黄埔路官邸共进晚餐，饭后就毛泽东所提的和谈"八项条件"征询意见。孙科说，中共所提的"八项条件"，就是一份强硬的无条件投降书，他们不能以战胜者自居，和谈应在对等地位上进行才行。邵力子接着说，三大战役结束后，人家本来就是战胜者，我们还有什么话好说！张治中看到蒋介石脸色不对，忙打圆场，今天主要是听听民、青两党的意见，我们党内改天再谈。蒋经国在日记中记载，把当天的会议说成"邵力子公然主张'无条件投降'"。

次日，国民党中政会开会，继续讨论和谈问题。蒋未参加，由孙科主持。会上邵力子和张治中主和，谷正纲、张道藩主战。双方尖锐对立，激烈交锋，结果不欢而散。

19日，蒋介石邀孙科、张群、邵力子、张治中等再到黄埔官邸，就和谈问题交换意见，会后做出决定：由行政院决议，政府希望国共双方先无条件停战，然后各派代表协商和平办法。会上，蒋介石说，徐州会战已经结束，杜聿明余部3万多人全部被解放军消灭，局面发展到此地步，个人引退已无遗憾。并征询下野文告应如何措辞。

蒋介石于元旦发表文告表示了下野谋和的意向后，却迟迟不见走人的动静。连美国驻中国大使司徒雷登都看不过去，说"蒋先生也太不识时务了。作为一个绅士，我简直为他这种厚颜无耻的行为感到羞愧。《文告》发表半个多月了，可他还赖在总统的位置上，不肯滚蛋"。终于在1月21日，蒋介石凄然宣布下野，但他却只字未提"引退"，其"总统"职务由"副总统"李宗仁代理。次日，李宗仁表示，愿以中共所提"八项条件"为基础进行和平谈判。

此时的蒋介石已拿定主意，暂时以退为进，如果李宗仁认为他与共产党和谈能成功，那就让他去谈好了。事实上蒋介石非常清楚，在当时的"宪法"条款中，没有总统辞职的规定。蒋介石只不过是根据"宪法"第49条的规定，由副总统李宗仁代行其职，而他仍保留着国民党总裁的职务。他不仅要用他的影响力也要用这个身份来继续指挥国民党余部。这表明，他不过是从台前退居幕后，并未从政治舞台上真正消失。

下野的当天下午，蒋介石悄然离开南京飞抵杭州，次日飞回奉化溪口镇他的老家。他表面上徜徉于故里溪口的山水之间，一副颐养天年的架势，实际上从未停止对军政要人和军政大事的操纵和指挥，在溪口共设有七部电台供其遥控，与外界保持热线联系。远在数百里之外、坐镇南京的李代总统的一言一行，都在他的视野之内。正如行政院副院长兼外交部部长吴铁城坦白地承认："一个当权这么久的人要他一下子就袖手不管,这是困难的。"

蒋介石状似闲云游鹤,内心里,却是大海孤舟,四顾茫然。作为一个乱世败将,眼见江山不保,还有何寄情风月之雅兴?但是,蒋介石是一个要强而又不服输的人,他还要做最后的一搏。他在日记中就曾这样写道:"我一定要不屈不挠地奋斗下去。"其后,国民党败退台湾,但蒋介石一天也没有忘记反攻大陆,他是抱着无法回到大陆的无限遗憾离开人世的。

因为有国民党的溃不成军,有蒋介石的困境所在,才有孙科的二次组阁,简述其事,将助于我们深刻认识孙科的所谓"临危受命"之顽冥不化。在这样一种情况下,孙科完全知道他执掌行政院的结局是什么。当然孙科完全可以拒绝,但他没有这样做,这不能不令人感到悲哀。

三 无奈出局

1948年12月23日,孙科就是以这种"背十字架"的沉重心情,二度出任行政院院长。当时大局危急,颇有"山雨欲来风满楼"之势。走马上任之始,孙科向外界宣布:"此内阁为一战斗内阁,将继续与'共匪'作战,直至获得光荣之和平为止。"但同时他又不能不谈所谓的和平:"内阁极有可能鉴于继续作战之无益,而决定和平……"孙科期望通过和与战两手,能有补时艰,挽回颓势。有意在这生死存亡之际,为国民党捞回一点颜面,并幻想通过谈判,来改变这种不利的局面。

孙科的内阁,称得上是"豪华"阵容,囊括了吴铁城、陈立夫、朱家骅等"太子系"、"政学系"、"CC系"的显要人物,偏偏没有桂系人入阁。很显然,孙内阁的倾向性不言而喻,这与孙科和李宗仁为竞选副总统结怨不无关系;但更重要的,少不了蒋介石的影子在作祟。

对于和谈之事,司徒雷登的私人顾问傅泾波曾对孙科表示:"一、美国政府希望总统下野,二、希望新阁主和。"司徒本人也对孙科说:"彼以美国大使之地位,虽不便发表意见,但以私人资格言,确实赞助和议运动。"孙科深感,国共和谈,乃当务之急,不可逆转,如果解决不好,国民党将彻底完蛋。

为挽救濒临灭亡的国民党政权，上任初始，孙科不断呼吁与中共议和，争取实现"光荣的和平"。1949 年 1 月 1 日，他发表广播演说，提出愿与中共进行和平谈判的建议，并表示新内阁将以实现和平、解除人民痛苦、改良征兵征粮、稳定物价为施政首要目标。

孙科也做出了一付和谈的姿态，他派出以亲信钟天心为首的和谈代表团，欲与中共对话。问题是这个代表团代表了蒋介石集团的利益，对中共和谈的"八项条件"绝难接受，因而遭到中共的拒绝。

但是，孙科内阁并不知趣，行政院异想天开，于 19 日开会决定，提出与中共"先行无条件停战"的要求。对此，中共加以驳斥，并明确表示，现在国民党没有资格谈其他条件，唯有以中共"八项条件"为谈判基调。

21 日，蒋介石终于第三次下野，李宗仁代行总统职权。他一上台，就想改组内阁，刷新内政，希望张治中任行政院院长，张不愿接受；又考虑让宋庆龄来组阁，也没成功。李宗仁所做的一切，都受到退居幕后的蒋介石钳制。

不得以，孙科的行政院于 22 日做出决议：决定派邵力子、张治中、黄绍竑、彭昭贤、钟天心为代表组团与中共和谈。对于国民党方面的求和姿态，中共以毛泽东 1 月 14 日提出的和平谈判"八项条件"作为回答。由于孙科对"八项条件"极为抵触，故对与中共重开和谈并取得成果并不抱有太大希望。但同时，他又寄希望于美、英等国居间调停，但遭到拒绝。这样，无论是从内部，还是从外部，"和谈和调停"的大门基本关闭，孙科对国民党政权的前途已近绝望。

孙科因竞选副总统受挫，与李宗仁颇多积怨，故而在许多重大问题上有意与李宗仁作对，而与退隐溪口的蒋介石遥相呼应。1916 年，北洋政府总理段祺瑞和总统黎元洪曾因执掌权柄而发生了一场"府院之争"，如今 33 年过去了，这一幕又在孙科和李宗仁之间上演。李宗仁就任"代总统"后，孙科滞留沪上不返，使李宗仁的政令无从执行。

1 月 24 日，李宗仁命令行政院办理七件事，其中包括如取消戒严令、释放政治犯、停止特务活动等，以表示与共产党谈判的诚意。孙科表面接受,但不同意取消戒严令。27日,李宗仁致电毛泽东,同意中共所提"八项条件"作为和谈基础。孙科称李宗仁此举未经国民党中常会和行政院讨论,坚决反对,谓之"城下之盟"。孙科组阁时,曾主张争取"光荣的和平",要求共产党无条件停战才能谈判,因此对李宗仁的这一做法十分恼火,他于28至29日鼓动内阁要员悄悄离开南京,赶赴上海。29日是农历初一,结果留在南京与李宗仁度岁的国民党元老仅有监察院院长于右任、前司法院院长居正两人,甚为凄惨。

2月1日,李宗仁到上海劝孙科内阁返回南京,希望"府院"一致,同心协力,共渡危局。令李宗仁大出所料,孙科居然未经他的同意,私自决定将政府机关迁往广州。同日,蒋介石下令国民党中央党部也迁往广州办公,并与行政院密切联系。5日,行政院及其各部正式迁至广州。一时,国民政府出现了"一国三公"的奇观:溪口的蒋介石、南京的李宗仁和广州的孙科。这之间,国府与行政院不是遥相呼应,而是异地对立,而下野总统远比台上的李代总统更有权势。

孙科将行政院南迁至广州,不仅在政治上拆李宗仁的台,而且是对其和平努力的一种挑战。对于孙科的上述举动,在南京、上海的立法委员和监察委员纷纷指责孙科将行政院擅自搬到广州,造成了"府院"之间的矛盾。政府分裂,对李宗仁代总统地位和施政方针的贯彻是一个重大的打击。而孙科把政府机构迁往广州,在当时的国民党政界也不得人心,普遍认为这是阻碍和平。

孙科到了广州后,与李宗仁唱起对台戏,抗战胜利后曾以主和著称的他一反常态,直言"共产党所提出之惩办战犯一节,系绝对不能接受者"。声称对政府的过去应重新检讨,反对李宗仁的和谈声明。

孙科滞留广州,一去不返,这令李代总统心焦。尽管他一再下令,要各机关首长到南京来"共策大计",但孙科装聋作哑,不理不睬。孙科为何如此?一句话,他不想"和",虽然他曾经主和,但自蒋介石引退后,他骤然而变,来了一个360度大转弯,这就无法与李宗仁共存。所以,他必须要到广州另立门户,发表主战讲话,以待李宗仁谋和失败后,为蒋介石东山再起做准备。

李宗仁心知肚明,为了维护代总统的权力,他不得不主动出击,决定采取以柔克刚之策,以虚怀若谷之举,争取舆论同情,拉拢中间力量,分化蒋、孙势力。他首先竭力把尚留在京的监察院院长于右任和立法院院长童冠贤争取过来,仰仗他二人之襄助,尽快使立法和监察两院复会,以此向行政院施压。又以"于此飘摇之际,肩起责任"相号召,召集在南京的"国大代表"餐叙。在会上,李氏夫妇一唱一和,历数"苦衷",以博得"国代"对"代统"的同情和声援。尔后又让复会后的监察院及监察委对孙科之"渎职"提出弹劾。2月8日,广西省政府主席黄旭初携李宗仁函拜访孙科,促其返京。他还在广西联络粤籍将领张发奎、余汉谋、薛岳、陈济棠等,通过粤桂合作,以此达到罢免孙科、改组行政院的目的。10日,李宗仁又派监察院院长于右任、立法院院长童冠贤劝告孙科返回南京。14日,李宗仁则下命令行政院回京。对此,孙科是一而再,再而三地表示拒绝。他始终不愿北返,并以血压过高,不能乘飞机为借口,甚至说"我老母还叫我到澳门去呢"。

其后,孙科派了吴铁城、徐堪、钟天心三位来宁,并以体弱多病为由,借童冠贤、于右任返回南京之便,面向李代总统转达辞意。孙科真心要引咎辞职?显然这只是一种姿态,如果真要挂冠而去,应在离开南京之前,为何一直要拖到今天?其实,孙科是在隔岸观火,静观其变,看看李宗仁下一步走什么棋。

然而,时局瞬息万变,原本是蒋介石要孙科组阁,也是蒋介石怂恿其将行政院南迁至广州,与代总统李宗仁针锋相对。可如今看到舆论对孙科不利,蒋介石害怕引火烧身,便见好就收。他接受阎锡山出面协调"府院之争",并表示"行政院重要部会主官应驻南京,但其机构仍在广州。李宗仁既欲变易孙科院长,与其另觅人选,协调府院,反不如由李宗仁自行决定行政院长,使彼能完全肩负责任"。最后关头,蒋介石丢卒保车,把孙科给卖了。

眼见各方协调成熟,2月20日,李宗仁亲自出马,突飞广州,与孙科当面晤谈。李宗仁态度谦恭,对孙科尤甚,左一个"拜望孙院长",右一个"务请返京主持一切",使孙科极为尴尬和被动。其后,李宗仁又驱车去薛岳官邸,与张发奎、余汉谋、薛岳等"叙旧言欢"。"南天王"陈济棠做寿之际,李宗仁又借机前往庆贺。

李宗仁反客为主，莅临羊城仅仅 2 天，就瓦解了孙科在粤势力，粤籍大员纷纷附李，要求孙科迅即返回南京。谁也没想到，一个长于军事的武将，居然政治游戏玩得如此得心应手，在这场府院之争中，李宗仁占据了上风，而孙科则败下阵来。在广东地方实力派的施压下，孙科被迫向李低头，答应把行政院搬回南京。28 日，行政院又回到南京。

待孙科灰溜溜地从广州返回南京后，受到立法、监察两院的攻击，斥责孙科内阁是最近中国历史上"最腐败、最无能及最恶劣者"，并且是"和平之障碍"，等等，立法院还将对孙科提出"质询"，要其答复擅自把行政院迁往广州的行为。

"聪明反被聪明误"，孙科为自己的鲁莽行动付出了惨重代价，在众口一词之下，且不说还手之力，连招架之功也全无。不得已，孙科于 3 月 8 日向李宗仁提出辞呈，孙内阁维持不及三个月就倒台了。

孙科下台，势在必然，国民党政权大厦将倾，谁人也挽救不了。对国民党而言，这是不得不接受的现实。但对孙科而言，不免有些悲哀。他两次组阁，都为时甚短，板凳还未坐热，就在内外交困中走人。如果说第一次是蒋介石从中作梗，那这一次呢，恐怕就得从自身找原因了。本来，孙科可以做得漂亮一点，现实一些，那结局或许不是这样。但孙科再一次暴露出自己的弱点，以及对国民党的一片痴情，于是他只能默默承受这样的事实，真不知是怨天还是尤人，抑或自责？是时运不济，亦是历史的误会，让他吃了这碗政治饭。

四 推卸责任

1949 年 2 月 18 日，毛泽东就国民党中央宣传部于 2 月所发《特别宣传指示》中关于战争责任问题的全部论点，发表了《评国民党对战争责任问题的几种答案》①一文，从字里行间，我们读出了当时孙科的基本立场和观点。毛泽东说：

---

① 《毛泽东选集》第四卷。

他(孙科)在蒋介石发表元旦声明的同一天的晚上,发表广播演说,关于战争责任问题,提出了一个不同的论点。孙科说:"回忆三年前,当抗战胜利的初期,由于人民需要休养生息,由于国家需要积极建设,由于各派对国家和人民的需要尚有共同的认识,我们曾经集合各方代表和社会贤达于一堂,举行过政治协商会议。经过三星期的努力,更多谢杜鲁门总统的特使马歇尔先生的善意调协,我们也曾经商定了一个和平建国纲领和解决各种争端的具体方案。假如当时我们能将各种方案及时实行,试问今日的中国应该是如何的繁荣,今天的中国人民应该是如何的幸福啊! 可惜当时各方既未能完全放弃小我的利害,全国人民亦未能用最大的努力去促进这个和平运动的成功,遂致战祸复发,生灵涂炭。"

孙科比蒋介石"公道"一点。你看,他不是如同蒋介石那样,将战争责任一塌括子推在共产党身上,而是采取"平均地权"的办法,将责任分给"各方"。这里也有国民党,也有共产党,也有民主同盟,也有社会贤达。不宁唯是,而且有"全国人民",四亿七千五百万同胞一个也逃不了责任。蒋介石是专打共产党的板子,孙科是给各党各派无党派全国同胞每人一板子,连蒋介石,也许还有孙科,也得挨上一板子。你看,两个国民党人,孙科和蒋介石,在这里打架。

......

孙科的"平均地权"政策是否坚持不变呢? 也不。一九四九年二月五日孙科"迁政府于广州"以后,二月七日发表演说,关于战争责任问题,他说:"半年以来,因战祸蔓延,大局发生严重变化,人民痛苦万状。凡此种种,均系过去所犯错误、失败及不合理现象种下前因,以致有今日局势严重之后果。吾人深知中国需要三民主义。三民主义一日不能实现,则中国之问题始终不能解决。追忆本党总理二十年以前以三民主义亲自遗交本党,冀其逐步得以实行。苟获实行,绝不致演至今日不可收拾之局面。"人们请看,国民党政府的行政院长在这里,不是平分责任给一切党派和全国同胞,而是由国民党自己担负起来了。孙科将一切板子都打在国民党的屁股上，使人们觉得甚为痛快。至于共产党呢？孙院长说："吾人试观中共能以诱惑及麻醉人民，亦无非仅以实行三民主义之民生主义一部分，即平均地权一节为号召。吾人实应深感惭愧，而加强警惕，重新检讨过去之错误。"谢谢亲爱的院长，共产党虽然尚有"诱惑及麻醉人民"的罪名，总算没有别的滔天大罪，致邀免打，获保首领及屁股同归。

孙院长的可爱，还不止于此。他在同一演说里又说："今日共党势力之蔓延，亦即系因吾人信仰之主义未能实行之故。本党在过去最大之错误，即系党内若干人士过分迷信武力，对内则争权倾轧，坐贻敌人分化离间之机会。及至八年抗战结束，本为实现和平统一千载难逢之时机，政府方面亦原有以政治方式解决国内纠纷之计划，不幸未能贯彻实施。人民于连年战乱之后，已亟待休养生息。刀兵再起，民不聊生，痛苦殊深，亦影响士气之消沉，以致军事步步失利。蒋总统俯顺民情，鉴于军事方法之未能解决问题，乃于元旦发表文告，号召和平。"好了，孙科这一名战争罪犯，没有被捕，也没有被打，即自动招供，而且忠实无误。谁是迷信武力，发动战争，乃至军事方法未能解决问题，方始求和的呢？就是国民党，就是蒋介石。孙院长用字造句也很正确，他说过分迷信武力的是他们党内的"若干人士"。这一点，对于中共仅仅要求惩办若干国民党人，把他们称之为战争罪犯，而不要惩办更多的更不是全体的国民党人，是互相一致的。

我们和孙科之间，在这个数目字上并无争论。不同的是在结论上。我们认为，对于这些"迷信武力"，使得"刀兵再起，民不聊生"的国民党的"若干人士"，必须当作战犯加以惩办。孙科则不同意这样做。他说："现共方之迟迟不行指派代表，一味拖延，显示共方亦正迷信武力，自以为目前业已羽毛丰满，可以凭借武力征服全国，故拒绝先行停战，其用心亦极显然。余兹须郑重提出者，即为求获得永久之和平，双方必须以平等资格进行商谈，条件则应公平合理，为全国人所能接受者。"这样看来，孙院长又有些不可爱了。他似乎认为惩办战争罪犯一项条件不算公平合理。他的这些话，和二月十三日国民党宣传部的《特别宣传指示》对于战犯问题所表示的态度,是一样地吞吞吐吐,不敢明目张胆地提出反对,较之李宗仁敢于承认以惩办战犯为谈判的基础条件之一,大不相同。

但是孙院长仍旧有可爱的地方,这即是他说共产党"亦正迷信武力",是表现在"迟迟不行指派代表"和"拒绝先行停战"这两点上,而不是如同国民党那样在一九四六年就迷信武力发动惨绝人寰的战争。夫"迟迟不行指派代表"者,是因为确定战犯名单是一件大事,要是"为全国人所能接受者",少了,多了,都不合实际,"全国人"(但不包括战犯及其帮凶)不能接受,故须和各民主党派人民团体互相商量,以此"拖延"了一段时间,并且未能迅速指派代表,引起了孙科之流颇为不快。但是这也不能一口断定即为"亦正迷信武力"。大约不要很久,战犯名单就可公布,代表就可指派,谈判就可开始,孙院长就不能说我们"迷信武力"了。

至于"拒绝先行停战",这是服从蒋总统元旦文告而采取的正确的态度。蒋总统元旦文告说:"只要共党一有和平的诚意,能作确切的表示,政府必开诚相见,愿与商讨停止战事、恢复和平的具体方法。"孙科的行政院,于一月十九日,做出了一个违反蒋介石上述文告的决议,说什么"立即先行无条件停战,并各指定代表进行和平商谈"。中共发言人曾于一月二十一日给了这个不通的决议以严正的批评。不料该院长充耳不闻,又于二月七日乱说什么中共"拒绝先行停战",就是表示中共"亦正迷信武力"。连蒋介石那样的战争罪犯,也知道停止战争,恢复和平,没有商谈是不可能的,孙科在这点上比蒋介石差远了。

人们知道孙科之所以成为战犯,是因为他一向赞助蒋介石发动战争,并坚持战争。直到一九四七年六月二十二日他还说:"在军事方面,只要打到底,终归可以解决。目前已无和谈可言,政府必须打垮共党,否则即是共党推翻国民政府。"他就是国民党内迷信武力的"若干人士"之一。现在他站在一旁说风凉话,好像他并没有迷信过武力,三民主义没有实行他也不负责任。这是不忠实的。无论正国法,或者在国民党内正党法,孙科都逃不了挨板子。

毛泽东的上述分析和辩驳,是很有道理的。很显然,孙科组阁之后的表现,还是以继续维护国民党统治基础为基点,期望通过与中共的和谈,为国民党争取更多、更大的利益。所谓"光荣的和平",就是使国民党有限度地接受中共和谈的条件,既不失面子,又挽救了国民党,不至于一败涂地。

当然,透过毛泽东的讲话,我们也能够看到这样几点:孙科较之蒋介石,还是更实际些。他不否认造成今日中国的混乱局面,国民党应负有一定责任。但同时,他又试图通过对这一责任的诠释,以表明这不应由国民党一方来承担。他不敢正视现实,以为用这种方式,就可减轻责任,逃脱惩罚,这完全是不可能的;另外从孙科上台三个月的行事作风来看,他完全成了蒋介石的替身,毫无主见。尽管谁人上台,都无法挽救国民党失败的命运。但如果孙科能更加现实一些、理智一些,抛弃杂念,把握这关键契机,接受中共和谈条件,或许国民党还有一线生机,这无论对国民党、对今后中国的发展,说不定都不是一件坏事。

做一个名人或许不难,但做一个伟人就不易了。只有在关系到国家、民族生存与发展的重要时刻,能够高瞻远瞩,当机立断,做出与时俱进的人,才能成为一代伟人。孙科是否擦肩而过呢?

不错,孙科曾经有过这样的机会,但是身为行政院院长的他徒有虚名,大权操纵在下野的蒋介石手中,他当不了这个家。此外,孙科优柔寡断的个性,决定了他的政治立场只能是摇摆不定,加之他与国民党深厚的感情,这使得他最终未能反戈一击,把握住这历史机遇。其实,在国民党党内,有许多人逐渐看清了蒋介石的为人,最终都义无反顾地走向了他的对立面。孙科则不然,他本人绝不是拥蒋派,而有自己的个性和想法,受蒋介石的排挤、打压,也并不比别人少。尽管如此,他还是执迷不悟,糊里糊涂地跟着蒋介石走。

当然,孙科所做的一切,又不能完全说他一定是在为蒋介石卖命,他还是想借蒋介石之手,以设法拯救与他朝夕相依而又危在旦夕的国民党。他对国民党的这份感情,实在是太深。如果说孙中山是其父,那国民党就是哺育他的母亲,他是喝着国民党的奶水长大的,滴水之恩,当以涌泉相报。其实,他深知国民党已无望,曾经不可替代的作用和影响，如今已荡然无存，这是不争的事实。但是，他无法从中解脱，撒手不管而明哲保身，唯有尽其全力去拉它一把，使其不至于输得太惨，他的心里多少才能获得一丝慰藉。他真的不忍心看着由其父一手缔造的国民党，就这么一败涂地，拱手相让。若是父亲在天之灵有知，他该做何想？

当然，国民党的衰败，如果究其责任，蒋介石难逃干系。历史学家傅斯年就曾有过这样一段十分痛心的话："古今中外有一个公例，凡是一个朝代，一个政权，要垮台，并不由于革命的势力，而由于他自己的崩溃！"这显然是有所指。对此，孙科也心知肚明，但是，他既无勇气，也没能量，足以替代蒋介石而重振国民党。无奈，他只能选择下策，既不触动蒋介石的统治，又最大限度地做力所能及的事，尽量挽救国民党的危局。所以，孙科是在矛盾交织中苦苦挣扎和争斗，他活得很累。

从维护国民党的利益这一角度来看，孙科算得上忠心耿耿，竭尽全力。对国民党来说，这样的党员，实在是不可多得，称得上是一个"真正的国民党人"。

但是，国共两党是背道而驰的。就个人而言，孙科似无错误，但依党派之见，其性质和责任就不可小视。如果再上纲上线，那他就是犯了大忌。

正因为如此，对孙科的为人，中共曾做出肯定，但同时对他的表现亦深刻揭露。1949 年 2 月 27 日，胡乔木在为新华社写的《孙科原形毕露》一文中就指出，所谓国民党副主席的孙科，在本月 22 日发表谈话时，对外仇苏，对内仇共，把国民党反动派撕毁停战令、推翻政协路线、造成国内分裂的事实，归罪于苏联不在中间的努力成功。并且公然把中国当作美国的家产，说什么"美国反响冷淡，准备对中国放弃"。他甚至说，如果那样，"是在中国的外国势力惟有苏联，政府应考虑态度"，意思是说，你再不疼我这个儿子，我就要认旁人做老子了。对于恢复谈判的问题，他把国民党政府的凶恶面孔也表示得再鲜明没有："在军事方面，只要打终归可以解决"，"目前已无和谈可言，政府必须打垮共党，否则即是共党推翻国民党"。

文中说，自政协会议以后，孙科本人对于当局的不明之举，从未表示过异议。不但参加了违法的、分裂的所谓"国民大会",而且参加了所谓政府改组。总算蒙蒋介石赏识而出头,当国民党日暮途穷,孙科也江河日下之时,得了副主席的称号。这些本来就是他的原形,但是,不饶人的历史却要逼他更进一步,要他把向来的什么自由主义、反共这一套遮羞物通通剥光,来个裸体跳舞。这表明,蒋介石小朝廷,已经是在睡梦中被惊醒跑到大街上狂呼救命的人,常常是顾不得穿裤子了。

文中还斥责说,孙科是孙中山先生的不肖子。孙先生逝世不久,他就背叛他父亲的遗嘱,参加右翼的西山会议派,其后他又投入左派的武汉政府。然后他又到南京寻求一官半职,联蒋倒蒋,载沉载浮,进了立法院后,似乎左倾了,却又主持制定了臭名昭著的"五五"独裁宪章。抗战期间,被蒋介石挤兑得没有出路之时,他又表示向左,并戴着亲苏的面具访问了一趟苏联。1941年蒋介石仅仅稍微收买他一下,他立即在香港大骂中共与民主政团同盟(民主同盟的前身,包括青年党国社党在内)。1942年1月,正当美国对日军事不利,他奉蒋介石之命,发表了对日单独媾和的谈话,其目的是向美国勒索借款。以后他失宠了,于是又成为所谓国民党左派,直到1948年1月政治协商会议开幕。孙行者有七十二变,孙科的变化,细算起来也不下此数,但是万变不离其宗,唯利是图。他以后当然还会变,但在要欺骗群众是难了。群众不需要这样的骗子,也不会让他们永远骑在人民的头上争权夺利。孙科及其同类只有一个前途,叫作树倒猢狲散。他们所以狂呼救命,正是为了逃脱这个前途,但是他将达不到自己的目的。

古人云,盖棺定论,这确有一定道理。在国民党高官中,孙科可以说才识兼备,特立独行。虽然他优柔寡断,变化无常,但他为人还是直言不讳和不善权谋。最主要的是,他在一些问题上的看法,还是有可取之处的。

第八章　迷惘：人生终极的逆转

一　浪迹海外

孙科下台后，该怎么办？摆在他面前的是继续与蒋介石为伍，还是另谋他途？

人在决定自己命运的紧要关头，有时要迅速做出决断，是一件很难的事。最终，孙科还是选择了走。他在辞去行政院院长后，于3月16日去奉化会晤蒋介石一面，随即赴广州。

3月25日晨，香港启德机场，阳光灿烂，宋子文乘机飞往广州，下飞机后住进其弟宋子良的私邸。次日，孙科由沪飞穗，当天中午，两个下野政要进行了长时间的密谈，从国际到国内，从前方到后方，包括国民党内部各人的心态，都交换了意见。

"蒋介石现在怎么想？"宋子文问。

孙科叹了口气说："蒋介石现在也不如从前了，外强中干。"

"他有打算吗？"宋子文又用试探的口吻问。

"我看他是早有打算。当然他现在不会告诉我们。不过，前些日子我从夫人口里听出些门道来。"孙科说完，呷了口水。

"她说什么来着？"

"她让秘书寻一张台湾的地形图看。"

"啊,原来如此。"宋子文答道,"先前也听说过,看来此事当真了!"

"有何打算哇?"孙科问。

"我嘛,说穿了不是他的人。当然也包括你。"宋子文说到这里,孙科也笑了。

"我当然不会随他去了。我想到美国。"

"树倒猢狲散,看来我也不能与他同路。"孙科赞同道。

一个是"国父"哲嗣,一个是蒋介石的大舅子,论关系,与蒋介石都不

宋子文

外。可正是这两位,似已看透了蒋介石的为人,也看清了国民党失败的结局,他们不愿意再为蒋介石卖命。其后,这两位党国要人,真的都离蒋而去,到海外做起了寓公来。

是年5月,孙科暂居香港。几十年宦海生涯,孙科是初尝"无官一身轻"的滋味,既然难得有"还我初服"之闲心,颇想能坐拥书城,韬光养晦。但是,由于种种原因,他在香港过得并不轻松,毕竟"树大招风",这里不是久留之地。

世界之大,究竟何为立锥之地? 台湾抑或海外? 应该说,当时孙科还在观望,尚未最后拿定主意。台湾当然有其优势,毕竟只有在青天白日满地红之下的百姓,才能尊称孙中山为"国父",亦受到他们的崇拜和景仰。撇开别的不谈,单凭这一点,国人基于爱屋及乌的心理,自会对"国父"的遗属表示敬慕,妥为照顾。即使他与蒋介石有过节,但蒋氏还不至于不给他一个安身立命之地,最低限度也没理由拒人于千里之外

傅秉常与孙科（右）

吧！因此，选择台湾而不寄居海外去做"难民"，对孙科而言，也不失为较理想的一条生存之路。但他这样想，台湾却未必这样做。蒋介石复职势在必然，而有意问鼎副总统者不乏其人，如果孙科真要来台，不免构成威胁。《马超俊回忆录》中就谈到，1949 年 12 月，蒋介石由成都飞到台北，没有电邀孙科来台。次年，蒋介石发起"国民党改造"运动，也没有正式邀请孙科，仅仅是由洪兰友告知他。窥斑见豹，足以印证蒋介石的态度。他与孙科是道同而志不合，与其继续在争吵中合作，不如设法挡驾，就此了断两人的恩恩怨怨。

既然无法去台，不如暂且蛰居海外，那去哪儿呢？正好他的老部属、好友、前驻苏大使傅秉常在巴黎郊外买了一栋别墅，有多余的三四间，可以供孙科夫妇栖身于此。此前，孙科曾向政府请求颁发赴美护照以投靠子女，但不知何故无果。有关当局"既不欢迎前来，也不发给出国护照"，无奈之下，他只好先去法国客居，住了两年之后才向当地申请赴美护照。

孙科夫妇初抵美国，先后寄居在两女家中，达两三年之久。1954

1953 年孙科移居美国。图为 1964 年孙科夫妇与女儿全家合影

年夏,迁往加州,蛰居洛杉矶郊区他的次子孙治强寓所,始得以在异域重叙天伦之乐。那是一栋租的房子,周围全部用木板搭建而成,就像海边专供游人游泳后休息的那种临时房屋,风一吹门就开,无以名之,姑且称为"火柴盒"式的房子。孙科夫妇与其子共居十多年中,全家分担清洁工作,其夫人负责厨房的清洁工作,儿子孙治强则负责搬运大件物品、清理户外清洁工作,他的太太则照顾孩子以及琐碎的家务活。

孙科久居高位,却与其父一样"不蓄私财",其夫妇出国的盘缠钱,是靠卖掉上海的住宅约合美金 13 万才得以成行。他们闲居美国,没有任何固定收入,全部依靠子女接济,省吃俭用,一切只能自己动手,度过了十多个落魄清苦之年。孙科很爱读书,但因生活困难,连买新书的钱都不够,仅能买些报刊阅读。

流寓美国期间,台湾方面对孙科很少问津,偶尔只有大陆时期的故旧前去探视。1961 年,"副总统"陈诚访美,也只给孙科打了个电话问候一下。国民党驻美"外交"机构与他亦无任何往来。而大陆方面却一直没有忘记孙科,1956 年 3 月,周恩来总理在北京会见英国客人马坤时，请他代为向孙科致意，并说，我们不能让孙中山先生的儿子长期流亡国外，中国政府仍然欢迎孙科先生返国。但孙科未作回应。

基于一种无法摆脱的使命感，孙科虽远居异国，但对台湾境况始终关注。孙科与那些腰缠巨资而远居海外做寓公者，不可相提并论、同日而语。

二 波澜又起

孙科在美十几年，与外界没有太多交往，生活平静、单一而孤单。许多人以为，孙科的最后时光，或许就在默默无声中度过。甚至百年之后，恐怕也只能在静谧的墓地中悄然进行，没有隆重的葬礼，更不可能成为媒体所关注的对象。然而，孙科游戏人生，和我们开了个大玩笑。不仅他的生活重又热闹和丰富起来，而且他死后的葬礼，也是极为隆重和体面，这一切，是人们绝难预料的。孙科的这番变化，似乎可以从1961年他的祝寿活动开始讲起。

这一年的9月20日，是孙科的70寿辰，台湾及旅美人士在美国比克镇为孙科举办了一次规模盛大的祝寿活动。孙科虽然与蒋介石的裂痕很深，赴美10多年，也远离政治，但不知出于何种考虑，抑或有什么隐情，他最终还是准备返回台湾。因当初国民党败退时孙科未直接去台，如今再去宝岛，这对他来说，多少有失体面。于是，他开始联络一些有影响的人士与他同行，既为了壮声势，又不至于给人有孤家寡人之感。所以，庆贺70寿辰，不过是一个托词借口。

出于对孙中山先生的崇敬以及与孙科、陈淑英夫妇的旧谊，一向深居简出的张学良原配夫人于凤至，也从旧金山附近的多树城住地乘车前往祝寿。

但于凤至当时并不清楚，就在为孙科庆贺70寿辰之际，台湾的蒋介石等人又派出说客来美，力劝孙科去台湾。

在比克小镇上举办寿庆期间，孙科曾和于凤至恳谈，希望她也以"爱国"的角色，回台北居住，同时又可探视张学良。没想到的是，于凤至这个妇道人家很有骨气,当她发觉孙科有重回台湾投靠蒋介石的用心之后,义正词严地告诉孙科说:"台湾我是不能回去的。尽管我在美国居住得很孤单,没有多少亲戚朋友,可是我宁愿在这里孤独,也绝不回台湾凑蒋某人的热闹,更不能在这种时候回去为他捧场。因为我对蒋某人有国难家仇。国难是我的东北老家就丢在他的手上,家仇是汉卿(张学良字汉卿)被他一扣就是几十年。身为领袖他说话出尔反尔,我又怎么能回到台湾呢?我与孙先生不同,我如果回台湾会被人耻笑的。知情的人会说我于凤至没有骨气!"其实,她在说自己的同时,亦是在说给孙科听。意思是你孙科与蒋介石,虽无国难家仇,但从个人恩怨上,也是受尽了他的气,你为何还要逢迎拍马?做官对你的吸引力就如此之大,你难道一点骨气也没有吗?

于凤至的一席话,令孙科无言以对,自叹弗如。这实在太难堪了,堂堂一个男子汉,远不如一位没有多少文化的女性来得有骨气。很显然,人格的高下,绝无男女之别,也与学问多少无关。

尽管如此,孙科赴台的决心似乎已下,他也就不再顾及脸面了。既然与孙科话不投机,于凤至未及寿庆活动结束,便提前返回旧金山。没过几年,孙科果然携妻踏上了一条去台湾的不归之路。

我们不能不叹服于凤至的人格魅力,一世英名,不一定是在战场搏杀中获得,有时,一件小事,也能折射出形象的光辉。于凤至只是一位非常普通的女性,文化水平不高,世面也不多见,但她深明大义。当年,为了张学良,她忍痛斩断情缘,毅然做出惊人之举,离开张学良,使赵四小姐能与少帅结合,使有情人终成眷属,共赴劫难余生。看得出,于凤至的内心世界,非常富有情感,对待亲人,她柔情似水,而对待仇人,她又是那样铮铮傲骨。既体现了巾帼之志,又不失女性的温柔含蓄。反观我们这位孙大公子,则是"英雄"气短,他与于凤至虽然命运各不相同,但结局却有几分相似。可是,面对特殊的境遇,于凤至挺了下来,而孙科却熬不过去。也许孙科曾经努力过,但最终还是"失身"。以重新返台为界,如果说此前的孙科还有闪光之处,那之后他则无颜父老。

三　歧路彷徨

1949 年以前的孙科,其人生的足迹,有几多败笔,但金无足赤,人无完人,我们无须深究。但孙科的最大"污点",则是他在流寓美国 10 多年后,于 1965 年再次赴台,为蒋介石捧场,担任"考试院"院长一事。此举令人难以置信、大惑不解,而孙科之名,也因此不堪入流。孙科为什么会这样做? 这值得我们探询。

蒋介石败退台湾之时,在这人生的十字路口,担任国民党高官的孙科,却未与蒋介石共进退,而是选择了流亡美国。孙科与蒋介石因政治理念的差异而关系不睦,这是不争的事实,此时,蒋介石已到了山穷水尽的地步,只能偏安台湾一隅,说不准哪天连台湾都保不住。在这种情势下,孙科不去台,自有他的道理。不过,这是否就是他离蒋而去的真实原因,抑或还有其他隐情? 不管怎么说,至少从当时他未去台湾这一层面上讲,表明了他的一种政治态度,他不再为蒋介石继续卖命了,从此分道扬镳,各走各的路。

在国民党败退台湾时,绝大部分国民党高官最终还是同行,踏上了这条人生的不归之路。这其中有的是主动依附,也有的是随大流,还有的则是被逼无奈。可是,作为国民党中颇有影响力的孙科,却背离蒋介石,另觅出路,此举确实震动颇大,对处在危亡中的国民党政权,实是一个不小的打击,令军心为之动摇。

其实,国民党中的许多高官,如何应钦、白崇禧、阎锡山等人,与蒋介石并非同心同德,在败退之际,他们本有机会另择生路。但是,面对命运多舛、前途未卜的局势,他们不得不为自己及家属筹划和考虑。为了后半生不至孤独、无助,何去何从,当要慎重抉择。如果去国外,是人地两疏,一切都要从头来,语言又不通,特别是那种生存环境,很难适应;而如果去台湾,至少他们衣食无忧,要是还能继续做官,那当然更好。因此,与其成为异域之鬼,不如到台湾赖着活。在这种思想的主导和支配下,最终他们还是随蒋介石一同去了台湾。去台后不久,蒋介石果然将这一批人打入冷宫,弄个闲职给他们干干,颐养天年。对此,他们虽心有不甘,但宦海沉浮多年,已看透了世态炎凉,政治热情不再,权衡利弊,也就顺其自然。因此,他们固然有封建士大夫那种耻为"二臣"之迂腐,同时也应看到,这也是受蒋介石多年驾驭手段之羁绊的结果。

相比之下,孙科有他的特殊优势,他有在美生活的经历,语言又通,适应性不成问题,因此,他有条件为自己选择后路。况且,他也受够了蒋介石的气,深知蒋介石的为人,继续跟着他,绝无好果子吃。与其到台湾弄个闲职,不如到海外做个寓公,尽管形单影只,但至少不用再看蒋介石的脸色行事,可以自由自在地生活。如此说来,就个人的自由度而言,孙科当时的境况,比起去台的国民党高官,算得上是幸运了。

虽然孙科弃蒋赴美,是他个人行为,但与众多国民党高官继续追随蒋介石这一情形联系起来看,从意识形态的高度去衡量,此举无疑有着一定的意义,也使孙科的形象突然变得有些"高大"。孙科能迈出这一步,可谓是他"最后的觉醒"。

据说,在孙科滞留香港之际,中共曾通过熟人与他取得联系,希望他能留下来,不要到台湾去。但孙科对中共及其革命怀有很深的成见和对抗情绪,故断然拒绝。对此,中共表示可以理解,毕竟他为国民党效力多年,与共产党结怨甚深,一时又无这样的思想准备,而投入共产党的怀抱,又有几分俯首称臣的意味。因此,虽然他没能回到大陆,与曾经的对手共事,但他也没去台湾,继续与共产党为敌,能做到这一点,已相当不错了。

当然,还有一点不为人所知,据孙科的部下楼桐荪所说,1950 年夏的某日,他在香港与孙科共餐,见他对饮食已十分谨慎。临别,孙科微微俯首轻声对楼言:"君将赴台,为国努力。我病无关紧要;但不久当出国疗养。君知,'国父'年六十而逝。我今年不亦六十了吗?"其时,孙科因多年劳顿,加之时运不济,身心交瘁,健康不支,心瓣不时微微作痛,因此,他深为己忧。加之国民党政权在大陆失败的刺激和国民党前途的黯淡,令孙科对时局深感"悲观",情绪十分低落,对政治及一切事务均表倦怠,失去兴趣。在这样一种境况下,其精神势必受到很大影响,不知这是否与他当时不去台也有关联。

在美十多年，孙科基本上不过问政治，他远离城市，深居简出，形单影只，与外界几乎没有联系。所以，在孙科年谱中，这一时段没有具体的内容，只有四个字：在美蛰居。实际上，孙科在美的生活境况并不如意，楼桐荪1964年秋由欧洲绕道美国回台，专门前往加州去看望孙科，当时他就住在远郊一高约百余米的简陋山舍中，泥地旧平房。虽为国民党高官，但孙科不敛财，所以并无太多积蓄，其生活来源，主要靠儿女提供的费用维持生计，一切也只能从俭。不仅如此，他的生活也极为平淡，从国民党一介高官，到异国普通平民，没有前呼后拥，也不能吆五喝六，更不再指点江山，其落差是相当之大。尽管这样，经历了数十年政坛风云、看透了世态炎凉的孙科，其心如止水。面对这样的生活，他还是怡然自得，每天读读书，看看报，去市镇走走，买买东西，倒也不错。这期间，他写就了《中国与战后世界》、《中国之前途》、《孙哲生言论集》等书。

可谁也不曾想到，本以为就此安度余生的孙科，却在人生的"收官阶段"祭出昏招，出现180度的大逆转。居然在赴美十多年后，重又返台，继续助蒋，并担任"考试院"院长一职，实在令人匪夷所思。

客观地说，孙科的生活，曾经是那样的轰轰烈烈，可这十多年却是异常冷落，甚至孤独，这种失落感，但凡是正常人，都无法回避。不仅如此，孙科与国民党的那种不了情，大大超越了一个人对他所从属的党派之间的关系，已成为一种精神寄托和生命中不可或缺的部分。这种难舍难分的情结，并不因相距万里就可以隔绝，也不因任何人便可以阻挡，更不因时间推移而可以忘却。因此，孙科赴台，从这一特定的角度来看，是个人感情占据上风，别无选择。

当然，这是一件煞费苦心的事，毕竟当年他是"背弃"台湾，如今返台，国人将怎样看待这段历史，而蒋介石能否"原谅"他的"不恭"而不冤冤相报。因此，要等什么适当的时机，以什么样的名义，才能顺理成章地返回台湾呢？

孙科的举止为人，虽曾得罪过一些人，但还是赢得了多数同僚、部属的尊崇。特别是上了年纪后，彼此间更渴望能见上一面，共叙旧情。1962年的"双十节"前夕，在台广东中山县籍"立法委员"刘崇龄，以"老院长"为题向"行政院"提出质询:哲生先生功在国家,过去曾担任过国民政府的副主席和行政院、立法院的院长,最近孙先生于言辞之间,也怀念台湾的老朋友,同时表露出有思乡之感。

他要求"政府"能主动邀请孙科赴台观光。"立法院"回答质询的副院长王云五也是中山县籍人士,他以坚决的态度表示:"刘这个气球放得好,为孙科回国预作铺路工作。"听了这话,孙科旧属梁寒操等国民党要人相继转告在美的孙科,现在时机已渐成熟,可以回台了。于是,双方选择 1965 年庆祝"国父"百年诞辰时,以大会名义邀请孙科来台。

1964 年,由台湾出资,在美组织了"中华文化教育基金会",推举孙科任董事长,他前往华盛顿参加年会。这之后,孙科与台湾之间联系频繁,不断商讨回台有关事宜。也就在这期间,孙科大概流露出了自己准备在返台后便定居台湾的意图,当局当即表示欢迎。这对当时台湾叫嚣"反攻大陆"来说,无疑具有一定的政治分量,多少给台湾的国民党人打了点气。双方就这么你来我往,达成某种默契。孙科终于在脱离了国民党大部队多年之后,跑回台湾"归队"去了。

四 为情所困

实事求是地分析,如果孙科当初去台,没错。他是国民党中人,与国民党有着深厚的渊源,继续为国民党效劳,于情,说得过去。但他不去台,则是对的。因为国民党已被人民抛弃,重新选择一条光明之路,是顺应潮流,而于理,则绝对没错,可谓"浪子回头金不换"。问题是,孙科偏偏在选择了一条正确的道路走了许久后又折回头,而重走歧路,这无论于情于理都说不过去。他为什么要这样做呢?仔细分析,一言难尽,是剪不断,理还乱。

是孙科想做官吗?好像不像。在民国政坛上,孙科虽谈不上得意,但也绝不失意。几十年都身居高位,曾两度出任行政院院长,做过国民政府副主席,还担任过立法院院长、铁道部部长、财政部部长、交通部部长等要职,这在国府要人中,少有人出其右。因此,做官对他来说,已不具有如此之大的吸引力。所以，想再过过官瘾，似无这种必要了。因为，这个代价太大，是用自己的人格去换取，说难听的话，有点卖身投靠的意味。

既然不是为了做官，那是否为钱？的确，孙科在美十多年，生活一般，返台后，蒋介石绝不会亏待他，而出任"院长"一级的高官，那生活更无后顾之忧。但孙科好像又不是这种人，依他的家世、人品以及行事风格，他不会太看重钱。如果他真爱钱的话，像他这样的国民党要员，在任职内搞点钱，可谓轻而易举，易如反掌，也不至于后来去美后落得如此窘迫。在国民党官员中，利用权势发财的人，比比皆是。而且，如果真是为了钱，那他当初就去台湾了。或者即便不去台，他到美以后，凭借着自己的声望、资历和阅历，估计写写回忆录，做做演讲，混点钱度日，也是没有什么问题的，但他没有这样做。显然，他又不是为了钱。

难道他心中还有未竟之梦，还想做点事？孙科厕身于民国政坛多年，有成功的经历，但更多是失败的教训。他曾踌躇满志，意在改变中国社会政体结构，倡导民主之风，推行法制治国。但在层层打压下，最终一无所获，铩羽而归。对于那些让他耿耿于怀、令他失望至极的伤心旧事，他大概一辈子也不会忘记！固然，他心中留有太多的遗憾，不时还会有一丝冲动，但那已成往事。相信岁月的磨砺，已使他不再拥有那份激情了。加之他已是 70 岁的老人，无论是精力，还是能力，都不允许他再有这份奢望。而至为重要的是，蒋介石曾经使他的激情化作一缕青烟，使他的革新主张付诸东流。如今重回他的手下，他还有可能做出什么惊人之举？答案显然是否定的。所以，为了心中不灭的信念，重新返台，准备再干一场，以慰藉冷落已久的心灵，圆一个梦，这对于孙科这个过来之人，大概也无这种必要了。

如此说来，孙科赴台的真正动机是什么呢？笔者以为，他是为情所困。这里所指的"情"，就是他与国民党之间无法割舍的关系。因此，孙科去台湾，其内心肯定极为复杂，充满矛盾，应是不得已而为之。当初孙科没有随国民党败退台湾，此举对国民党来说，无疑有背叛之嫌，或者至少也可以说是"不忠"。孙科完全知道他这样做意味着什么，影响有多大，后果又有多严重，他必须对自己的行为负责。这对他这个忠心耿耿为国民党效力多年的人来说,其心理的压力是巨大的、沉重的。由于他与国民党有着深厚的关系,这使他始终难脱干系。感情和理智,总是不断地在相互搏杀。有时他心里很坦然,这是理智占了上风;有时却又忐忑不安,那是感情在起作用。尽管时间在流逝,但岁月并未能冲淡他对国民党的那一份情感。他没去台湾,表面上看是背离积怨很深的蒋介石,而实际上则是远离了他为之奋斗几十年、有着很深感情的国民党。这对他来说,仿佛有风筝断线之感,失去了生存的根基。他似乎感到,自己在飘,至于飘向哪里,不知道,因而有点发虚。这种感觉,是他当初绝没想到的。这对他后来思想的变化和影响很大,以至于他本人不时会滋生出这样的念头:当初自己的选择,究竟是对还是错? 心里总有说不出的滋味。

尽管孙科在美国生活平静,但内心并不安宁。这种对心灵的袭扰,是一个人最难抵挡的。中国人有句老话,叫作叶落归根,可是,大陆这个主脉,他是回不去了,那只有去台湾寻找分枝。可以肯定地说,是继续留在美国,还是返台,在做出这一选择时,孙科的思想斗争一定是十分激烈的,最终还是后者占了上风。

当然,孙科这一思想的形成,是有一段相当长的时间的,而台湾方面一定也做了不少工作。双方肯定是通过讨价还价,达成某种条件和默契。这样,孙科的内心才得以平衡,至少他还有利用价值,蒋介石还用得着他,这才促使他最终成行。

我们是否可以这样看待孙科去台湾,他绝不是想再重新投入蒋介石门下,而只是想回归国民党的大家庭中;他也并不想重塑自己的形象,而只是为了弥补他曾经的"过失"。他生是国民党的人,死,当然也要做国民党的鬼,只有这样,他的心灵似乎才能得到圆满。

但孙科忘记了至关重要的一点,蒋介石其实就是国民党的化身,重新回到国民党的怀抱中,无疑就是投靠蒋介石。二者之间,似无本质上的区别。孙科只顾及个人的情感和主观愿望,却没有考虑到大众的情感和客观影响。此举,无疑使他的形象大为降低。国人崇敬孙中山先生,却对孙科不屑一顾。父子二人,是有相似的经历,却有着不同的结局。当然,这其中有许多事,三言两语说不清楚。

总的说来,孙科长于美国,接受西方的民主与文化,这对他的影响是很大的,一系列的革新主张,就已显现出他的这种特性。同时,中国传统文化中的某些不良因素,对他的影响也不小,如对国民党的愚忠,表现出矢志不渝的信念,重又去台就是明证。孙科是无法摆脱笼罩着其内心的阴影,于是就做出了这使他的形象大受贬低的抉择。

当然,也许还能找出孙科去台的其他种种理由,但这都只是一种分析、一种猜测、一种断想。如今,斯人已去,孙科去台的真正原因如何?我们已无法得知,他留下的将是一个永远的不解之谜……

孙科的一生,性格决定了他言行的波动起伏,也使他的人生道路曲曲弯弯,峰回路转。如果说他的开局走得不错,弱冠之年就投身革命,是阳光灿烂,前途无量;那他的结局,则是灰暗黯淡,继续与为时代所抛弃的蒋介石集团同行,是穷途末路。他这一辈子,可悲又可叹。

第九章　追随：不归之路的梦幻

同样是国民党高官，同样与蒋介石不睦，同样都流亡美国，可是，孙科与李宗仁最终却走了不同样的路。我们常说"革命"不分先后，李宗仁就是这后来者。他"退思补过"，追悔当年，于 1965 年的 7 月先期回到大陆，选择了一个充满生机和朝气的世界。他在辗转海外 17 年后，终于又回家了。而孙科则在其后去了台湾，与为世界潮流所逐渐背弃的蒋介石集团为伍。

在小到人心向背、大到世界趋势的面前，李宗仁明辨是非，识时务者为俊杰，择取了一条光明之路。而孙科没能把握住自己，感情用事，选择了一条穷途末路。此前，在 1948 年的副总统竞选中，孙科曾经败在了李宗仁的手下。但那一次只是名分之争，似无形象高低之别。但在 17 年之后，两人在面对人生道路的最后抉择而再次较量时，孙科又输了，这一次他输得很惨，是颜面扫地。

一　执迷不悟

1965 年 10 月 29 日午前，一架日本航空公司的班机在台湾松山机场降落。机场上聚集着前来欢迎的政要名流一千余人，他们在等待着一个特殊人物的到来。

舱门打开，只见孙科走出，他面带微笑走下飞机，频频颔首向欢迎的群众致意。在去美16年之后，孙科还是回到了国民党的怀抱。也许是太久的孤独，也许是眼中重又浮现已逝去许久的昔日辉煌，孙科在目睹了如此盛大的欢迎场面时不禁为之动容，潸然泪下，一切尽在不言中。

在"国防部长"蒋经国的陪同下，孙科一行驱车前往阳明山第一宾馆。稍事休息后，孙科夫妇及公子孙治平夫妇前往台北心圆饭店，赴马超俊、梁寒操、郑彦菜等为其举行的洗尘之宴。

由于海峡阻隔，两岸彼此间并不十分了解对方的真实状况，尤其是老百姓受到宣传战的影响，更是知其一而不知其二。在那样的情况下，要做到实事求是的报道和公允的评价，很难。因此，我们应客观地了解和分析当时的这种状况，以便我们能够理性地对待大陆和台湾之间的某些不适和偏执之词，并且从中感悟到在那种历史语境之下的沉重。

同样，孙科一踏上台岛，为了迎合政治需要，也是大放厥词，以示他是一个坚定的三民主义分子。但是，他的内心真是这样想的吗？毕竟十几年过去了，台湾的现状，大陆的发展和前景，孙科是再清楚不过，他应该是能够分辨这是非曲直。我们一时无法释读他内心世界的真实感受，暂且可用一个问号来表示。事实上，作为一个政治家，或者说是政客，有时常常言不由衷，说出的话可用一部美国进口大片的片名来表述，那就是《真实的谎言》。姑且，我们是否也可用这样的眼光来看待孙科的这些言论。有关意识形态的争论，在某个特定的历史时期，似有它存在的必要。但是，若换一个角度来看，它确实是一种无味的争执，又不免使人对政客产生一种厌恶。

在接受记者采访时，孙科说："三民主义为世界公认的良好政治主张，事实上世界各国均在遵循，只有蜗居大陆的共党倒行逆施，招致天怒人怨。"三民主义是否为世界公认的良好政治主张，我们姑且不去讨论，但要说世界各国均在遵循，是言过其实。孙科在美十余年，亲眼所见美国之发展，当然通过媒介，对许多其他国家之情形，他也不会不知晓。事实上全然不是像他所说的那样，作为一个政治家，有时是允许"善意的谎言"，只是不知孙科的内心是否也是这样想的。但即便如此，孙科这样做，也会伤及许多人，其负面影响是相当之大。

在当晚的宴会上,孙科对《中央日报》记者发表谈话:"这次自美'返国',是为参加'国父'百年诞辰纪念,了解祖国进步情形,并会晤阔别多年的亲友故旧。"

孙科赴台,名义上是宣称参加"国父"百年诞辰纪念,但这不过是个借口,实际上他已准备长期落户台湾,但对外界似乎又不便明说。他担心如果过早地暴露这一动机,会让人耻笑,也会给他去台湾留下阴影。他希望自己能风光地、体面地受到款待,毕竟他已孤独许久,不希望因此而被冷落,那他就太没面子了。

有时做一件事,真的很难,你得深思熟虑,左顾右盼,不仅要考虑自己,还要看别人的脸色。特别是某些公众人物,就更是谨言慎行,唯恐有所不是。应该说,孙科用心良苦,由于他有从"弃台"到"返台"这种特殊的经历,使他不敢直面、正视这种现实。孙科以此为托词,正说明了他内心的这种忧虑和不安。

10月30日上午10时,孙科及儿子孙治平,由"国防部"蒋经国部长、"司法行政部"郑彦棻部长陪同自台北乘坐专机,飞抵南部晋见"总统"蒋介石,拉开了他回台"非常之行"的序幕。这是蒋介石与孙科这对既是"合作者"又是"对手"在分手16年之后的重逢。

从某个角度来讲,蒋介石虽是政客,但同时又是江湖中人,所以,他在对待自己的某些对手,有时表现得还是颇为大度。当年,他的死对头胡汉民之女——胡木兰,在香港把他骂得是狗血喷头,到后来胡木兰还是去了台湾。蒋介石非但不计较,反倒收留和关照她。如今,他的又一个对手孙科也回来了,这在他心中,多少掠过一丝胜利者的微笑。当蒋孙握手的那一刹那间,两人还真有点百感交集,是"一笑泯恩仇",还是彼此"脉脉不得语"?我们不得而知。但是,曾经是政坛叱咤风云的人物,如今望着对方双鬓的白发,此情此景,此时此刻,大概他们感受到更多的还是那岁月的无情。往事如烟,还有什么比余生的时间更有意义。

"哲生啊,回来就好,有空到处看一看,走一走,会会老朋友,散散心!"蒋介石用他那口浓浓的吴语对孙科说道。

"'总统'身体可好?哲生甚为挂念。"孙科也殷切地问道。

"老了老了,今后还望哲生多多出力。"

"那是的，今后，哲生将在蒋公领导下努力工作。"

两人不时地寒暄着。也许都是上了年纪的老人，面对世事多舛，风云际会，两人都有说不尽的苦衷。如今再次聚首，所有的积怨似已化解，过去的一切也都烟消云散，此刻，两人不免有点惺惺相惜。

蒋介石设午宴款待孙科，席间，两人都极力回避过去那不愉快的往事、那一页页沉重的历史，以免勾起辛酸的回忆。他们坐在一起，只是叙叙家常，不时偶露笑声。午后，孙科向"总统"道别，乘机返回台北。

从这一天开始，孙科进入了他人生的又一"高峰"期。一直到 12 月底，孙科是台岛最为忙碌的人物，出镜的频率甚高，不是参加宴会，就是讲演、参观、揭幕、剪彩、接见，应接不暇。也许是多年的守望，也许是似曾相识的感受，75 岁高龄的孙科，居然精神抖擞，一一应对。

二 频繁出镜

他首先是出席国民党全体中央委员及中央党部各单位主管之欢宴。宴会后接受"参谋总长"黎玉玺上将之邀，参加在"国军"文艺活动中心举行的三军暖寿晚会，观赏"国剧团"演出的"麻姑献寿"、"花木兰"。

接着孙科及夫人、儿子孙治平夫妇等在马超俊陪同下到达士林"总统"官邸签名，为"总统"蒋公祝寿。

继之，参加由侨委会主办的祝寿餐会，孙科致辞时表示："能与各地侨胞相处一堂为'总统'祝寿，感到非常的光荣！"又说："祖国人民生活富裕，比起大陆同胞在'共匪'暴政压榨下，过着牛马不如的生活，真有天壤之别。希望全球侨胞团结一致，协助政府早日'反攻大陆'，解救大陆同胞之苦。"

孙科在美，基本与世隔绝，不再过问政治，对大陆也没有发表什么过激的言论。可如今不同了，他回到反共基地，到什么山上唱什么歌，他没办法再保持沉默，他必须适应这里的形势。而只有大唱反调，才能使他融入这个社会之中。也只有大唱反调，他才能洗刷自己对国民党的"不忠",以示自己忠于国民党的心迹。

重又回台湾国民党阵营之中,孙科本来只是为求得内心的"平衡"。可绝没想到,他必须以另一副面孔出现和应对,而这是返台的必备条件。商场上互利互惠,而政坛上同样是得失兼有。

老道而又精明的蒋介石欢迎孙科去台湾,其实是在利用他所具有的某些政治优势,绝不仅仅是为你养老送终。你还得为挣扎中的国民党叫嚣和呐喊。其实,在台湾会喊叫的人很多,喊得"好"的人也不少,可是出自你"国父"哲嗣之口,其效果、感觉、力度大不一样。特别在上世纪 60 年代中期,正是台湾"反攻大陆"气焰最为嚣张的时期,但国民党十分清楚,他们绝不是共产党的对手,"反攻大陆"是可望而不可即。孙科去台,以及他所发表的言论,无非是在为国民党打气,是做给台岛百姓看的,也是做给美国人看的。这表明国民党存在的必要,以此不断得到美国的援助,使台湾能够与大陆抗衡,继续享有它在世界上的地位、在联合国中的席位。

孙科的回归,虽不说是一针强心剂,能使台湾起死回生,但至少也是一针球蛋白,可以给台湾日渐虚弱的政治肌体增添点营养。忠厚的孙科没想到,他再次成了蒋介石手中的一枚棋子,只能听任其摆布。在蒋介石面前,孙科只配做个学无止境的小学生。

孙科的秉性,决定了他不是一个好演员。他为人耿直,不会逢场作戏。淡出政坛十几年,他更是不能适应这样的生存方式。此时,为形势所迫,他还必须要沿着这条路往前走,所有在台的国民党人,都等着看他这个主角上演这台历史活报剧。如此一来,真难为孙科了,他只能演下去。

此时的孙科,成了一位政治戏子,他不是在剧院中演出,而是在人生的大舞台上表演。他之所以被看重,绝不是因为他的表演水平有多高,而是他盛名之下的过人之气。

我们无法准确道出孙科当时内心的想法,但可以揣摩到他心中的那种不安,不知他当时是否已后悔不该来台?原本脱离国民党大部队是一种孤独的不安,如今归队了,似又有另外一种昧心的不安,而这种不安,则令他更加彷徨。

孙科(中)夫妇返回台北参加"立法院"同仁举行的欢迎酒会

　　时光飞逝,当年的故旧,如今不少已撒手人寰。上了年纪的人,更容易怀旧。孙科是一个重情义的人,当年他没能参加他们的葬礼,如今回台了,他不能不去他们的墓上看一看,掬一把土,以寄托自己的哀思。于是孙科在百忙中,相继去了已故"副总统"陈诚、已故"监察院"院长于右任的墓上献花致祭,并到公墓吊唁许世英、吴忠信、蒋梦麟、朱家骅、洪兰友、俞鸿钧、傅秉常、钱新之等老友。其后,他又参加了前"总统府"资政居正夫妇灵骨安葬礼,以及祭拜了哥伦比亚大学老同学胡适博士。触景生情,孙科颇为伤感,叹息岁月无情,人生苦短!

　　适才听罢旧人哭,如今又为新人笑。孙科马不停蹄,偕夫人公子等参加两广立监委员在"立法院"举行的联合欢迎酒宴,孙科用那不很地道的粤语致辞。下午,孙科参加了"中华民国各界纪念国父百年诞辰筹备会议"举行的酒会,由主任委员王云五主持,到会的有国民党元老李石曾、张知本及各界人士230余人。孙科在酒会中致辞:"政府在蒋'总统'的领导下,不但已经完成了'反攻复国',复兴民族的坚强准备,也扭转了国际反共的情势。自由世界对'我国'政府的同情与支持,一天比一天增加,国际局势对'我国'一天比一天有利,只要我们坚定信心,团结一致,'反共复国',消灭'共匪'的时机一定很快就会到来。"

上午一场刚结束,下午一场又来临。孙科夫妇应"立法院"院长黄国书、副院长倪文亚夫妇之邀,参加该院特别安排的欢迎酒会,受到"立法院"全体委员、职员及许多老友热烈的欢迎!孙科与资深"立法委员"谈了"立法院"的往事并询及现况。参观议会厅时,孙科坐在主席的位子,举起那柄议事锤,笑着一连敲了三下。直到下午5时,宾主才尽欢而散。

离开"立法院",又进"司法院",次日,孙科夫妇及儿子孙治平夫妇等赴台北市自由之家,应"司法院"院长谢冠生之邀,出席晚宴。这之前,他前往中山堂,参加"国大"代表广东联谊会时致辞:"台湾地方虽小,但是'楚虽三户,亡秦必楚'。何况我们有一千万以上人口,六十万精锐三军,反攻时机来临时,我们配合友邦的自由民主力量,摧毁'匪伪'政权,'光复大陆'河山,一定易如反掌。"

官场上的饭局真不好吃,不是菜做得不好,而是在那样一种场合、那样的一种氛围下,哪还有心思去品尝美味佳肴,全然是以另外一种面孔应对。不唯如此,你还得讲话,当然也就少不了要说假话,要骂人。假话说多了,恶语说腻了,那是一种什么样的心情?他心里的滋味又怎能好受?想想孙科当时的窘境,真是一言难尽。

5日中午,孙科一行赴国民党台北市党部,参加"中国文艺界"联谊会,并在会中致辞。是日晚,应"总统"府秘书长张群之邀,参加晚宴。

6日上午9时,孙科又应邀赴中山堂参加"华侨救国联合总会"第三次代表大会揭幕典礼,并在会中致辞。

这时的孙科,就像明星演出一样,不停地赶场子,9时还在一个地方,10时又到了另外一处,他应邀列席了"纪念国父百年诞辰筹备会"所召开之第十八次常务委员会议。

在台北市兜了一圈后,孙科夫妇及公子等又飞往台南市,当地军政首长及广东同乡会理监事等数百人在机场热烈欢迎,接受献花,并由摩托车开道,乘车至台南饭店休息,通过市区时,市民夹道欢呼,爆竹声不绝于耳。5时许,在叶廷珪市长及军政首长陪同下,向郑成功塑像献花致敬,并参观纪念馆内陈列的古迹遗物。

接下来,他一连参加了几个纪念孙中山诞生的活动,包括"国父"铜像揭幕典礼、观看"国父幼年时代"影片、主持"国父"百寿纪念馆落成揭幕典礼,以及举行的"全国各界庆祝国父百年诞辰纪念大会"。

12日上午这一天,是孙科赴台一系列活动的高潮。在"总统"府前广场有50万人手持"国旗",热烈壮观,当蒋介石步入阳台以"肯定"的语句致辞"一定带着大家打回大陆"时,台下的群众是"掌声如雷"。不知,这是真心欢呼,还是喝倒彩? 只有蒋介石心里最清楚。因为这句老生常谈的话,他已记不清楚说了多少遍,可台湾依然是那样弱不禁风,而大陆则是越来越强大。此刻,蒋介石的内心,是说不尽的苦涩,好似打翻了五味瓶,个中滋味只有他心知。

在这种时刻,孙科岂能甘居寂寞,他在大会中演说:"三民主义的力量,已经推翻了清皇朝,打倒了北洋军阀,又战胜了日本军国主义的侵略,我们要坚决地相信,在不久的将来,更一定能够摧毁'匪伪'政权,'光复大陆',拯救中国同胞于水深火热之中,来完成'国父'的志愿。今天是'国父'百年诞辰,我看见大家这样热诚地庆祝大会,谨代表'国父'家族致衷心的感谢。"下午4时,"国立"中山博物院大厦举行落成典礼,孙科主持"国父"铜像揭幕后致辞:"在南京中山陵的'国父'白大理石像,是1928年聘请法国名雕塑家塑造的,现在这座铜像模型大小一样,稍微低一点,现在大家对'国父'都有'高山仰止,景行行止'的感想,个人谨向'国人'与铸造'国父'铜像、筹建博物院的有关人士致谢。"

在"反攻大陆"的口号下,在台的国民党军队始终积极备战,军事演习如同家常便饭。他们这样做,无非是想显示"国军"的"强大",意在不断地"激励"民众的"复国"之心。孙科去台后,"国军"的军事演习,当然是一个不可不看的保留节目。13日上午9时,孙科一行应邀在南部参观三军联合作战演习——"重庆演习"。演习结束后,孙科对记者说:"虽然不是军事专家,但看了这次三军联合演习规模的庞大和'国军'官兵作战的英勇,相信像这样进步强大的'国军',一定可以很快'光复大陆'。"

"解放台湾",是共产党不变的诺言,"光复大陆",则是国民党一贯的叫嚣。在那个"激情"碰撞的年代,海峡两岸的观点是尖锐而对立。特别是蒋介石,绝不甘心他在大陆的失败,妄图继续与毛泽东较量。但蒋介石深知,所谓"光复大陆",不过是一个口号。说白了,也就是哄哄老百姓,它永远只能是水中月、镜中花,可望而不可即。随着蒋介石的逝去,"光复大陆"这一在国民党人心中虚幻缥缈的梦境,终成历史。尽管和平与发展是当今世界的两大主题,但祖国大陆收回台湾的决心依然不变。

在美国的援助下,台湾发展的成就,是国民党值得炫耀的。孙科回来,当然要让他好好看看。孙科相继参观了石门水库、大坝及发电厂,并对湖光山色之美,倍加赞誉!

孙科是一介文化人,对文化事业甚为关心,这当然也是他必到之地。台湾"中央研究院",是台湾最引以为豪的文化机构,孙科在王世杰院长的陪同下,参观了该院动物、植物、医疗和考古各研究院及图书馆。

适才出席酒会,转眼,孙科又出现在"国大代表"联谊会举行的盛大茶会上。茶会由谷正纲秘书长主持,有千余人出席。

那一阵,孙科恨不得自己有分身术,一天最好是48小时,这样他才能应付自如。不得已,许多单位只好联合恭请。孙科夫妇就应新竹县党部、"国大代表"联谊会、广东同乡会及新竹孙氏宗亲会四单位之邀,抵达新竹,参观访问、出席宴会。

孙科忙碌得整个一个连轴转,他刚离开新竹,又赴基隆。参观基隆港湾建设,听取汇报。中午参加欢宴,下午到中正公园欣赏港湾风光,并乘游艇参观基隆港,再驱车转往野柳风景区游览,最后返回台北市。

12月6日中午,中国国民党第一次"全国"代表大会在台代表李宗黄、张知本、黄季陆等聚餐,欢迎同为第一次"全国"代表大会代表的孙科。算一算时间,那已是41年前的事了。如今老友重逢,颇为动情,若不是他们命大寿长,恐怕也只能在另一个世界相会了。

孙科去台后在各种场合上的发言,不外乎重弹"反攻复国"之类的老调,以及赞许台湾在蒋介石领导下所取得的"辉煌成绩",没什么新玩意儿。

尽管孙科不停地在为台湾、为国民党叫嚣,但是否发自内心?虽然我们不得而知,但他在其后"中央"联合纪念周讲演"反攻复国的时机问题"中,多少还是透露出自己的心迹,从中我们能够感悟到他的真实想法。他提出六个问题作为台湾"反攻复国"决定性的条件,这就是:"1.我们反攻的准备是否已经完成?2.大陆人心是否已归向自由祖国?3.'伪政权'的内讧分裂是否已至不可收拾的地步?4.'伪俄'间的破裂是否已形成势不两立的局面?5.国际对我们的同情是否有增无减?6.盟邦对我们的支持是否可靠?"

孙科的六个设问,看似是从"反攻复国"的角度去考虑,但从另一个侧面又表明,如果不具备这样的条件,"反攻复国"就是一句空话。实际上,无论是蒋介石、国民党,还是孙科,都心知肚明,"反攻复国"只是一句口号,而非行动,台湾绝无能力与大陆相抗衡。

很显然,孙科去台后的一些言论,多少有点言不由衷,逢场作戏,是一种无奈的选择。这样的话出自向为敦厚的孙科之口,实在不是一件快事。尽管在所有的文字记载中,孙科都未曾提及过他返台后的一些想法,但正因为如此,就更有理由相信,他只能将这些苦涩酸楚深藏心底。他无法对人说,因为回归台湾,是他自己的选择,而这是需要付出代价的。自己酿的苦酒,只有自己喝。

返台后,孙科的行程被安排得满满的,每天都有活动,甚至一天好几个在一起,上午、下午和晚上,是各不相同。这里仅列举了从12月10日到20日这10天的活动安排,看看这些内容,就知道他当时是多么的繁忙,任务又是何等的艰巨啊!

12月10日上午,孙科与夫人及公子夫妇等由石油公司董事长凌鸿勋陪同前往苗栗参观。下午5时乘车抵达台中市,应邀参加了台湾各界在省党部举行酒会。

11日上午,孙科及夫人和公子孙治平等驱车参观东海大学及中兴大学,中午抵达雾峰"省议会",由"议长"谢东闵陪同参观议会厅,并设午宴款待。下午4时,访问中兴新村"台湾省政府",黄主席在大楼门前迎接,晚间黄主席设宴款待。

12日上午,孙科及夫人和公子孙治平等驱车至彰化园林镇参观玫瑰花卉推广中心,顺道游览八卦山大佛像后回台中市华宫大饭店,参加广东同乡会欢宴。下午4时由"省政府"秘书长徐鼐陪同抵达日月潭游览,下榻教师会馆,当晚7时又应徐秘书长之邀参加宴会。

孙科（中）在台湾访问

　　13日上午9时，孙科及夫人、公子等坐艇游潭，步行上青龙山，瞻仰唐僧佛骨塔，下山后乘艇至蕃社，观赏山地姑娘歌舞。旋即回到教师会馆休息。下午3时，前往文武庙参观农林公司鱼池茶叶工场，并试饮特制红茶。是晚7时，由南投县官员设宴招待。

　　14日，孙科由于连日舟车劳顿，略感不适，所患为轻微肠炎，服药后即告痊愈。

　　15日上午9时，偕夫人、公子等离日月潭。下午2时抵嘉义，参观地方建设。3时，参观梅林罐头厂。

　　16日上午9时，由厂长陪同前往该场，先听汇报，参观工场。11时许，孙科及夫人等驱车赴竹崎，应薛岳将军之邀请，在其寓所共进午宴。下午5时抵达高雄，受到市长等地方官员的欢迎，晚上应邀出席宴会。

　　17日上午9时，孙科和夫人、儿子及亲友等，参观炼油厂各种最新设备及子弟学校、附属医院、劳工住宅等。中午赴台铝厂经理孙景华在高雄圆山饭店所设欢宴。下午参观苓雅寮石油公司加油站，并往高雄港务局听取汇报后，参观香蕉冷冻仓库，加工出口区等单位。旋即乘游艇游览高雄港。6时赴华圆饭店，接受公营事业五单位联合欢宴。

18日上午8时30分，孙科和夫人、儿子及亲友等抵"海军军官学校"，参观了该校的教育设施，然后转往训练司令部，参观士官学校学生的炮操、攀桅、救火等训练。9时50分，登临十七号军舰，听取简报，同时接受"海军"三零零九部队队长张少将献赠军徽，并签名留念。10时半转往"海军陆战队"司令部参观。下午3时至屏东，先至糖厂参观，其后出席举行的欢迎茶会，下午5时返高雄。是晚由高雄广东同乡会在圆山饭店欢宴，参加代表50余人，孙科致辞。

19日上午9时，孙科及夫人和儿子孙治平与亲友等乘观光号车北归，下午3时抵台北。

20日上午9时，出席各界在中山堂举行第八届好人好事大会，孙科担任主席。就在这一日，蒋介石聘请孙科为"总统府"资政。

直到这一年的12月底，孙科总算归于平静，可以安坐在家中。孙科的台湾之行，各界设宴，是日无虚时，尤其政界，平添了不少热闹风光。在海外韬光养晦十余年的孙科，想来也别有一番兴味。但余兴之后，孙科又回复到他以前的生活模式：看书、读报，静思，一切如旧。

客观地说，孙科远离尘世、久疏喧闹已多年，如今突然接受这疾风暴雨般的洗礼，如果说最初还能感受到一丝清凉，心中不免有些快慰，那其后就很难再忍受这走过场的空乏。毕竟是70多岁的老人，多年来生活的经历，使他能够体会到这欢快背后所包含的内容，而这又能给他带来什么？是愉悦，还是苦涩，只有他心知肚明！

三　重披官服

1966年9月，经蒋介石提名，"监察院"通过，孙科接任"考试院"院长一职。消息传出，反应不一。有人认为以他的学识与资望，未免大材小用；有人认为以其长才主持"国家"最高考试机构，必能有所贡献，深得人心；当然，也有人觉得他淡出政坛多年，却回到台湾重又做官，有点"鬼迷心窍"，等等，不一而足。对于外界的批评，孙科少加辩白。事后他在回忆录中谈道：

> "回国"以前，自忖年华已高，本想不再从政，但因"总统"之命，不敢不遵；而今"反攻复国"大业，凡为国民，皆有责任。接掌"考院"，亦所以尽绵薄，赎前愆，所以未便谦辞，毅然受命。

孙科历任要职，如为自己着想，实在无须从政。"考试院"院长对他来说，有何增益？理论上"五院"平起平坐，实则"考试院"被视为清静衙门。尤其行政部门成立"人事部"后，"考试院"大权旁落，同仁多有看法，殷切希望孙科能运用政治影响加以改善。而孙科则劝勉他们利用工余时间，多多进修为是。

当孙科出任"考试院"院长时，台湾当局特派王云五出席交接仪式。他在致辞时，面对新旧院长，敬请新院长尽快订定"特种甲等考试细则"，俾使获得博士、硕士学位的有志青年，获有授予"简任"级别的可能。孙科就任的第二天即前往王云五家中，详细询问原委。原来此办法经过一年多方得到"立法院"通过，其后拖了近两年，尚未订定细则，致使若干有志从政的高级知识分子，徒有"报国无门"之叹。孙科回去后立即嘱咐主管单位从速拟订细则，颁布实施，其后接连三年举办特种甲等告示，为"国"选才。现今不少"政府"部长、次长一级的要职者，当年皆曾名列金榜之上。

孙科接掌"考试院"，按理可入住院长官舍，即位于"考试院"斜对面那座宽大雅静的平房。可他却将其改为图书馆，供下属充作进修场所，自己则与家人仍住在旧房。

孙科晚年，可谓以精神领导"考试院"达 7 年之久。他只把握政策，至于细部工作，则放手由部属去做。"考试院"同仁在他的领导下，做了不少的事，而行政部门人事单位主官对他非常尊重，两院之间协调密切，凡事也就迎刃而解。

1970 年 10 月，孙科在台北庆祝 80 大寿

　　孙科是学政治经济的，但他却能罗致各方面的人才，共同从事"考选"工作。1972 年 7 月间，第四届考试委员任期将满，有关方面筹办第五届委员遴选提名事宜，几经会商，拟定初步候选人名单后，"总统府"秘书长郑彦棻奉蒋之命将审核原则、候选名单等，亲送孙科，征求意见。孙科认为，本届审核原则第一项虽标示：今后考试委员人选，拟着重农工医理等实用科学人才，然在所提候选人名单中，法政人才，仍嫌过多，

应物色建筑工程及财经方面人才。他只针对台湾当前建设需要，提出原则性的意见，而不涉及具体人选，更未提出他要选用的人。孙科认为，职位分类是运用科学建立起来的现代人事制度，也是建立现代化廉政政治的途径。他对职位分类有深入的认识，他还记得1940年在重庆时，考试院即曾讨论此事，并且订有草案，只因战乱经年，未能付诸实施。来台后，考铨部门亦曾策划，但进展迟缓。1969年10月，"行政院"人事行政局开始分批实行，这是"行政"、"考试"两院之间相互协调合作的成果，对此，孙科深感欣慰。但他预料推行这一新的制度困难颇多，因此再三训勉人事同仁针对困难问题，主动研究解决。凡是有关实施职位分类的一切活动，孙科均亲自参与，可见他对这一制度非常关注。

此外，孙科经常勉励人事人员建立基本观念：要有服务、负责的精神；要重视时间，时间最为宝贵，人生就是时间；时间又与工作效率攸关，当局为民服务，应该讲究效率。同时要有严正不阿的风骨，以贡献代替占有，要有崇尚道义的精神，等等。其所谈话语多有警示作用。

在担任"考试院"院长期间，孙科制定、颁行了一系列有关公务员考试、任用、俸禄、考绩等法令及施行细则，分别于1967年和1969年出台了《分类职位公务人员考试法》、《分类职位公务人员任用法》、《分类职位公务人员俸给法》、《分类职位公务人员考绩法》、《后备军人转任公职考试比叙条例》、《聘用人员聘用条例》、《派用人员派用条例》、《现职聘用人员处理办法》、《现职派用人员铨定任用资格考试办法》、《分类职位公务人员调任办法》、《现职铨叙合格人员任用分类职位换叙俸阶办法》、《分类职位考试合格人员分发办法》、《分类职位公务人员考绩升等任用甄审办法》等，这对台湾现行人事制度的革新，起到了积极的推动作用。

除了"考试院"本职工作外，他还主持和推动台湾"中华文化复兴运动"的展开，在恢复和保有中国传统文化方面，做了许多有意义的工作。

1970年2月，孙科的母校加州大学迎来了120周年校庆。该校设有哈斯国际奖，专门颁授给该校毕业的外籍学生中表现卓越者。孙科有幸被选为该奖项的第五届得主。

3月31日,在长子孙治平的陪伴下,孙科经由台北飞抵美国旧金山,于半个世纪后重返母校,接受殊荣。这对年届八旬的老人来说,实是一件令人高兴的事。关于这段难忘的经历,孙科在《八十述略》中有载:

> 我所住宿的旅馆是加州大学预先为我订好的。当天晚上由好友请吃饭,第二天下午,学校当局派人陪我到学校去参观,晚上由总校长邀请参加晚餐会,到了二三十个客人,其中有十个人都是加大各校的校长。原来在我就读加大的时候,还只有一所本校,同学约七千人,现在除本校外,已经成立各地分校八所,尚在筹备的有四所,每所都有一位分校长,学生总数超十一万人,全年支出预算达十亿美元,主要来源有加州政府的补助、基金利息、外界捐助和其他收入等多项。

> 过去的校庆大会是分别在各校举行,今年第一次集中举行,九个学校均有代表参加,地点在校内一个希腊式的露天剧场,可以容纳一万人,那天估计到了约有一万二三千人,超过了人只好站在墙外或山坡上。仪式简单而隆重,大家都穿了学士袍排队入场,主要的客人们入场后还要先在场上绕一大圈才到达露台上。

校庆结束后,孙科去了加州沿海岸南部各地去游览,直至5月25日返回台北。此行,虽很累,但孙科很高兴。

这年10月,孙科与夫人陈淑英同为八秩寿诞,王云五等于17日发起筹备"孙哲生博士学术基金"以为祝寿。是晨,贺客络绎于道,室内布满花篮、寿屏、立轴等贺品。蒋介石夫妇亲临祝贺,台湾政要2000余人先后前来致贺。孙科身着一袭深色西服,与夫人陈淑英笑迎待客,每一位均赠送孙科口述《八十述略》一书,以示纪念。下午四时,台湾60多个团体一并为孙科发起祝寿酒会,酒会在中山堂"光复厅"举行,为整日之祝寿活动,带来高潮。孙科面对数千贺客,脸上盈笑,直言:"今天,我的感觉,只有四个字,轻松、愉快",又云"依西洋人的算法,今天,我才刚满七十九岁,从明天开始,即步向八十,如果问我八十岁生日的感想如何？我的答复很简单，我只觉得自己很年轻"。

1973 年 2 月，孙科将一大包文件郑重转交给台湾国民党"国史馆"馆长黄季陆，请他代为整理后全部移交给"国史馆"收藏。这一批史料包括孙中山手令遗墨 25 件，孙中山致信外国友人的英文信 6 件，孙中山手绘民生主义图说一件，孙中山致孙科家书 4 封，孙科与各方函电一束。

3 月 12 日，是孙科最后一次参加公开活动，是日为孙中山逝世纪念日及台湾"植树节"，孙科到台北中山公园，手植一株连翘树。此后，便闭门静养。

1973 年 9 月 13 日下午 5 时 55 分，孙科因突发心脏病，在台北荣民总医院结束了他的一生，享年 83 岁。孙科逝世后，蒋介石于次日令：

> "考试院"院长孙科，乃"国父"哲嗣，为革命元勋，器量恢弘，才识远大，力行三民主义，学术造诣渊深。历应重寄，忠义孔昭，曾三任广州市长，两任行政院院长，两任立法院院长，其间并任国民政府副主席，佳猷伟绩，宏济艰难，功在国家，声驰寰宇。比年受任"考试院"院长，时际中兴，人才为本，借其名德，以重铨衡。方今匡复大计，正赖老成襄迪，遽闻溘逝，震悼殊深。特派严家淦、蒋经国、郑彦棻、倪文亚、张宝树敬谨治丧，以示优隆，而昭崇报。

孙科遗体于 9 月 28 日下午 5 时自荣民总医院移往台北市立殡仪馆，并举行迎灵礼。

孙科生前为虔诚的基督徒，是日公祭前追思礼，由东吴大学端木校长亲为安排，执事人员、主礼者为张继中牧师等，读经者为冯家豪牧师，布道者为周联华牧师，献诗由东吴大学音乐系女生合唱，洪黄奉博士指挥，罗智敏小姐伴奏。

宋美龄代表"总统"由"行政院"院长蒋经国陪同，来到市立殡仪馆景行厅，参加孙科的追思礼拜会，并观瞻孙科遗容及慰问孙氏家属。

上午 9 时正举行公祭，首先由"副总统"严家淦主祭，治丧委员们陪祭。依次由国民党中央委员会、"国代"全国联谊会、"总统府"、"行政院"、"立法院"、"司法院"、"监察院"、"考试院"等六十一个机关团体公祭。

孙科遗体于上午 11 时 30 分大殓，由"副总统"严家淦主祭。祭礼中鸣炮 19 响，然后由张群、何应钦、陈立夫、薛岳在孙科灵柩上覆盖国民党党旗，蒋经国、郑彦棻、倪文亚、张宝树覆盖"国旗"。礼成后举行启灵仪式，将灵柩放在平台推车上，由严家淦、治丧人员及家属扶灵，在乐队引导下，自景行厅经过殡仪馆大门，通过陆海空三军 120 名仪仗队排列的引道，沿民权东路市立殡仪馆的右侧进入"怀德厅"暂厝，行安灵礼如仪，另行择日安葬。是日，参加吊唁的各界人士，不下三四千人。

一年后，孙科的灵柩从台北殡仪馆移至阳明山双重溪墓园，入土为安。孙科墓表由严家淦写，行状为钟天心撰。这位曾经显赫一时、活跃于现代中国历史数十年的重要政治人物，终于结束了他跌宕起伏的一生。

第十章 结局:褒贬毁誉的定位

评价一个人,需要时间的积淀和理性的回归;而褒贬毁誉,则需实事求是与公正客观。孙科的一生,其革新主张和政治性格,值得分析与探究。这主要是因为在国民党内,孙科是为数不多有思想、有抱负,且对国民党的弊端敢于直抒己见的人。在国民党内,孙科职高权重,但他的政治性格游离善变,使得他时而成为被打击的对象,时而又是被拉拢的人物。因此,民国政坛的起伏变化,与他的存在不无关系。在他的身上,有多种个性的重叠,这使我们看到一个前后矛盾、进退失据的孙科。他有时一心为"公",有时又不得不顾及私利。他常有"敢把皇帝拉下马"的气势,但不时又充当"军中马前卒"。他与国民党是心心相随,而同蒋介石则若即若离。他崇尚民主,却又屈服于独裁。他总是在情感和信念的交织中游走,在理想和现实的岔路上徘徊。总之,他有其自身的优势与优点,亦存在不足和缺憾。

我们试图通过对孙科一生中这两条重要脉络的梳理,窥斑见豹,大致可以反映出他的心路历程。

一 革新主张

1928 年国民党形式上统一全国后,作为国民党上层集团一员的孙科,按捺不住内心的激动和渴望,面对中国现代化的要求,提出了一系列旨在使国民党摆脱政治困境，以适应现代化发展的革新主张。

囿于文化背景，孙科是一个非常理性的人，少言寡语，别人高谈阔论时，他总是在一旁倾听。过去有人说笑话，描述蒋介石、汪精卫、胡汉民、孙科国民党"四巨头"会客时的情形：蒋介石会客，客说话，他不说；汪精卫会客，客说一半，他说一半；胡汉民会客，没有客说，只有他说；孙科会客，客不说，他也不说。可这一次，他一改行事风格，挺身而出，摩拳擦掌，可见其革新的欲望，是何等的迫切和强烈。

在国家政治体制问题上，孙科是最早提出实施宪政的政治主张；在国民党内，孙科则强烈反对蒋介石的个人独裁，呼吁实现国民党的民主化；在经济和民生问题上，孙科从巩固国民党统治基础的前提出发，强调用改良的方法从速解决农村的土地问题。孙科的这些革新主张，表现出一定的追求现代化的倾向。然而，由于国民党内以蒋介石为代表的阻滞革新的思想和势力十分强大，兼及孙科思想的内在局限，他的一系列革新努力无所作为。

正如前述所说，在有关国家政体结构和大政方针上，孙科一改之前截然不同的个性与姿态，他是那样充满激情。是时，他不仅对他自己抱有信心，同时对国民党也满怀希望。他希冀通过自己"抛砖引玉"，对国民党形成一个冲击，以此能够全方位地革新和改造国民党，确保其统治地位不变。当然，他不仅仅是要"拯救"国民党，他更希望民主理念能够在中国生根，使中国也能成为民主与自由世界大家庭中的一员。

走以党治国之路，这是包括孙科、蒋介石在内的国民党高层在1928年对于国家政体的一致选择，这不仅是因为孙中山已为国家预先设计好了一个模式，即在进入宪政之前安排了一个由国民党以集权的党治管理国家的政治阶段。更重要的是，他们认为，国民党刚刚一统江山，位子尚未坐稳，只有通过党治，才能应付政权所面临的问题，确保国民党一统天下。"党国"一词，大概由此发端。

孙科曾是"以党治国"的积极拥护者，但随着国内外矛盾的急剧变化和党治弊端的逐步暴露，他也从一度对"党治"深信不疑，转而在国民党内率先提出结束"党治"、尽快实施宪政的主张。孙科思想上的这种变化，一方面反映了他试图为已陷入困境的国民党政权重新调整政治发展方向,同时又表明孙科迎合世界潮流的倾向。

对于党治问题,孙科的思想经历了一个变化过程,并非一蹴而就。1928年,孙科对蒋介石以党治确立国民党政治权威的主张和措施虽然在个别之处有所保留,但总的说来给予积极的支持。他是希望通过党治,造成一个巩固的政局。但是到了30年代初,经过几年强调权威的党治实践,孙科发现,国民党对权威的强调并未能使威权真正确立,而党治使得国民党所面临的困难,非但未能解决,相反却陷入了更为深重的危机。国民党既要垄断政治权力,而事实证明它又缺乏能力维持这种垄断,党治弊端暴露无遗。这使孙科猛醒,看来唯一能使国民党摆脱困难的方法,还是实行民主政治。

从1931年10月到1932年12月,孙科在不同场合,提出结束训政,"速开党禁",加快实施宪政的政治主张,这是基于"九一八"事变爆发后民族危机日深、对外一致的呼声逐渐强烈的情况提出的,而且他把实施宪政视为争取抗日救国的一个重要条件。诚如他所说,"今日最重要解决之问题,莫过于抗日救亡",可是"要御敌,先要集中力量,培养实力"。然而由于国民党"政权不公开,言论不自由",人民对国民党党治极度不满,因此国力无法集中。只有"建立民主政治","于最短期间、结束训政,筹备宪政之开始",才能"团结国民、集中国力","使全国人民之心思才力,咸能贡献与国家之生存"。

此外,孙科还把促成宪政看成是加强国民党自我调节的一个重要手段。孙科指出,"数年来之党治……效率低微"。因此,人民"批评国民党垄断政权"唯一的"补救之法",就是促成宪政,否则"本党难辞其咎"。

尽管国民党积弊甚厚,但孙科对实施宪政后国民党的前途表示乐观。在他看来,只要通过宪政,国民党就能获得新生。以此而观,他一方面过于理想化,太注重形式而忽视质变,另一方面他对蒋介石认识不清,以为自己是以振兴国民党为目的,一定会得到他的支持。

实际上,蒋介石迫于舆论压力,不便在公开场合明确反对孙科的主张,但私下却极为不满,他希望自己与国民党有较长时间来领导国家,如果没有独裁手段作保证,这种领导地位没准哪天就会丧失。民主政体的发端,孕育于专制和独裁之中,从它诞生的那一天起,两者就格格不入,激烈碰撞。作为一个传统的旧式人物,蒋介石当然不愿这样做,至少在当时,他还不具备这样的理念,不愿意,也没有勇气去接受民主的挑战。

受欧美民主政治的影响,孙科根据自己对历史的考察,从支持"以党治国"转变到呼吁民主政治的道路,为国民党政权重新设计了一个摆脱困境、走向政治现代化的方案。但是对国民党而言,它自身必须首先具备领导国家走向政治现代化的素质。毋庸置疑,国民党的现代化应是实现国家民主的最重要条件。但是,传统中国社会,是专制集权的国家,而现代中国,仍在延续着这种传统。这种力量,有时难以抗拒,它的滞后作用,是相当之大。

1928 年后,国民党成为中国社会的重心,作为执政党,它并非由选举和议会中产生,即不是一般西方式的"内在政党",而是由某些政治权威人物领导的政治运动扩大发展,以武力获得政权的"外在政党"。对于这样的政党,在取得政权后,要使国民党符合现代化的要求,必须具备两个条件:党的民主化问题和允许其他党派存在并和执政党竞争,只有在解决这两个问题后,党的基础才能不断巩固,并促进国家政治民主化的进程。简而言之,国民党在取得政权后,走什么样的道路,决定了国民党政权是否巩固和中国民主政治的前途。

实际上,此前国民党虽然在组织形式上承接的仍是 1924 年国民党改组后的形式,但"革命"的性质已变,它成了专政的代名词。而民主集中制在蒋介石控制下和在实际运作中,完全以突出党的领袖权威为重,造成了在党统和个人独裁下缺乏党内民主的状况,国家政治生活也缺乏活力,阻碍了思想多元化和政治参与的民主意识,各派斗争持续不断,使政治危机凸显。

孙科的宪政思想,就是要解决国民党内的集权,突出分权,以选举方式来推选党的领导人,防止权威人物以个人权力来控制党。同时,对于党外其他的政治力量,允许他们自由地阐发心声,各抒己见。为取信对方,国民党必须先行"改造心理和作风"。

孙科身为国民党高官,总的来看,是与蒋介石合作共事,但并非是蒋派中人。他对蒋介石的独裁专制向为不满。其间几次交锋,皆由此而"忍无可忍"。当然,这主要是政见不同,但其中也包括个人恩怨。尽管如此,蒋孙二人在实质上并无二致,都是为了维护国民党的统治,只是采取的方式方法不同。

当然,孙科采取的宪政措施,并非真正是想要彻底改变中国的政体结构,主要还是从党国的利益出发,希望国民党能够长治久安,始终掌握印把子,可谓用心良苦。作为国民党缔造者孙中山的哲嗣,他虽然未能处于权力的顶峰直接秉承其父的思想衣钵,但还是竭尽了全力。他不希望看到由父辈努力拼搏所创立的国民党,在他们这一代手中衰落。

因此,孙科的着眼点首先是为党,而不是为国。但实际上,国民政府时期,是党国合二为一。

孙科是留美政客,从理念上一向欣赏英美的民主制度,但又常常显示出传统文化的倾向,即中国并不一定要以西方政治模式为样板。宣称民主主要是法律制度与选举程序的完善,尤为强调民主之具有的手段功用。因此,他的民主思想具有明显的局限性,由于较多地从形式层面上去理解民主的意义,导致曲解了民主政治的全部含义。这决定了他不可能成为真正意义上的民主斗士,与国民党主流思想是若即若离,有背弃的一面,但更多的还是表现出共容和相通。

关于这一点,在孙科制定的《五五宪草》中就充分体现出来。虽具法律形式,却无民主内容,只是给党治披上了法治的外衣,致使《五五宪草》"其极权趋势实超过现代任何总统之民主国家"。著名历史学家郭廷以曾说,中国现代化所以不够彻底,乃是中国人对西方文化的内容了解不多,认识不足,结果"西方文化的内容也就所剩无几了"。但孙科似乎并非不了解西方文化,只是他"一意孤行"地为维护国民党利益而强调中国所谓的"国情"。

就是在考虑"中国国情"的托词下,"宪草"遭到严重的扭曲。恰恰在这一点上,孙科与持同样目的而强调中国"国情"的蒋介石达成共识。

我们不能说孙科只了解西方文化的一些皮毛,但他的理论在移植到中国这片土壤后,发育不健全,结果走了样,远不是真正的西方模式。各国文化背景、历史渊源不同,所摄取的内容必须同本国的实际很好地结合在一起,但与什么结合,如何结合,似有必要认真探讨和慎重行事。

当然,"宪草"的最终成文,是与孙科制定的设计思想初衷、理念以及初稿大相径庭的。在蒋介石强权的高压下,他只能步步退缩,从所谓的"国情"出发,其内容怎能不大打折扣? 这使得"宪草"的内容最终是面目全非。尽管如此,孙科的政治革新还是值得襃扬,它是民国以来,为数极少的不是用武攻而是以文治的方式,从治政方针、政体结构等方面,向国民党、蒋介石发起挑战的人。不论"宪草"的形式如何,其所实行革新的主张不啻为一纸空文,但至少比蒋介石明明白白的专制统治形式,要顺应时代的发展。

与蒋介石相比,孙科在意识形态方面较为灵活,但这并不代表孙科的思想就一定开明,他要是处在权力中心的话,他是否还能这样做? 我们不敢妄下定论。

同时,孙科始终认为,应将三民主义作为社会的主宰思想,这种立场具有很强的排他性,并极易演变为政治上排斥异己的行动。孙科在与共产党的关系上,始终未能以正确的、发展的眼光去看待,这导致他几乎总是处在一个对立面,直至国民党崩溃,他最终对此也未能有所认识,算得上是食古不化。

所有这些表明,个人的力量是有限的,同时要有合适的土壤和适当的契机。任何一个历史事件和进程,都不是孤立的、单一的发生和发展的,而是多种因素的结合,只不过是以某一点为成因。正是由于孙科内在的原因和外在的影响,导致他的革新主张付诸东流,这既是个人的命运,又是时代的悲哀。

因此,一提起孙科,在一般人眼中,对其印象都很平淡,很难留下太多的记忆;而在共产党人的脑海里,则把他归入反共一类的人物,对他的总体评价印象不佳。由于他是孙中山哲嗣,与其父相比较,其言行举止,就更显现出差距。甚至有人认为,他是中山先生的不肖子孙,因为按照基本的传承关系,他应是一个亲共派,或者至少说,不应排斥共产党。身为国府政要,他应秉承其父遗志,与背离孙中山精神的蒋介石做坚决的斗争。可他非但没有这样做,相反,却助纣为虐,因此,他有负其名。

当然，客观地说，孙中山高大形象的身影，孙科是无法摆脱，更无法超越的，他只能接受这样的命运和评价。当然，撇开人为因素，摘除一个特定时期对人物的评价体系，实事求是地看待孙科，他还是有可取之处。无论是广州的市政建设，还是坚持抗日的主张，都可圈可点；即便是非议较大的《五五宪草》，亦可以说是他在中国政治制度革新方面迈出的一步。只是因为在党派纷争中，孙科基本上是与蒋介石"保持一致"，而对共产党心存芥蒂，这就注定了他的名声高下。

二　时不利兮

1928年后，国民党内以蒋介石为代表，形成了一个保留大量传统痕迹，试图在现代与传统中寻求妥协的新传统主义。既不主张复古，又强调认同传统，倾向于以传统的方式建立社会政治和文化秩序，在传统方法上具有中国传统政治的浓厚色彩。

面对时代的压力和现代化的要求，蒋介石可以赞同一定程度的改革，主要是集中在管理和技术层面，如使用一些留学归来的技术官僚，像著名的地质学家翁文灏，就曾执掌过内阁。但蒋介石更多的，还是强调用确立国民党权威的方法来维持既有秩序的稳定。1928年后，国民党试图在内外压力的环境下建立一个新秩序，以确立权威为国民党的首要任务。蒋介石把中国传统文化和孙中山作为整合社会的精神资源，强烈地排斥共产主义和西方自由主义思想。30年代后，面对国土的破碎，蒋介石更重视用传统文化来弥补民族主义的缺损，这种文化上的本土主义与政治上的保守主义关系十分密切。在蒋介石、戴季陶、陈立夫等推动下，新传统主义成为国民党内的主流思想，成为国民党决策层的基本理念。正因为如此，孙科制定"宪草"的初衷是无法实现的，它遭到保守派的限制。与国民党主流思想拥有广泛的党内基础相比，孙科的基础极为薄弱，结果只能退缩。

因此，要改造国民党这个老大党，绝非易事。五四新文化以后，英美自由主义在中国虽然一直受到相当多的知识分子的拥护，但无法深入民间。随着中国政治的剧烈变化，自由派知识分子分化十分明显，其中大部分人投入到激进的革命运动，而少量温和派又因中国近代以来社会功能的分化不够，难以形成一种超乎于政治之外的具有独立思想意识的自治团体。因此，孙科是得不到这些人的有力支持的。

而就孙科而言，他在国民党内势单力薄，尽管长期身处上层集团，却始终未能成为国民党的重心。在他身边是基于利益追求、政见相似以及仰慕其显赫家庭等因素结合起来的一个政治圈子，一旦缺乏利益保障，其成员就会分化，向主流派靠拢。

同时，孙科本人得欧美之风影响，极力反对拉帮结派，认为这是政治腐败的一个很重要原因，所以他不参与其中，不从属于任何政治派别。至于"太子党"之誉，有些言过其实。既然他家庭显赫，权势日隆，必然会有人追随而形成势力集团，事实上这一称谓并无多少实际内涵。在这一点上，较之国民党内拉帮结派的各式人物，孙科要清廉许多。

更为重要的一点，国家统治权掌握在蒋介石手中，这是不争的事实，甚至是无法抗拒的。孙科与蒋介石虽然多年不睦，但以孙科的心力都不足以另起炉灶，担当大任，而只有顺势于蒋介石，才有可能实现其理想。

为了不与蒋介石破裂，孙科必须妥协，这就使他的政治态度游移而善变，虽然谈了许多政治思想，但大多是"纸上谈兵"，而在现实中却更加倚重于与蒋介石的关系。当然这种结构关系，在国民党内几乎是人人都要遵循的法则。其结果，就是使得孙科在很大层面上成了蒋介石政权的吹鼓手，他看似是革新国民党，削弱蒋介石的权力，而实际是强化了国民党，使蒋介石坐得更稳。因此，孙科革新主张的实际效果，却成全了蒋介石，是"小骂大帮忙"。难怪有人说孙科是扶不起的"阿斗"，虽师出有名，但没真本事，口惠而实不至。

其实，这是知其一而不知其二，知其表而不知其里。试问，众多拥有实力的军阀与政客，在与蒋介石过招中都一一败下阵来，更不用说一介书生的孙科，何以匹敌？事实求是地分析，孙科的作用仅此而已，他不可能有太大作为。对他个人提出过高的要求，不切实际；让他一人担负起拯救国民党的重任，也是一种奢望。应该看到，实施法治、限制权力的集中,毕竟对国民党政府的独裁统治有所冲击,同时对人民大众的心理产生了一定的逆向作用,导致了民众对国民党政府的不信任,对蒋介石独裁的反对,最终导致国民党的覆亡。

除了上述一些问题外,孙科还面临一系列无法摆脱的矛盾,这使他陷入困境,只得屈从于国民党主流势力。

抗战期间,孙科认为加快宪政进程,扩大政治参与,有助于全民抗日,他想借重这特殊时期来完成这一个任务。国民党主流派则认为,民族危机加深之时更应加强权威。当孙科积极进行民主宪政宣传之时,蒋氏集团手下的一批人则模仿德意法西斯的极权主义运动,打着"复兴民族"的旗号,散布"在中国实行民主还不成熟"的论调,制造对蒋介石的个人崇拜。而部分知识分子也赞同"强权政治"和"寡头政治",认为在内忧外患之下,这或许是抵御外来侵略的有效途径。以"复兴民族"为由要求实现极权,这对孙科产生很大的压力,因为没有比国难当头、全民御敌来得更重要了。面对这种打着民族主义旗号向民主主义的进攻,孙科是无力抵御的。

孙科所面临的又一个困境是,民主政治的实现,要求有一个稳定发展的社会局面,而现代中国正缺少这种良好的环境,这一矛盾的冲突同样非常致命。孙科醉心于英美式的民主制度,但民主的成长要求的一个稳定的社会环境,在中国的 20 世纪三四十年代根本不存在。有一位政治家曾说过"民主不能在风暴中产生",可谓一语中的。在局势混乱、社会不稳之下,强调民主显然是不现实。因此,即便在国民党统治将陷入危机的情势下,他还是放弃了继续走这条路。毕竟,孙科与国民党共沉浮多年,在感情上已难舍难分,他根本无法摆脱这种深厚的历史渊源,他的革新主张最终汇入国民党主流思想之中。

作为一个政治人物,孙科的主张尽管未能实现,但仍给我们一定的启示。

孙科达到的高度是在从传统向现代的过渡时期,在中国错综复杂的环境下,一个受过西方教育的国民党上层人士在追求实现民主政治的目标上所能达到的高度。孙科有其政治抱负,有所追求和期待,但囿于环境、地位的制约,他有时能固守自己的观点,有时则又向现实妥协,而这种矛盾在孙科身上可以得到有机的结合。孙科的思想缺少内在的统一性与一贯性,常常是一波三折,前后互异,这恰恰是他的性格、地位与环境等因素相互作用的合乎逻辑的发展结果。正是这些表现,使孙科有现代政治人物的若干特征:多变、不固执、不独断、对事物持弹性态度。这种态度活跃了政治过程,向社会公众展现了政治生活的一个侧面,有助于培养对政治参与的兴趣。

同时,孙科的失败,还有一个重要的问题,就在于时机的不成熟,病人往往到了病入膏肓之时,才如梦方醒。当一个国家、一个政党,到了非改革不足以使其生存时,这才具备了最强有力的动力并行之有效地实施。

而国民党内的主流派,只想在维持现存社会结构的前提下,做出有限度的变革,而这并不涉及根本利益和存在的根基。但恰恰是国民党加强一党对权力的垄断,竭力限制变革的深度和速度,从而导致了国民党的溃败。一方面由于对权威的强调,已超出了一定的限度,而另一方面,民主的呼声日益高涨,已非局部现象。但国民党总是以种种借口,以民主为招牌,行专制之实。甚至对一切要求自由的力量均视为敌对,不惜诉诸武力——消灭。实施极权,在特定条件下只能是权宜之计,终非长久良策。结果,这在客观上反倒促成了反对力量的成长。你越是挤压,他越是冒尖,环境越恶劣,斗争越坚强。因此,从一定意义上来看,如果说共产党的发展壮大和大众民主意识的不断增强,是国民党专制集权"培养"出来的,并不为过。

历史地分析,抗战之后,国民党本来有望重塑。抗战爆发后,全民拥戴国民政府,在其领导下一致抗日,这使国民党的权威已接近形成。如进一步加强自省和革新措施来培植权威的基础,当然还包括很重要的赢得人心,政治局面会有所改观。但国民党对此不予努力,"一切因循守旧",于是当民族主义的适时冲动沉寂之后,国民党制度上的保守与僵化很快就耗尽了民族主义的感情,人民普遍的心理受挫,终于引发了对国民党的失望,其强权统治在正义之声中终于败亡。所以说,国民党是自己打败了自己,他反对人民,却终被人民所抛弃。

蒋介石败退到台湾后,曾对这一问题做了深刻的反省。1967 年 10

月，他在国民党中央的一次高级干部会议上做了长篇反思报告，回顾了几十年所走过的历程，着重检讨了在大陆统治时期的失败，以告诫和警示国民党。直到这时，蒋介石才真正懂得政治昌明的重要性。可以说，只有蒋介石自己最清楚，国民党失败的根本原因所在，他心中必定充满着极度的懊丧和自责。因此，为了求生存和发展，屡遭挫败的蒋介石和他的儿子蒋经国，痛定思痛，不得不追随潮流，力求革新，此后父子两代的改革便接踵而来。

通过国民党的自我反思，我们可以感受到，至少从这一层面上讲，孙科革新的理念、前瞻意识及某些努力，是值得肯定的。

抛去国共两党之争和意识形态的分歧，就对整个国家而言，加强民主意识，推行法制建设，进而实现国家现代化，走向繁荣和富强，是每个中国人的心愿。不论孙科有关革新主张的出发点如何、结果怎样，我们是否更应看重他在那样一个时段和环境下的行动过程？因为，我们只有把这一行为活动置身于当时的历史背景和条件下去进行评判，才能真正体会其内在含义和历史的沉重。而唯有对其做出一个全面的、深刻的认识之后所下的结论，才是更为客观和公正的。

也许，许多人对孙科致力于革新的主张和实践不以为然，对孙科敢于"冒犯"蒋介石的做法也不屑一顾。但综观国民党内，像孙科这样"做实事"的人，并不多见，像他这样敢于犯上的"斗士"，又有几何？

国民党内纷争不断，钩心斗角，这是不争的事实。尽管蒋介石一统天下，但国民党的步调少有一致，蒋氏三次下野就是明证。然而，真正敢于对领袖直面相陈，出于公心、着力振兴国民党的人，少见。即便有，也多与个人或集团私利有关。"为党国效劳"、"为总裁效力"，常常成了一句套话，真正能做到与党国"共存亡"的人，寥寥可数。而许多与蒋介石有过节的利益集团和个人，为了既得利益，更是丧失了斗志，甚至做人的准则。孙科则不然，尽管他与蒋介石更多的是合作，但同时，他为了"党国的利益"，为了自己的革新主张，又敢于提出一己之见。

孙科有激情，并无太多私心，特别是他第二次组阁，几乎是在国民党败亡之际，如果他还有一点私心，绝不会冒此风险，因为这对他个人而言实无意义。确切地说，他就是想通过自己的最后努力，拉一把危在旦夕的国民党，意在与共产党人的最后一搏中，分得一杯残羹。因此，他这种孤注一掷的"高尚"之举，实属不易，也是国民党中许多政客所不能企及。

历史上，许多成功的除旧布新，不是自上而下，在当权者强有力的推动下展开，就是自下而上，是一场声势浩大的革命运动所形成的巨大冲击。然而这两种条件，孙科都不具备，他几乎是"单枪匹马"、"孤军奋战"。终在内外交困中，成为历史舞台上一幕革新剧的匆匆过客。

三　立场多变

如果说孙科在前期主张革新的某些表现，基本体现了他的思想和一贯主张，那他后期在政坛上的所作所为，就呈现出立场多变，进退失据，成了一个"政治小丑"。尽管其前期的结果不尽如人意，但可以说不是孙科的错。而后期他的错位，起伏不定，则主要是他的个人行为。

孙科是民国史上极具特殊性的政治人物，在几个紧要的历史关头，他的政治立场都曾发生过戏剧性的变化，直接影响到当时政局的发展，给社会造成不小影响。因此，从这一层面上说，孙科算得上是民国政坛的一个品牌，其无形资产，无疑举足轻重。作为中山先生的哲嗣，这一身份使他底蕴厚重，而他留美汲取的西方民主意识和才学，则是后天翘楚的砝码。就连蒋介石也不得不承认，如果按照中国封建的子承父位传统，孙科才是嫡传天子，父死子承，天经地义，这宝座是轮不上他蒋介石坐的。对于这样一位声名显赫而富有才智的人物，蒋介石对孙科虽说不是惧怕，但也不敢小视。

1946 年抗战胜利后，孙科积极鼓吹民主政治，猛烈抨击国民党一党专政，然而时隔几年，他又从原先的政治立场后退，转而全力支持蒋介石的内外政策。在不长的时间内，他的政治立场为何会有如此强烈的转变，究竟是其个性"朝秦暮楚"使然，抑或还有其更深层的原因？

自广州之始，孙科与蒋介石的关系就经历了几次由破裂到修好的过程，直至 1933 年初孙科出任国民政府立法院院长一职，两人合作的局面才告稳定。在这之后近 10 年时间里,孙科对蒋介石的内外政策大体都持支持态度,但是孙蒋合作的局面在 1943 年后开始发生重大变化,孙科和蒋介石之间在对许多重大政策的看法上产生了分歧。孙科鉴于国民党政权已经严重腐败的现实,主张开放政治,要求对国民党进行重大革新,表现出了明显的"向左转";而蒋介石则顽固坚持国民党一党专政。迥异的政治理念,使孙科从全力支持蒋介石,而转为猛烈反蒋。

1943 年后,孙科抛出了一系列鼓吹民主政治、抨击国民党一党专政的言论,其内容广泛涉及国民党内外政策的所有方面,包括谴责国民党一党专政,造成国内政治问题一直无法解决;抨击蒋介石的独裁专制,朝野没有发表言论的自由,人民集会结社,受法令的限制,不能公开活动;主张政治民主化和实行多党制。

抗战期间,孙科对中共的态度也是几经反复,时有变化。抗战之初,孙科站在挽救民族危亡的立场,支持国共合作,对中国共产党的态度比较友好。随着中共力量在抗战期间的迅速发展,孙科对中共的态度也为之一变。1941—1942 年,他公开发表反共言论,但从 1943 年开始,他又一改原先的反共态度,恢复了抗战初期赞成联共的政治姿态。此举是以他改造国民党的企图为前提的,他打算通过共产党来反衬国民党,既体现西方多党制,又强化了国民党的力量,可谓一举两得。

孙科对共产党态度变化的主要标志,是他要求国民党改变"反共心理"与"反共作风"。他认为,随着反法西斯战争的逐步胜利,已出现一个世界性的民主潮流,其特征之一就是联共而非反共。他要求国民党"扫除反共心理",指出"我们不能脱离世界","'反共'不但违背世界的潮流,而且没有认清自己的环境"。

孙科还批评"主张对中国共产党非用武力不可"的论调,他一方面强调"军队必须统一在国家系统之下",同时又指出"政治解决"的先决条件在于国民党放弃反共政策。孙科认为,"对共产党问题"应"以理智的判断求其解决",而问题的关键,"只看我们同志间能否改变心理与作风"。

当然,孙科的上述立论,并非表明他就赞成中共的立场,而是站在维护国民党利益的立场,看待与共产党的关系。他主张改善与共产党的关系,是基于这样几个重要因素:首先,随着"第三国际"的解散,中共"进行共产革命"的"国际背景"已不复存在,对其已不必"害怕"。其次,苏联在二战后要复兴国家,发展国内事业,因此,中共"要进行共产革命",缺乏必要的环境。再次,中共在1937年对遵守三民主义所作的承诺,即"公开承认三民主义为中国革命的领导原则"。这使"中国共产党非走上三民主义的路","所以我们对于中国共产党不要害怕,共产党不能消灭国民党"。

同时,孙科相信用武力也不能"消灭"共产党,主张承认中共对部分地区控制的现实。他说,"如用武力暴力要求统一,那只是假的统一,只是一时的解决,是不会永久维持的","我们不能再关起门来自己打自己"。因此,他提出,"今天要解决中国共产党问题,绝不可也绝不能用武力"。

但是,孙科所要实行的民主,并非真正意义上的民主。他是想通过民主色彩的点缀,为国民党涂脂抹粉。至于与其他党派之间的关系,在他看来,只能是在国民党一党之下的共容,而绝不能分享权力。

至于孙科对共产党看法的改变,多少是因为中共势力的不断壮大,国民党已无法对其实行控制。围堵已无法解决,消灭就更做不到,面对现实的无奈,只有适当调整对策,以缓和国共之间的矛盾,缓解中共对国民党形成的冲击,以确保国民党继续稳坐宝座。

与所学的政治学知识紧密结合,孙科热衷于对国际问题的研究,因而对时局的分析有一定的预见性。关于东北的前途,他就深为忧虑,反共必将危及国民党的命运。还在1944年,他就分析到,苏联在欧战结束后,极有可能对日作战。假如那时真是这样,我们与苏联没有密切合作,他也许就不会来找我们,而极有可能找中国共产党。如果形势真的按这样的思路发展,那东北就将落入中共之手。倘若国民党为此与共产党交手,而共产党后面有苏联的支持,结果又将导致与苏联开战。这种前景,令孙科不寒而栗,于是他一再提醒国民党:中苏"接壤万里",而苏联的最终目的是实行共产主义,我们如果取反共立场,当然人家要当心我们,以为反共就是反苏。正是基于对国民党前途充满忧虑,使得孙科对内战持坚决反对的态度。

以上表明,孙科与中共亲善的主张,并非就一定是善意之举。但事物常常是辩证的,好事可以变坏事,反之亦然。孙科力主与中共修好,带有明显的目的性,但同时则为中共提供了一个有利的生存平台,让中共有机会展示自己。

不仅如此,孙科还通过美国对蒋介石施压,并利用蒋氏对美国的依存关系,对他旁敲侧击,使其进退维谷。孙科在1943年后对国民党反共政策的批评,其前提是他预感到反共将危及国民党政权的前途,而并非是对共产党的认识有了根本的改变。在孙科看来,虽然此时中共力量已有很大发展,但不足以危及国民党统治,而使其统治产生严重危机的,却是和世界民主潮流相违背的蒋介石的独裁统治。正是基于这种思想,孙科改变了他对中共在多数时间所抱有的敌视态度。

在孙科心目中,曾经被蒋介石作为"安内"之核心的"剿共"大事,如今已退至次席,未被他列入危及国民党统治之首要地位,而蒋介石却成了这最大的敌人。于是乎,在这历史"谬误"的瞬间中,中共得以迅速发展壮大。这为战后共产党人与国民党人展开政治对话,积蓄了一定的资本。

不可否认,孙科出生于革命世家,由于父亲长年在外奔走革命,孙科是母亲一手拉扯大的。在他的成长过程中,接受的更多的是母爱的温柔,这对他性格的形成,具有一定影响,在他身上,我们看到更多的是柔弱的一面。不过,孙科自小就参加革命,几经风雨,又铸就了他要强的个性。还有,他留学美国,西方文化对他的影响不小,他憎恶专制,崇尚民主,期望能通过自己的努力改变这种状况。此外,作为"国父"哲嗣,大概天性使然,注定了他桀骜不驯的品格。问题是,恰恰所有这一切,都集中于他一身,于是,我们常常看到的是孙科的多面性和复杂心理。

如上所述,政治态度的多变,取决于孙科性格的多面性,这是自身的原因;但外在的因素,则决定了他只能这样做。他的合作者与"对手"——蒋介石,是国民党大佬,与他合作,好似与虎谋皮,你走的每一步,都必须中规中矩,谨慎行事,绝不能越雷池半步。而要与他对抗,无疑以卵击石，一旦涉及他的统治基础和权利范围，那你只能以败局收场。因此，内外因素交织在一起，使孙科无所适从。他很想做点事，但实际上常常又无能为力，无奈之下，他只能取这种忽左忽右的姿态。为了自己的理想，他有时必须去抗争，于是就有对抗；同样，为了自己的生存，他有时又须忍受，于是就有了合作。当然，对抗与合作，只不过是根据不同的环境和需要，采取相应的一种对策。但总的目标并未改变，即维护国民党的统治，确保长治久安。

四　内外之困

从抗战后期孙科提出国民党"向左转"的口号，到 1946 年后孙科与蒋介石完全合流，孙科的政治立场可谓 180 度的大转弯。如果仅从表象来看，只能说他是典型的墙头草，或者说是一位意志不坚定的动摇派。若从深层挖掘，把孙科置于其一生的思想变化及政治活动中综合考察，其结论就十分复杂和特殊。首先看看他本人的特殊性：

其一，孙科有"国父哲嗣"的特殊家世背景，国人爱屋及乌的传统心理，将对孙中山的崇敬自然而然地转化为对孙科的尊敬和仰慕，并对他抱有很高的期望，这为孙科从政提供了极为便利的条件。

其二，孙科自青年时代即投身孙中山领导的民主革命，算得上是"红小鬼"。尽管与他人相比，他的革命履历并不丰厚，但是起步较早，南京国民政府成立后，孙科历任要职，是国民党统治集团中的重要成员之一。

其三，喝过"洋墨水"，受美式自由、民主和文化的浸润较深，其思想与作风具有显著的"西化"色彩。

其四，孙科也算是家学渊源，传统文化的根基颇深，而与西学交织在一起，时常表现出了一种既想追求西方模式，又脱离不了传统文化影响的姿态。

孙科的特殊身份，使其始终处在民国政治中心，国民党内的各种政治力量、社会上的不同的政治派别，都把孙科看作是一个重要的政治筹码,因而他长期是各方争取的对象。

孙科虽较早参加革命,但基层工作经验不足,更无军方背景。虽位居显赫,但政治与组织资源有限。因此,孙科在"枪杆子胜过印把子"的国民党统治集团中,始终处于下风,在与蒋介石的关系中,也一直处在被支配的从属地位。

孙科是国民党内自由派的代表,他的政治理念具有较为鲜明的自由主义色彩;他的举止做派、行事风格,也具有美式政客的特征。1928年后,蒋介石占据了国民党的中心,蒋所代表的传统势力并不决然反对变革,但在具体问题上则往往持较为保守的立场。而蒋介石的统治方式,更是中国传统政治的延续,在这种环境下,孙科的美式作风与国民党的主流文化显得格格不入。

无论是主观,还是客观原因所致,孙科在他的政治生涯中,其政治立场与政治态度只能是"多变"。左右摇摆,是为了保持自己的平衡,不至于摔得太惨。

固然,性格使然,使孙科多变。但是,变是许多政治家的性格特征,他们也很少从一而终。即便像汪精卫、胡汉民这样资深的国民党元老,为了一己之利,也不断变换着自己的政治面孔。换言之,只要想保全自己的权益,或为争取更大的权益,都必须学会善变。当然也有不变的,那多半是自命为蒋介石的"孤臣孽子"和政治谋士,他们不事二主,甘心做副手,哪怕主子已穷途末路,他们也死心塌地。

相比而言,孙科不具备汪、胡的资历和背景,以及他们所拥有的政治底蕴和"魅力",甚至比不上许多手握重兵的地方实力派,有资格与蒋介石叫板。所以,他无法做到一成不变,而只有不断变,才能保护自己不被吞噬,得以在夹缝中生存。在权力场上,他只能走钢丝,这样才能立于"不败之地"。

所以,变不是孙科的错,也不是孙科的"专利"。当然,并不能因其他人之变,就肯定了孙科的变。实际上,孙科的变,既与他性格特征相吻合,又与他的为人处事相背离。也就是说,柔弱和势单力薄,是他变的原因之一;而他的变,又与他行事风格中常常表现出独特和自主的个性不相吻合。

孙科在民国史上的际遇表明，在蒋介石占主导地位的国民党上层集团中，国民党内的自由派是不能真正影响国民党决策的。在孙科长期的政治生涯中，他一直醉心于英美式的民主，渴望在中国建立资产阶级民主共和国，并为此努力付出。然而现代中国失控的政治生活环境，使得英美自由主义的思想未能成为中国社会的主流。孙科的社会基础只是一部分海外华侨和受英美教育的自由派知识分子，这批人为数不多，在政治上更是软弱无力。而海外华侨对孙科的支持，很大程度上是出于对孙中山先生的感情。随着中国政治的剧烈变动，自由派知识分子也迅速分化，其中大部分人投向革命阵营，少数人则改变观点，跑到国民党统治集团去做官。

在国民党内，以蒋介石为代表的传统主义占据绝对优势。一党专政、领袖至上、崇拜武力成为国民党的统治性格。孙科在国民党内本来就势单力薄，活动天地狭小，一直未能形成气候，此时又因社会上自由派势力的消解而无法在社会上获得呼应。于是，国民党内的自由派就不得不屈从于党内的保守势力。另外，孙科自由主义的高峰时期是美国对华影响较大的抗战后期，此亦表明国民党内自由主义的非本土性。一旦美国出于自身需要调整方针，国民党内的自由派就陷入困境。最后，由于孙科顽固的国民党人立场，反共的阴影一直伴随他的政治活动，这也限制了他的自由主义。孙科与国民党深厚的历史渊源，使得他在情感上难舍难分。当一批又一批的原国民党人士脱离国民党政权，投向中共方面时，孙科则选择了流亡海外之路。1965 年自美国返台后，也只能跟在蒋介石后面亦步亦趋。

作为一个政治人物，无论是孙科的革新主张，还是政治性格多变，大概只能在中国由传统向现代转变这样一个错综复杂的环境下，一个受西方教育的国民党上层人士在追求实现民主政治目标时与以蒋介石为首的封建专制统治集团的搏杀中找到答案。

总的说来，孙科承载了中国传统的士人之道，主要表现为愚忠和侠义。但同时，他又深受西方社会政治文化的浸淫，力图在某些方面一改传统旧制。因而在这两种文化背景和传统相异的碰撞中，不时出现一种矛盾的心态。有时欲罢不能，有时则畏缩不前，向前走两步，又往后倒三步。

如此说来,孙科谈不上是一个萍踪政客,他有根,只是他不愿让其发轫。实际上他的根,不是传统模式铸就,而是民主养分浇灌。于是我们看到,尽管它悄然无息,却很有些特殊韵味,与众不同。他希望自己扎根于浇灌民主之花的大地上,而不是生长在拉帮结派的党派纷争中。问题是人们有时只关注浮面的东西,却看不到更深层的内容,结果,不擅长搞关系、拉帮结派,却成了他的错。

依其门第、背景和经历,孙科应是十足的公子哥儿,但他丝毫没有纨绔子弟的不良习气。在民国政坛,孙科享有一定的清名,他不视名利,更不花天酒地。他为人谦和、诚实,从不摆架子。他一生好学,从未间断读书,即使公务繁忙,也手不释卷。他从不凭借其特殊身份,图谋私利。这些,都值得称道。

孙科可以说是一个职业革命家,他的一生,服务于政府,献身于国民党,在中国现代史上,留下了他自己深深的印记。至于他政治性格的多变,则只能放到历史中去考量了。

第十一章 人生:见微知著的德行

在中国现代史与民国政局中,孙科是一位特殊人物。之所以这样说,原因基于如下几点:

其一,他是中华民国缔造者孙中山的独子,可以说命中注定就是一个政治性的突出人物,即便他想不出名,也欲罢不能。

其二,历任要职,为官长达 40 余年,在国民党中凤毛麟角,其本身就是一部中国现代史的缩影,在他身上,能够读到民国风云际会的历史全本。

其三,他以一介纯然书生,在错综复杂的环境中从政,既无兵权可恃,似也不介入派系之争。他生性敦厚,不擅韬光养晦的"政治权术",但他大半辈子却与政治结下了不解之缘,颇有"宿命"意味。但是,宦海沉浮、政坛恩怨,都没有改变他的书生本色,而且越到后来,读书越多,读书人的品位越浓。

其四,孙氏一家三代十分有趣,其父孙中山学医,却倡导国民革命,成为一代政治家、思想家。孙科长子孙治平、次子孙治强都是加州大学政治学硕士,但对政治皆无兴趣,弃政从商。真正学以致用的只有孙科,可谓"专业对口"。孙科是合二为一,既是政治家、思想家,又是博学多才的学者。从政期间,凡主持与所学相关的部门,是驾轻就熟,应对自如;但一涉及具体的现实政治,就没那么轻松了,由于种种客观原因,总是陷入尴尬境地,每每有黔驴技穷、难以施展才能之感。

其五,基于种种因素,若以"名满天下,谤亦随之"来形容孙科在某方面的际遇,应不为过。当然,一个人若是无事可做,那肯定不犯错;反之,则都可能遭到非议。过去有人曾将他列为无能之辈,比作"阿斗",未免过于贬低了。实则孙科非常好学,知识渊博,学贯中西,颇具父风。如果说他政治手腕不够灵敏,为人处事不够灵活,这倒是大实话,但他决非庸者。

基于以上所述,可见,孙科从政,有他的长处,亦有不足,这是他本人无法改变的。同时,他所处的是一个集权时代,民主之风,只是偶尔拂面,不成气候。因此,在这样的环境和条件下,他所能做到的,大概仅此而已。如果就其对民国的贡献、对国民党的影响而言,他是具有一定的分量。当然,有人曾经这样说过,如果孙科是倾其全力用于治学方面,那与他志趣再吻合不过,或许他能施展才华,用其所学,对国家和社会有更多的贡献。这从一个侧面说明,他从政不一定就是错误的选择,但绝非是他个人最理想的道路。不知,这是否是一场历史的误会?他"误入歧途"!

一 书生本色

作为党国高官,孙科在某些事关民族大义的立场和表现,值得褒扬,但同时亦有一些与时代不相合拍之行为。他的革新思想至为可敬,但结果往往令人失望。他耿直而敦厚的脾性,虽常常易被人误解,但又值得回味。而他左顾右盼的政治性格,也多为人所不屑。

孙科出身于革命家庭,久受革命思想的熏陶,少有父亲亲情的温馨,这对他的人格发展,亦不无影响。他承袭了中山先生好学、正直、简朴、有恒的很多优良传统,但他在待人接物与领导统御等人际关系方面,却不及乃父。我们可以说他是一个典型的书生,甚至是一流学者,只是书生从政,自民国已降,处境较之过去更难,主宰政坛的多半是手握重兵的军阀,他们不按游戏规则出牌。这样一来,典型的书生未必就是典型的革命者,一流的学者不见得就是一流的政治家。孙科好学深思,追求理念,坚持原则,这都是读书人的可敬可爱之处。可惜,他始终处于一个新旧交替、中西冲突、充满了矛盾与彷徨的环境之中，不仅他的优点无从发挥，有时反倒成了他的缺陷。

孙科资质优秀，一生醉心向学，幼年读了许多传统文化的书籍，从小学直到研究院皆在海外就读，且获一流大学硕士学位，饱受中西文化熏陶，说他学贯中西，亦非赞誉。若就当年政要的知识水平论，孙科无疑具有优势。无奈，孙科久处乱世之中，枪杆子吃定了笔杆子。况且他不擅搞宗派、拉关系，手下皆是一些舞文弄墨之士，发挥不了实际的政治效用，真可谓"百无一用是书生"。

诚然，孙科崛起于政坛，自与他的家世有关，但囿于政治因素，他在实际的政治生活中似乎缺少突出的表现。当然，另一方面，这与主观条件也不无关联：与当年许多革命阵营中的青年才俊一样，适逢机遇，官运亨通，步步高升。但他们缺乏基层的从政经验，与民众之间没有感情的纽带，若再不善体民情，则更无群众基础。想来这也许就是少数革命者的后遗症，命中注定他们要为此付出代价，孙科亦大致如此。

孙科的学识渊博，无奈他是一个政治人物，一个生性并不适于从政的人，却被人用政治的尺度去衡量，孙科吃亏就在于此。不十分了解他的人，是很不容易认知他的真正志趣所在与深厚的学养。其实，孙科也只有在坐拥书城、终日以书报为伴、怡情养志、了无牵挂的时刻，他才找回自我。蛰居美国 13 年，孙科的物质生活非常清苦，但他的精神世界却十分充实。他赴台的最后 7 年，始终是在阳明山过着半隐居式的生活。说他是书生政治家，固无不可；但说他是政治家书生，岂不是更为恰当？

一个政治家应该具有政治家的气势，可见过孙科的人，却不能相信眼前这位就冠有政治家的头衔。虽然孙科言行、举止、形象都很像其父，但他实实在在是一位具有绅士风度的学者，更确切地说，他是一位文质彬彬的书生。

由于孙科是中山先生哲嗣，故每到一地，总有好事人喜欢向他打探，有些问题让他很是愤怒，但他一般尽量避免和这些人纠缠；加上十足的书生气，不谙世事，时常让人感觉他好像不食人间烟火。抗战时，在重庆召开的一次重要会议上，孙科因有事，到会稍迟了一会，当时宋希濂到礼堂门前专门迎接他。当秘书向他介绍宋时,他并未露出旁人希望看到的表情,很平淡地点点头,然后走进会场,弄得介绍人一脸尴尬。好在宋希濂知道他的脾性,见怪不怪。但并不是每个人都能这样看他,孙科也因此得罪了不少人,认为他太高傲,没有人情味,爱摆谱。但孙科认为,每个人都有自己的处事原则,不必强求一致,面带微笑说不定笑里藏刀,而一脸严肃亦并非不近人情。他天生就是率直,这是无法改变的。

孙科不喜欢高谈阔论,不管何人向他请教,或与之谈论,他要么缄口不言,至多也就是言简意赅,点到为止。有人善意地猜测,这是因为他地位特殊,一举一动为人注视,所以总是保持一种矜持。其实不然,只要孙科不忙,不违背自己的处事原则,他还是会尽量满足别人的要求。相较于其他政客,他更容易相处。抗战时,陪都重庆有许多文化团体,在这些集会上,常能见到孙科的身影。

孙科的个性和思维都很独特,只要觉得是事实,不管别人高兴与否,他都要说,率直得有些天真,有些憨厚,甚至有些迂腐。也许,他的个性不被人们看好,但从另一个侧面,反倒衬出孙科独有的风度。

对待生活,他同样如此。国民政府西迁重庆后,政府为当时的党国高官安排了居所。但孙科却独自在嘉陵江畔的山坡中,建造了一幢别具风格的屋舍,取名"园庐"。面对迷人的嘉陵江,落日的余晖洒落在江中,波光粼粼;加之风帆点点,山中炊烟缭绕,风景甚殊。身处其间,颇有桃花源的意境,这与他的性格倒有几分相似。

二 孝道表率

古人云:"立德、立功、立言是为三不朽。"对此,孙科的部属邓公玄曾这样评价他:"虽是孙中山先生哲嗣,然他固不以此而见重于世,而固自有其不朽者在。"不论这样的评价是否准确,但孙科在民国史上所占有重要的一席,毋庸置疑。

在台湾的孙科旧属梁寒操曾谈论他的生平事略时,认为其足以为

孙科站在父亲的画像前

发扬中华文化之宝贵精神者,并将其躬行实践孝道的事迹,做了一番整理与分析。

梁寒操认为,中华文化博大深远,实根源于天理人情,其足以为将来全世界人士所服膺者,则为"仁道"与"孝道"。中国文化认为"仁"为天地之心,此一"仁"字,兼含有生生不息之义,痛痒相关之义,人类平等之义,故为人类万种善德之源。孔子教弟子颜回以"克己复礼为仁",乃言之人类当克服自己不正当的念头,恢复敬天法天的良知乃为仁之道。

至于人类如何能够实践此一真理,此一大道,则以复行孝道为先。他从仁、孝两方面,来看孙科实现真理的生平,认为他确实是实践大孝之道的一个模范人物。梁寒操是这样说的:

第一,孙科能善继"国父"之志。"国父"之志是什么?大家读其遗嘱即可明白。他说:"致力国民革命凡四十年,其目的在求中国之自由平等,深知欲达到此目的,必须唤起民众,及联合世界上以平等待我民族,共同奋斗,现在革命尚未成功,凡我同志,务须依照余所著建国方略,建国大纲,三民主义及第一次全国代表大会宣言,继续努力,以求贯彻。""国父"又言其三民主义乃集古今中外思想之大成,顺应世界之潮流,在政治上所得的结晶品。又说三民主义就是救国主义,要拿此主义以促进中国之国际地位平等、政治地位平等、经济地位平等,使中国永久适存于世界。又于手定国民誓词中写出,"奠国基于永固,谋世界之和平"二语。又于黄埔军事学校开学训词中,开宗明义即言"三民主义,吾党所宗,以建民国,以进大同"。甚至于弥留之际犹不端叫喊"和平、奋斗、救中国"。足见其一生之所志,乃在奋斗救中国,以谋得人类之和平。

有其父必有其子,通过孙科《八十述略》的回忆,其自身童年以至老年的事迹以及其孙科文集所发表的种种言论,实无不以"国父"之志为皈依,可谓终身于"国父"之道,又何止如孔子所说三年而已。这岂不是堪称大孝、无愧于世吗?

第二,孙科能善述孙中山之事。他从19岁时在檀香山《大声周刊》社举行同盟会加盟大会始正式成为一名党员起,无时无刻不为革命工作献身努力。辛亥革命爆发后,他应孙中山召唤返国,后又赴檀香山,获政府资助入旧金山加州大学读书。但他读书不忘救国,课余即向西方人士讲演中国革命之问题,又兼任本党驻美洲支部部长林森的英文秘书及粤语翻译。"二次革命"失败后,黄兴赴美,他陪同黄先生遍访侨区各地,担任粤语翻译。此为孙科在海外留学时,辅助"国父"革命进行之工作,直到1917年始返粤,任元帅府秘书、参议院秘书等。其后,历任国民政府要职,可谓是鞠躬尽瘁。

有鉴于此,有人于孙科逝世之日撰一挽联,谓之曰:"平生竭智尽忠,一心端为国谋,真堪千古。大孝继志述事,终身无改父道,奚止三年。"

第三,孙科继承"国父"之学。"国父"实为中华革命思想之先导,其学今日已成显学,有"孙学"之称。孙学的要旨第一为革命学。此名词乃孙中山对邵元冲所昭示,其毕生所专心致志者,乃在广寻各种知识以组成他的革命学。第二为知难行易说,孙中山自述为其毕生学力之所萃。第三于政治学理论上发明"三民主义",在法律学理论上发明"五权宪法",于经济学理论上发明"民生主义",主张平均地权、节制资本、建设国家资本。又提倡国际共同开发中国实业之计划。考察孙科生平之求学经过,他从六岁在檀香山入其伯父所设之家教读书开始,无不遵循其父指引,先练好国文与英文用做求知工具,孙科在大学读书时即兼办党报的翻译编辑事务,更遵照其父嘱咐要文、理科并重,所以主修文科兼修理科。求学时期,不断收到孙中山寄给他的各种中西书籍。因此,孙科的学问足以让他后来辅助孙中山革命工作之用,因为他笃行其父之教也。

考察孙科求学与做事,他确实能遵循"国父"宗旨,如怀抱天下为公之高尚志愿,如养成读书不懈的习惯,如对统计与设计之专心,如忠以律己、恕以待人之处世态度,如多方面考察事物之科学精神,如对中英文造诣之深刻,如担当救国任务不畏艰险之精神,皆由"国父"之大学问处而来。至于注重提倡文化与学术,如创立中山文化教育馆,担任各大学董事长,出任中华文化基金委员会主席,皆不辞劳瘁,足为同志之模范,尤以中山文化馆建立大型图书馆和发行英文杂志《天下月刊》两事,足见其提倡学术研究、阐扬中华文化之远见。他一方面搜罗中外书籍,数量不下20万册；一方面邀约学者进行研究，并将对传统学术研究和各种有关文史的心得发表在《天下月刊》杂志上，广为传播。他在南京的书室题为"补不足斋"，又自撰一联为"养浩然气，读有用书"，并请吴稚晖先生亲书悬挂于上，足见他善绍"国父"之学的大孝表现。

三 见微知著

如果说上述评说，从一定的高度去揭示孙科的品性，以下事例，则窥斑见豹，从一些细节进一步对其加以阐发。

从学问知识上讲，孙科有其父遗风。他在檀香山时，一面读书，一面在国民党最早的党报《檀香山自由新报》帮助翻译英文电讯。他童年时已打下了很好的中文基础，后来在加州大学及哥伦比亚大学攻读硕士学位，其西学也很出众。一次，孙中山在旧金山见他的书房中有很多莎士比亚的书籍，就说："你不要多费精神在这些书上，因为他对今日中国没有很大的需要。中国人现在要革命救国，要读有用的书，你应该多看有关政治、经济和科学的书籍。"自此，孙科便多读"有用"之书，他学识渊博，与其不断从书中摄取新知识有关，这对他帮助很大。

孙科记忆力之强及理解力之深，非一般人能及。有一次，国立岭南大学农科教授、提倡在广东种甘蔗制糖的广东省农林局长冯锐到南京拜会孙科，当他提到田地有多少亩时，孙科当即指出："这个数字恐怕有误？"冯局长想了一下说："果然是记错了。"在场的人都很佩服孙科的记忆力。因为他只是报刊及文书上看过这些数字，而当一位主管说错数字时，他能立刻指出，这实在令人惊异。

另有一件事不为人知，抗战前，有一次他对一位朋友谈起各国的军备情况，列举出世界各强国海陆空三军装备并加以比较，头头是道，如数家珍。如果不是他平日有心留意，且记性极佳的话，是绝对做不到的。

孙科最不喜欢应酬客套，但如遇有谈到某些他素有专攻的问题时，则滔滔不绝，数小时不倦。他在纪念周上的报告或训练班上的讲话，无一不是条理清晰而富有见地的论文。

关于中西文化思想问题，孙科也有独到见解。他对中外文化思想的区别，曾下有这样的定论："简单说来，就是西方思想几乎全注重在'利'字。中国思想则全注重'义'字。"此言非常中肯。

在伦理道德上，孙科绝对是一个诚实的人。在国人看来，他不善交际，不会寒暄或说应酬话，但他宁可让人不悦，也要直抒心意，不掺半点假。抗战胜利后，孙科去广州探视，有许多朋友宴请，他看不惯，一日在酒桌上就直言："天天老是大家请吃饭，对金钱和时间都是太浪费了。"在场的主宾面面相觑，但他我行我素，并不在乎别人怎样看。其次，孙科对父母非常孝顺，是一位事父尊、事母敬的大孝子。他对父亲固然能继志述事，对生母卢夫人则尤其恭顺，是七分爱，三分惧。他本人的脾气本不大好，与人讨论问题时有冲突，但在卢夫人面前是言听计从，家人遇到他发脾气时，只要请上卢夫人，他就气怒全消，这是他的天性。卢夫人说什么话教训他，他都毕恭毕敬地接受。他这一生，成大事，立大案，不改书生本色，这一方面蒙受中山先生的教诲，而卢夫人爱憎分明的教育，也使他受用一生。尽管孙科所吸纳的知识多偏重于西方科学，但中国人的忠孝观念，他始终秉持不忘。此外，他对亲友也是尽力照顾，有许多革命老同志需要救济，他都尽力而为。

孙科脾气并不算好，又少年得志，自然心高气傲。但他还是从善如流，这在政坛高官中并不多见。1929 年他担任国民政府委员、考试院副院长和铁道部部长等职，一日，国民政府举行会议，时任国府文官长的古应芬，把一件有关广东省中山县改模范县的条例积压达半年之久而不予提出审议，这惹怒了孙科。散会之后，他很不客气地把古应芬责备一顿，令他非常难堪，当场落泪，随后提出辞职，离京赴沪。孙科的部下梁寒操知道后就去问他："你是不是昨天把古先生骂得哭了起来？"孙科很生气地说："他那样做太不应该。""部长，外面的舆论，都不以为然，古先生年岁高，而你在大庭广众之下骂他，让他下不来台，听说他现在已辞职，前往上海，部长！如果你是伟大的，我以为你应该向他道歉。"孙科听后有所醒悟，于是他请梁寒操替他先拟就一封措辞委婉的信，当晚径直去上海面见古先生，说孙科一时无暇，待星期六晚上坐车专程赴沪，次日一早就上门拜会道歉。作为国府要员，知错就改，这不是一件容易做到的事。

另一次是在孙中山奉安典礼之后，因为很忙，孙科便把接见从海外回来参加典礼的老同志一事让手下代办。他的部下看出这些老同志神色不悦，猜度他们的想法，可能是误会孙科未免架子太大，他们从海外回来要求一见，并无其他企求，何必摆官架子，只派一个参事代为接见，有敷衍之嫌。于是部下马上把这情况告诉孙科："无论你如何忙，对海外回来的老同志，都应该亲自接见。"听后，孙科立即意识到自己大意疏忽，随即照办。可见，他真正是"从善如流"。

至于孙科的政治作风也与他人不同。第一，他不搞小团体。不可否认，他是"国父"哲嗣，其特殊地位无须如是做，这固然是原因之一，但在他心目中确实只有党组织，而没有任何派系概念。第二，他认为"国家的事要大家合力，国难更要共赴"；这在现实中也许行不通，但他本人对国家之事，确实本着孙中山"天下为公"的原则去履行，这就是他所特有的思想与作风。在孙科将近 40 年的从政生涯中，他最可贵的就是不拉帮结派。正因如此，每遇党派纷争而需要和解时，他确实有相当的号召力。虽然他有时脾气不好，与各方也时有冲突，但大家都知道他胸无城府，心无宿怨，所以各方最终都能"化干戈为玉帛"。

孙科在用人方面，只重才气而不重人情。1932 年，他出任立法院院长后，成立宪法起草委员会，由他自兼委员长，并委请宪法专家张知本先生和研究法律哲学闻名的吴经熊先生担任副委员长。当时还有两位秘书人选一时未定，后来孙科指派金鸣盛与胡去非两人担任。他俩皆无背景，都是毛遂自荐，孙科在约谈后当即拍板。

孙科"唯才是举"，从政多年，他选用部属，喜欢"毛遂自荐"的青年，视书信、文章、人品而定。发觉此人有可取之处，如果面谈满意，马上为他安排工作，其一秉为公的用人作风可见一斑。

孙科的兴趣亦比较宽泛，他对于美术也是非常喜好，年轻时曾画过油画，在南京、上海、重庆时常去观看画展，也买过不少。他对园林布置、农艺设计及房屋建筑设计，尤有兴趣。许多研究有素的建筑工程师，跟他谈起来，都佩服他的见解。30 年代，中山陵园每年都举办菊展，是他吩咐陵园外事处处长沈鹏飞搜罗世界各地菊花名品加以培植，可见他对园艺的嗜好。

孙科一生，均无赌博、饮酒之恶习，最大的嗜好，就是领略山水之美。他曾游历泰山、华山、黄山、衡山、庐山等名山大川，浙江省境内的莫干、天目、天台、雁荡诸山，亦遍览无遗。1935 年 3 月 21 日，孙科游览雁荡山时，曾写下《雁荡记游》一文：

> 雁荡山水之奇，脍炙人口，以僻处浙东，非舟车所易至，游者遂罕。昔年浙省政府方致力于路政，今由杭以汽车行全省，东西南北，皆可朝发夕至，游者乃无昔时跋涉之苦矣。今年三月，余议政之暇，约刘君季生、黄君汉梁、黄君德生、谢君保樵、傅君秉常、杨君温化、梁君寒操、杨君华田、曾君启辉往游焉。十八日薄暮，始抵雁荡，宿灵岩寺中，其为余等任导游之责者，则雁荡山名胜建设委员会主任许君蟠云、乐清县长张君叔梅、丽水县长丘君定侯也。翌日上午，游灵岩寺附近，览天柱峰、展旗峰、屏霞峰、天窗洞、小龙湫、龙鼻水诸胜，下午游净名寺附近，览铁城嶂、三折瀑，又东探灵峰、观音洞、北斗洞、双笋峰、金鸡峰诸胜。翌日抵雁荡西谷，览大龙湫、西石梁洞、梅雨瀑、能仁寺诸胜。于雁荡之美，仅尝一脔而已，而其玮琦瑰丽，已有不能忘者。以言峰之奇，则如剪，如帆，如笔，如几，如笋竹，如华表，如雄鸡，如双鸾，如僧之接客，如猴之披衣，横看侧望，有远近高低各不同之观也。以言嶂壁之奇，则如云屏，如锦帏，如颓垣，如壁垒、如都市之重楼，如罗马之寺院，其壮丽万状，又平生所罕见也。以言瀑之奇，如玉龙，如悬帛，如飞絮，如珠帘，如轻绡，其因风作态，纤徐如妍，又非他山之瀑所能比也。至于泉之清可见底，石之怪无定形，则诗人画工之笔，尤难概描，乌可以尽记焉。山间气候，夏凉而冬温，为避暑之区，当可依岩造屋，而与黄山为兄弟也。适许君蟠云属题，爱略志数语，属梁君寒操书之，以为他日重游之印证焉。同游者各记姓名，以志鸿爪云。

他对生物学研究，也有浓厚的兴趣，闲暇之时喜欢观察研究动物的形态。他常讲美国生物学者两个故事：一是在一对特制的箱子里养一群老鼠，以测验老鼠的智慧，结果发现老鼠不但智力很高，而且也像人一般有狡猾与愚蠢之别。二是试验蜂群能用声音互通消息的实验。他自己又观察过家里大猫对小猫的训练，发现小猫在长成之后，大猫会带领它们走遍全屋，熟识环境。然后，大猫便不再理睬小猫，相遇时仿佛形同陌路，真正使后辈能够"自立门户"，独闯天下。这或许对他选择人生道路也有所启示吧。

孙科多年在海外，所受教育与生活环境，亦以西方文化为多，不知者以为他的起居生活可能极度西化，耽于物质享受。其实，孙科一生起居生活，以中国旧式读书人为榜样，多废寝忘食，不修边幅。而他的一生除求知务实外，在起居生活方面，深得"简单规律"风范，为一般读书人所不及。孙科一生喜爱宁静整洁，每日起居生活，非常规律，除外出办公开会会客应酬外，即以书房为起居室，于读书求知、名事理之外，不及其他，亦无暇计较其他。所以，他对家人言："我们这三代，从'国父'到我，乃至你们，都是生来就不会做生意的，性情就不会盘算。"这是一句大实话，也可以说是于天赋性情与学养境界使然。换言之，志在天下，还有心情与时间去计较个人的利害得失？孙科一生以"养浩然气，读有用书"自励，还日日以求新知，补其不足，当然不会工于个人算计。因为好读书与好盘算，是两个极端，凡真是爱好读书的人，最不擅长于此，志向所在，鸿鹄绝不可能沦为安雀。戴季陶曾说："'国父'平凡的伟大处，在一生把握'天下为公'四字，所以从不积私财，不用私人，不存私见，不结私怨，不报私仇。"而孙科一生，似也如此。这些大度与胸襟，从他的日常起居生活，也可以处处表现出。他一生正直慈祥，因为正直，所以从来不虚饰说谎，因为慈祥，所以从无积怨旧恶。

孙科的饮食再简单不过，早晨只有白米粥一小碗，与佣人早餐无异，另佐以素菜面条一小碗。中餐晚餐只吃米饭半碗，一汤四菜，并以素菜为多，少吃肉类。因他讲求卫生营养，故不喜吃肥腻，少吃淀粉而多食蔬菜水果。至于烟酒，早已绝少入口，除应酬外，日常饮食，可谓简单之极，显现了一个读书人的恬淡生活。

从生活起居规律方面说，孙科一生习惯早上六时起床，去室内健身运动，然后行冷水浴，寒暑不废。冷水淋浴与园中散步，如公务闲时，一日两次，忙时一次，从不间断。闲暇时，即独处书房，读书阅报，世界名著，大报刊物，无不阅读，既富新知，尤能详记数字，故所为政论演讲，必言之有物，而每次演讲资料，除秉承一以贯之的思想，取材引喻，则各有不同，为他人所不及。孙科居家，虽沉默寡言，日与书刊为侣，唯坐而论道，如遇志同道合者，常滔滔不绝，若普通寒暄应酬，言不由衷，则非他所长。孙科对日常轻微劳作，爱亲力亲为，不用别人服侍，自用衣物，文房用具，力求整齐清洁，放置均有定所定位，不愿别人动乱。他尤爱买书，从不吝啬。至于休息，每晚看完电视新闻节目后，约在晚间九时左右淋浴就寝。所以，孙科80多岁时，耳聪目明，腰挺步健，多得力于饮食简朴和起居规律。

孙科担任国民政府要职时，曾发表多篇文章，但始终没有整理成书。孙科去台后，他的部属感叹孙科已是75岁的古稀老人，应尽快为他出一本集子，以示恭敬。历经4年时间，总算赶在1970年孙科八秩华诞前，《孙科文集》得以付印出版。该书收录有孙科254篇文章，约100多万字，上中下三册，分八编，其下再按内容分类，依照发表时间先后为序。该文集最初拟自行筹款印刷，后因向王云五谈及此事，台湾商务印书馆表示愿意出版，这才省却了许多麻烦。按理孙科要出版一本文集，大概不会有什么问题，主动上门求访者应大有人在，但他并没有利用特权。

四　浪漫之情

古人云，食色，性也。但是，饱暖才能生淫欲，所以风流韵事，多半发生在有钱有势的公子哥儿、才子佳人身上。当然，游离于情场、女人之间的，也少不了许多公众人物，甚至是权倾一时的高官。不要以为他们一个个都是正儿八经，整天忙于政事，风月情场难见他们的踪影。实际上，他们中的有些人，不要说有古人坐怀不乱的风范，有时，甚至连普通百姓的情怀都不如。难怪有人戏言，但凡玩弄政治和权术的男人，一

般都会热衷于玩弄
女人。

比那些高级嫖客
"档次"更高的是那个
时代的"党国要人",他
们有权有势,见过世
面,有的还喝过洋墨
水,有品位,因此,在许
多"小姐"眼中,是理想
的主儿,能够高攀他
们,共享欢乐时光,那
是极大的荣幸。"小
姐"们的心事,先生都
知道,当然,先生的心
事,"小姐"也知道,因
此,他们彼此间是很容
易演绎出一幕又一幕
"情坛"趣事来。

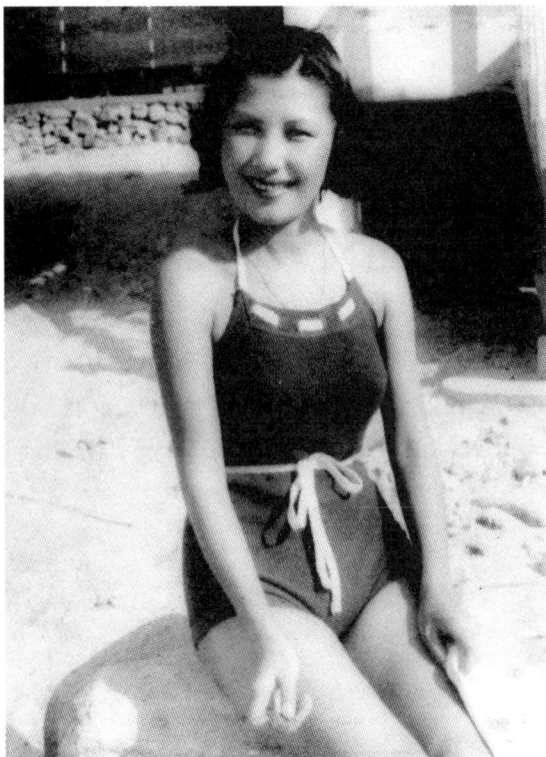

蓝妮

不幸的是,孙科也难以脱俗,即便中山先生哲嗣的荣誉光环,也掩
饰不了他内心中对浪漫的某些渴望和非分之想。家庭、名誉固然重要,
但风流偶觉,从来就是公子哥儿的做派。于是,他与蓝妮之间,也有了
一段缠绵的风流韵事。

30 年代的南京政府机关,有一个怪现象,叫作"上班在南京,周末
在上海"。每到周末,不少人,当然是指那些位高权重的先生们,都放下
手边的公事不做,是早早下班,梳洗打扮,匆匆去赶火车。在车上,你可
以遇到不少政府要员,不知底细的人,还以为是有什么要事赴沪紧急处
理呢。他们相互间虽不言语,却都心照不宣,心知肚明。去十里洋场还
能干什么?蓝妮实际上就是充当了孙科的周末情人。用现在的话说,
差不多就是"小三"的角色。

在四季如春的云南哈尼族境内,曾经生活着尊贵的一代苗王——

蓝氏家族。蓝妮的祖父蓝和光曾举家迁移澳门。1912 年，蓝妮降临人世。不久，蓝家又迁居广州，后来又赴上海。蓝妮的父亲蓝世勋，在家经常讲孙中山先生的共和思想，给蓝妮留下了深刻印象。蓝妮的母亲也是名门闺秀，她亲自教授小蓝妮中国古典文学。蓝妮 11 岁时就入南京汇文中学读书，后又入南京暨南女中，15 岁转到上海智仁勇女子中学读高中。

1926 年，也许是叶落归根的想法，蓝妮的祖父又独自回云南老家去了。从此，生活的重担全部压在留学归来、时任常熟沙田局长的蓝妮父亲蓝世勋身上。不幸的是，父亲在一次变故中受到刺激，无力再照顾家庭，蓝家从此陷入困境。在这危难之时，蓝妮毅然担负起养家的重任。为生活所迫，她 18 岁就嫁给了上海显贵李调生的次子李定国，李家每月给蓝家补贴 100 元，作为蓝家的生活开支。为了能帮助家庭，蓝妮还把两个弟弟送入了上海当时最好的圣约翰大学。由于她对娘家一片孝心，使其在婆家眼里成了"肉中刺"。蓝妮经过 5 年痛苦的婚姻生活，在为李家生了 3 个子女后，她毅然做出了当时一般女性想都不敢想的事——与李定国离婚。尽管婆家将她的牌位放进了李家祠堂，以示她在这个世界上消失，但蓝妮却因此而获得新生。

婚姻有时就是这样一个怪圈，正如钱锺书在小说《围城》中所揭示出的：在爱情的围城中，外面的人想进来，里面的人却想冲出去。如果按照一般人的思维和逻辑，嫁到这样有钱有势的家庭，你蓝妮该知足了，换了他人，真是求之不得。只可惜这是可遇而不可求的事，不是每个人都有这样的机会。可蓝妮却不这样想，她是一名新女性，受过一定的教育，对爱情婚姻，有自己的看法。与其有婚姻之名而无爱情之实，不如放弃名分，去追求自己想要得到的东西。于是，冲出婚姻牢笼的蓝妮，开始了寻找。

蓝妮自从离开李家后，单身独居，1935 年的一天，蓝妮正在家中看书，忽然接到要好同学陆英的电话，邀她晚上赴家宴。

陆英的家坐落在法租界的花园洋房群中。在悠扬的西洋乐曲声中，宾客们徐徐入场，互相寒暄祝福。蓝妮打扮得端庄、飘逸，她一进客厅，立刻光彩照人。在众多的目光中，她猛然发现有一张亲切和蔼的脸似乎很熟悉,陆英随即心领神会,他指指孙科对她说:"这位就是立法院院长孙科先生……"蓝妮不禁恍然大悟,原来眼前这位就是孙大院长。民国时期,提到孙科的名字,不敢说如雷贯耳,也算得上是大名鼎鼎。这位中山先生的公子,是留美学生,又任国民政府立法院院长这一高官。他不仅精通文学、艺术,长得也仪表堂堂,算得上风流倜傥,是一个性情中人。

孙科一见蓝妮,同样也春心萌动,此时的蓝妮二十有三,正独具少妇丰韵。而孙科虽愈不惑之年,但心依旧年轻。他端起杯子向蓝妮敬酒说:"蓝小姐,见到您真高兴,祝您万事如意,干杯!"

蓝妮也回敬一杯,柔声说:"孙先生一向可好,我也祝您万事如意!"说完,脸上不禁飞起一抹红晕。孙科听着她那轻声细语的问候,有些晕乎。

席间,两人攀谈十分热烈,孙科了解到蓝妮的身世和坎坷的人生经历,还与她畅叙唐诗、宋词、西洋古典音乐和绘画。他们还不时用英语交谈,两人完全忘记了别人的存在,大有相见恨晚之感。

家宴是短暂的,很快就要分手一别。孙科郑重地对蓝妮说:"蓝小姐,您知书达礼,又熟谙英文,我想请您担任我的私人秘书,不知意下如何?""谢谢孙先生的好意,"蓝妮羞涩地点点头,"我非常乐意为您效劳。"两人就这样一拍即合。

是时,孙科的原配夫人陈淑英患病在身,南京天气湿热难熬,她无法适应这里的生活,便常住澳门。孙科是单身一人在南京,生活上没人照顾,聘请蓝妮当他的私人秘书,可以帮助打理一切公私事务。

蓝妮自担任孙科的秘书后,两人一来二去,感情与日俱增。向以一派正人君子出现在公众面前的孙科,背地里却走入温柔之乡,享受着另一种生活。连他自己也没想到,都快要到了知天命的年龄,居然有如此艳福。渐渐地,蓝妮公开出现在官场上,不论是孙科办公务还是私下交际,她总是陪侍身边,形影不离,俨然一对伴侣。

感情的闸门一旦打开,似如决堤的洪水,是谁也挡不住。孙科难以抑制内心的冲动,也全然不顾自己的身份,不久,他就决定娶蓝妮为二夫人。

孙科(左一)与蓝妮(左二)

　　不过,孙科毕竟是党国高官,是要面子的。所以,婚礼那天,孙科不敢声张,只请了立法院的同仁,一共摆了 4 桌酒,在同事的祝贺声中,算是举行过仪式,蓝妮就这样成了孙科的二太太。他不失风趣地说:"哈哈,我是知法犯法,罪加一等,就罚两盅酒算是惩罚鄙人的过错。"孙科为了表示自己对蓝妮的"忠贞感情",亲笔给她立了一张字据:我只有元配夫人陈氏与二夫人蓝氏二位太太,此外绝无第三人,特此立证,交蓝巽宜收执。孙科不愧是从事立法工作的,即便是这点私事也绝不马虎。但是,一纸凭证,只能约束一个人的道德,却无法限制他的行为。

　　1937 年 8 月,蓝妮在上海生下了一个宝贝千金,孙科给他的爱女取名孙穗芬。不久,淞沪抗战爆发,上海失陷,首都南京危在旦夕,国民政府决定迁都重庆。蓝妮也随孙科来到这座雾都山城。1940 年,由于生活上的诸多不便,加之与陈淑英及他们孩子之间的尴尬关系,蓝妮还是告别孙科,独自一人又回到上海。从此,两人天隔一方,其婚姻名存实亡。

转眼到了1948年"行宪国大"举行总统、副总统选举,孙科参加竞选副总统,与李宗仁争得是不可开交。有人为了让李宗仁能够竞选上副总统,竟旧事重提,把孙科与蓝妮之间的个人隐私抖出来,登在报上。政治家常常铁石心肠,为了自己的前程,可以不顾及儿女私情。据说,孙科担心自己的竞选受到影响,同时,也不愿让逝去已久的这份情感打乱自己的家庭生活。面对政敌利用报纸做文章大肆诋毁,他不仅未能替蓝妮公开辩解,相反,还为洗清自己做了一些小动作,这大大激怒了生性倔强的蓝妮,从此她和孙科一刀两断。

是年底,蓝妮偕女儿孙穗芬及弟弟蓝业申前往香港,在那里,她开了一家大隆金号。1967年,她又随女儿一家移居美国,母女俩都加入了美国籍,后来定居旧金山。

1973年,孙科在台北病逝。尽管蓝妮与他有过婚约,也有了爱的结晶,但在外界看来,她与孙科之间的关系,似乎有点名不正、言不顺。像孙科这样有身份、有地位的政治家,这二房是不登大雅之堂。加之两人分手多年,缘分已尽,所以,蓝妮未去台湾和孙科见上最后一面,但她嘱咐女儿孙穗芬赴台奔丧,毕竟她是孙科的亲生骨肉,也算是尽最后的孝道。

1986年,在孙中山先生诞辰130周年之际,邓颖超向蓝妮发出了邀请,请她和女儿孙穗芬一起回国参加纪念活动,并请她永远留下来。

政府将蓝妮在上海复兴西路上玫瑰别墅中的一幢房子归还给她。1990年3月18日,蓝妮搬进了她40年前居住过的三层花园洋房。在客厅的北墙上,挂着一幅女儿孙穗芬的肖像,而东墙上则挂着当年她和孙科结婚时的合影。据说,这两张照片挂的位置和原先完全一样。看得出,与孙科在一起的那段时光,在蓝妮的心中,还是占有很重要的位置。1996年9月28日,蓝妮在上海走完了她的人生,享年85岁。

孙科在两位太太——结发之妻陈淑英和二太太蓝妮之外,还有一位婚外恋的女性,名叫严蔼娟,浙江人。孙科任立法院院长时,严蔼娟曾是他的私人秘书。严蔼娟为孙科生有两个女孩,后来双方反目为仇,为孙科抛弃,女方不肯示弱,竟然告上法庭。经上海滩大亨杜月笙和大律师吴经熊出面调解,孙科同意支付严蔼娟和两个女儿的教养费用。女方并立下字据:

> 立据人严蔼娟今承孙哲生先生俯念立据人经济艰难,两女幼稚,教养需资,赠予国币叁万两千元正。高怀厚泽,母女同沾,受领之下,至深感激。此后一无所请。惟有永志嘉惠,遥祝健康。敬此鸣谢。证人杜月笙、吴经熊。

抗战爆发后,严蔼娟改嫁他人。抗战胜利后,迫于生计,严蔼娟委托在重庆中央大学攻读建筑专业的弟弟严星华找到孙科,希望他看在女儿的情分上能给予资助。按说严蔼娟本人与孙科已无瓜葛,但小女毕竟是其血脉。孙科岂能坐视不管,于1946年5月赠金条10根,以尽一个父亲之责。

孙科的结发之妻陈淑英,生于1893年,她是孙氏族谱上孙科唯一的妻子。她同孙科共同生活了61年,差不多是孙氏家族中享年最高的人。陈淑英与孙科是表亲,她是孙中山的三叔孙观成、三叔母谭氏的外孙女。1912年孙科与陈淑英在檀香山成亲,婚后赴美留学,陈淑英相伴而行。第二年在加州的伯科,陈淑英生下大儿子。儿子生下后孙科便去电告知孙中山,孙中山以国家初建,百废待新,因之希望国治民安,天下太平,所以给大孙子取了个"治平"的名字。1914年,陈淑英又生下次子。此时,正值袁世凯复辟帝制,孙中山为再造民国而创立中华革命党。孙中山以盖治国之道,先求平安,再求强盛,故而给其次孙取名"治强"。1923年,长女生于广州,仍由孙中山命名,取名"穗英",1925年,陈淑英又生次女"穗华",此时孙中山已赴北京。

由于种种原因,孙中山先生的后裔没有一个定居大陆。1986年11月12日,为纪念孙中山先生诞辰120周年,海内外和首都各界人士1万人在北京举行大规模的纪念活动,作为孙中山的孙女、孙科的女儿,定居美国的孙穗英、孙穗华等都应邀前来参加。

五　直面其人

　　孙科去世后,有不少老友、故交、部属撰文,以示纪念。

　　孙科的老部属梁寒操说,"孙科的一生,离不开坦率,离不开公正,也离不开诚实。他继承'国父'思想,承担先人志业,更不忘记把它发扬光大"。有人认为"孙科缺少人情味,这是不了解他的缘故。主要是因为孙科直言不讳,他以诚待人,从不说假话。他宁可教人满肚子不高兴,也绝不花言巧语,说些迎合别人的话"。即便是"上了年纪后,他还像以往一样,不说应酬话和废话。但碰到他研究过的东西,则滔滔不绝,抒发自己的心得。不过,他言之有物,不是信口开河,自我炫耀"。

　　他还直言,孙科为人"生性豪爽果决,是者是之,非者非之,绝无矫作虚伪之事,故待人接物,不假以词色,往往易为人误会,而不见谅于人。其实,他身为孙中山后嗣,确有孤傲的一面,但他从不记任何人之往事,其胸襟豁达,可见一斑"。

　　与孙科共事多年的"立法院"副院长杨亮功形容他是一位"典型的读书人,从不摆架子,想说什么就说什么,坦诚而直爽。尤其难能可贵的是:他一向尊重别人的意见,而且对大问题看得很清楚。有人曾说,最欣赏孙科的治学精神,他对政治、经济等方面的新知识很感兴趣。凡是有关的新书,他几乎都详细阅读。由于孙科以'求知'作为他的生活内容,所以他的心境总是很年轻、充实,而外表也实在看不出一点老态来"。

　　他念书"实在念的厉害。他有点像'国父',有钱就想到卖书,几乎无书不看。他每天总会花相当的时间在书堆里;但他又不是死读书,而是有自己的思想和独立的判断"。

　　梁寒操又言,孙科"献身政治,然而对军事、科学等无不涉猎,而且学有心得。他洞悉各国军事,对新颖的武器装备,如数家珍;对那些枯燥无味的天文数字,甘之如饴"。

　　"孙科不仅读书的习惯像'国父',写字的淳厚像'国父',其为人平易近人，也像'国父'。他服膺科学，研究新的知识。对'国父'思想的解释，决不拘泥于原有的教义，而要配合时代，适应世界潮流。他对人口问题的意见，就是如此。1966年他讲人口问题，主张节育，就是有鉴于现在世界人口膨胀，台湾地域狭小，人口稠密，非'国父'当年有人口增加压迫的情况可比，不宜食古不化。这完全是科学的态度。"

"孙科的一生，是恬静淡泊中度过，他是一个沉默的人，他用耳朵听；他是个爽直的人，他用眼睛看；他是一个老实的人，他用心去想。"

上述对孙科的赞美之词，倒也透露出孙科基本的价值取向，喜爱什么，憎恶什么。

总的说来，国民党对孙科的评价甚高，说他是一生志业，可谓功在党国。诚如一副挽联所书，是"有守有为，能容能让。善继善述，不伐不求"。

这里，我们不妨再看看国民党人萧次尹眼中的孙科是怎样一个人，这基本上可以说是对他一生的总结：

> 先生禀赋生有自来的天纵英资，承传"国父"大智大仁大勇的革命人格，与天下为公的大我精神，而益以好学深思，贵知重行的科学态度，故以言德性，修己则至孝存诚，宁静刚正；待人则仁厚率直，不伐不求；治事则有谋有猷，有为有守；谋国则高瞻远瞩，负责勇为，一秉国事大家合力，国难大家共赴的开明政策，凡所号召主张，无不本三民主义救国建国精神，以国家民族利益与民主法治实践为旨归，从不犹豫瞻顾，计较个人得失。故能遗大投坚，临危受命，迭次促成举国团结御侮，达成宪政伟大功绩，此种大政治家风度与成就，实渊源于"国父"革命精神，与先生学养禀赋而来。在先生一生的志业中，忠实昭昭，举不胜举，而迭次促成党国团结御侮，见危受命，尤至为难得。

当然，我们了解孙科，不仅是一个政治人的面孔，更应发掘作为一个自然人的形态。固然，对于一个政治家来说，由于他的历史地位和社会影响，人们过多关注的是他的政治表现，而对他的评价，基本上也是采用这单一的标准。但应该看到，政治家亦是有着七情六欲的鲜活之人，这才是一个完整的人生。作为政治人的品质只是一个侧影，而作为自然人的魅力，亦不可或缺。

有人直言，一个人在世，对其评价很难做到公允，所以盖棺定论，有一定的道理。而持不同观点的人则认为，悼词写得再好，是做给活人看的，既无太多实际意义，亦极大带有"人已逝去，其言也善"的哀伤情感。见仁见智，他们所言都有立据。好在历史是真实的，一个人不可能没有缺点、错误，即便是名人、伟人，在他的一生中，也白璧有瑕，甚至出现重大过失。

本书摄取有关孙科一生的重要片段，意在展现其突出事功。洗尽铅华，尽可能公允地解读孙科，让世人重新认识他。

参考资料

一、著作

1. 张同新,国民党新军阀混战史,北京:人民出版社,2010年。

2. 郭廷以等,马超俊口述自传,北京:中国大百科全书出版社,2009年。

3. 杨树标、杨菁,蒋介石传(1887—1949),杭州:浙江大学出版社,2008年。

4. 黎思复,"孙科拆毁广州庙宇名胜之由来",广州文史资料存稿选辑(九),北京:中国文史出版社,2008年。

5. 许有成等,于右任传,天津:百花文艺出版社,2007年。

6. 徐平,蒋介石的文臣武将,北京:世界知识出版社,2007年。

7. 张声和,温州名胜游记,上海:上海书画出版社,2006年。

8. 刘统,中国的1948年—两种命运的决战,北京:生活·读书·新知三联书店,2006年。

9. 王松,宋子文传,武汉:湖北人民出版社,2006年。

10. 陈朝华,广东的前世今生,广州:花城出版社,2005年。

11. 陈利明,程潜大传,北京:团结出版社,2005年。

12. 左双文,华南抗战史稿,广州:广东高等教育出版社,2004年。

13. 毛胜等,孙中山一家人——一个在中国有巨大影响的家族,北京:中共党史出版社,2004年。

14. 鲁振祥、陈绍畴等,内争外患的交错,郑州:河南人民出版社,

2004 年。

　　15.张同新等,从南京到台北,武汉:武汉出版社,2003 年。

　　16.沈飞德,民国第一家:孙中山的亲属与后裔,上海:上海人民出版社,2002 年。

　　17.袁成亮,走向卢沟桥事变之路,长春:吉林文史出版社,2001 年。

　　18.徐铸成,旧闻杂忆,沈阳:辽宁教育出版社,2000 年。

　　19.魏宏运,民国史纪事本末,沈阳:辽宁人民出版社,1999 年。

　　20.赵守麟等,红照片——伟人名人情趣,长春:吉林摄影出版社,1998 年。

　　21.吴景平,宋子文政治生涯编年,福州:福建人民出版社,1998 年。

　　22.程广等,宋氏家族全传,北京:中国文史出版社,1998 年。

　　23.梅剑,国共秘事:国共分合三部曲,北京:中国文史出版社,1997 年。

　　24.全国政协文史资料委员会,中华文史资料文库第 7 册,北京:中国文史出版社,1996 年。

　　25.南京大学中华民国史研究中心,民国研究第 2 辑,南京:南京大学出版社,1994 年。

　　26.向青等,苏联与中国革命,北京:中央编译出版社,1994 年。

　　27.胡乔木,胡乔木文集,北京:人民出版社,1992 年。

　　28.高文阁,台湾与大陆风云四十年,长春:吉林文史出版社,1991 年。

　　29.孙哲生学术出版基金,孙哲生先生年谱,台北:正中书局,1990 年。

　　30.孙哲生,孙科文集,台北:中国国民党中央委员会党史委员会,1990 年。

　　31.吴任华,孙哲生先生年谱,台北:正中书局,1990 年。

　　32.程思远,政海秘辛,哈尔滨:北方文艺出版社,1988 年。

　　33.李宗仁口述,李宗仁回忆录,南宁:广西人民出版社,1988 年。

34. 本社, 孙科传记资料, 台北, 天一出版社, 1985 年。

35. 张宪文, 中华民国史纲, 郑州:河南人民出版社, 1985 年。

36. 毛泽东, 毛泽东选集(第四卷), 北京:人民出版社, 1977 年。

37. 编印者, 八十述略, 孙哲生先生暨德配陈淑英夫人八秩双庆筹备委员会, 1970 年。

38. 孙科, 宪政要义, 上海:商务印书馆, 1944 年。

39. 孙科, 宪法要义, 上海:商务印书馆, 1944 年。

二、论文

1. 黄振、张扩振, "孙科宪法思想评析", 大连海事大学学报, 2011 年第 5 期。

2. 朱晓秋, "孙氏父子与广州建设", 兰台世界, 2011 年 8 月。

3. 王仕军, "孙科之'最'", 文史天地, 2011 年第 9 期。

4. 邵骏, "试述孙科、林云陔与民国广州公园建设", 岭南文史, 2010 年第 3 期。

5. 周丽丽、王威, "孙中山父子与民初广州马路建设", 岭南文史, 2010 年第 3 期。

6. 张其坤, "孙中山、孙科与中国铁路建设研究", 北京交通大学学报, 2009 年第 2 期。

7. 刘丰祥, "简论抗战前孙科的立法主张和实践", 历史教学, 2007 年第 1 期。

8. 徐平, "孙科, 有革命脾气又有洋人脾气", 人民文摘, 2007 年第 11 期。

9. 英明, "孙科的晚年岁月", 湖北档案, 2006 年 1—2 期。

10. 肖际唐, "孙科与抗日战争", 广东社会科学, 2006 年第 5 期。

11. 王启华, "孙科与'庚关两款筑路计划'", 历史档案, 2005 年第 1 期。

12. 刘庆元, "孙中山之子——孙科的晚年岁月", 海内与海外, 2005 年第 3 期。

13. 刘丰祥, "20 世纪 30 年代前期孙科政治态度变化原因分析", 广西社会科学, 2005 年第 6 期。

14.唐与元，"我亲闻孙中山孙女绑架案"，世纪，2005年第6期。

15.李玉贞，"抗战时期中苏关系的一个侧面——孙科与中苏文化协会"，广州大学学报，2005年第11期。

16.陈国文，"孙科关于铁路建设的理论及实践"，贵州大学学报，2004年第1期。

17.刘肃勇，"孙科夫人蓝妮"，侨园，2004年第5期。

18.赵金康、林加林，"孙科法律思想特色略论"，首都师范大学学报，2003年第2期。

19.邹巧灵、张学继，"从鼓吹民主到鼓吹战争——20世纪40年代孙科政治态度的演变"，南华大学学报，2002年第1期。

20.沈飞德，"孙科竞选副总统败走麦城"，上海档案，2002年第2期。

21.沈飞德，"轰动民国政坛的'蓝妮颜料案'风波"，检察风云，2002年第2期。

22.李玉贞，"孙科与战时中苏关系"，内蒙古师范大学学报，2002年第4期。

23.秦立海，"1949年春国民党政府的府院之争"，百年潮，2002年第8期。

24.谢蔚明，"孙中山后人的传奇人生"，世纪行，2002年第12期。

25.肖际唐，"试论抗战时期孙科关于经济问题之主张"，华南师范大学学报，2001年第4期。

26.张颖、潘敬国，"抗战后期孙科民主倾向评析"，党史研究与教学，2001年第5期。

27.高华，"论孙科在制定'五五宪草'过程中的思想变化"，江海学刊，2000年第4期。

28.钱晓岚，"孙科与蓝妮的曲折婚恋"，人生与伴侣，2000年第11期。

29.张皓，"孙科责任内阁与国民党派系权力之争"，辽宁教育学院学报，1999年第2期。

30.雷风行，"中国首任铁道部长孙科"，纵横，1999年第3期。

31. 赵可，"孙科与 20 年代初的广州市政改革"，史学月刊，1998 年第 4 期。

32. 王军，"孙科与'五五宪草'"，湘潭大学学报，1997 年第 1 期。

33. 左双文，"抗战后期孙科关于彻底清算日本军国主义的主张"，长沙电力学院学报，1997 年第 3 期。

34. 左双文，"中国共产党对抗战时期的孙科评价浅议"，中共党史研究，1997 年第 5 期。

35. 王军，"孙科与抗战初期的中苏关系"，史学月刊，1996 年第 4 期。

36. 王军，"孙科三任广州市长"，民国春秋，1996 年第 1 期。

37. 关志刚，"国民党'中政会'述评"，深圳大学学报，1995 年第 1 期。

38. 浮云，"孙科蓝妮风流帐"，沪光周刊，1949 年第 2 期。

39. 海望，"孙科盘踞广州"，群言月刊，1949 年第 31 期。

40. 黄鹤，"孙科为何留上海"，钮司，1949 年第 14 期。

41. 司马移，"闲话孙科"，中美周刊，1949 年第 333 期。

42. 牧生，"国大幕后之倒风"，新闻杂志，1948 年第 1 卷第 2 期。

43. 何萍，"四面楚歌声中的孙科"，野风周刊，1949 年第 1 期。

44. 浮云，"从李宗仁飞穗看'粤局'"，野风周刊，1949 年第 1 期。

45. 本刊社评，"评孙科内阁"，中国新闻，1948 年第 3 卷第 6 期。

46. 本刊记者，"孙科组阁的波波折折"，中国新闻，1948 年第 3 卷第 6 期。

47. 植锟，"孙科为什么竞选副总统"，新闻周刊，1948 第 1 卷第 2 期。

48. 本报社论，"孙哲生先生论三种自由"，新华日报，1944 年 5 月 16 日。

49. 本刊记者，"孙科主张以革命方法抗战"，中外经济情报，1937 年第 201 期。

50. 高华，"孙科与国民政府的对苏外交（1932—1945）"，南京大学学报，1998 年第 2 期。

51 高华，"论孙科在制定'五五宪草'过程中的思想变化"，江海学刊，2000 年第 4 期。